Coordenação editorial
Sueli Batista
Mariza Bazo

Juntas BRILHAMOS *mais*

Trajetórias de sucesso de mulheres
de negócios e profissionais

Literare Books
INTERNATIONAL
BRASIL · EUROPA · USA · JAPÃO

Copyright© 2019 by Literare Books International.
Todos os direitos desta edição são reservados à Literare Books International.

Presidente:
Mauricio Sita

Vice-presidente:
Alessandra Ksenhuck

Capa:
Atomic Buzz

Diagramação:
Paulo Gallian

Revisão:
Camila Oliveira e Rodrigo Rainho

Diretora de projetos:
Gleide Santos

Diretora executiva:
Julyana Rosa

Relacionamento com o cliente:
Claudia Pires

Impressão:
Gráfica ANS

Dados Internacionais de Catalogação na Publicação (CIP)
(eDOC BRASIL, Belo Horizonte/MG)

J95   Juntas brilhamos mais / Coordenadoras Sueli Batista, Mariza Bazo. – São Paulo, SP: Literare Books International, 2019.
16 x 23 cm

ISBN 978-85-9455-236-5

1. Executivas. 2. Mulheres – Liderança. 3. Sucesso nos negócios. I. Batista, Sueli. II. Bazo, Mariza.
CDD 658.4092082

Elaborado por Maurício Amormino Júnior – CRB6/2422

Literare Books International Ltda.
Rua Antônio Augusto Covello, 472 – Vila Mariana – São Paulo, SP.
CEP 01550-060
Fone/fax: (0**11) 2659-0968
site: www.literarebooks.com.br
e-mail: contato@literarebooks.com.br

Sumário

Introdução... 7

O segredo do sucesso é iluminar caminhos............. 13
Zilda Zompero

Eu fiz meu caminho suave... 21
Sueli Batista

Abracei meu sonho com ousadia................................ 29
Mariza Bazo

Passos pela equidade... 37
Amini Haddad Campos

Não se contente até encontrar seu propósito de vida. 45
Andressa Gonçalves de Souza

Tudo o que a mente concebe, o corpo pode realizar ... 51
Cirléia Schneider

Vou contar um "causo".. 59
Cláudia Aquino de Oliveira

A trajetória da mulher que mudou de vida para cuidar da família e realizar o sonho profissional de infância... 67
Cleide Anteres Lima Franco

Entre dois Estados, um novo começo........................ 75

Cleide Moreno de Alcântara

Quantas vezes nascemos? 83
Cléria Del Barco

A vida é uma dádiva que devemos celebrar todos os dias 91
Denise Gomes

Eu sou a Dy Dorileo 99
Edlayne Dorileo

Educação financeira como propósito de vida 107
Eliane Jaqueline Debesaitis Metzner

Fiz meu sucesso com muito trabalho e dedicação 115
Gessi Carmen Rostirolla

Na ponta dos pés. Sem medo de ser única. 121
Glaucia Anne Kelly Rodrigues do Amaral

A menina que não queria crescer! 127
Graziele Cabral Braga de Lima

Uma breve viagem à minha história de vida: minha caminhada ao longo dos anos 135
Jacinta Rosa Okde

Prazer, sou Joicy Lima! 141
Joicy Lima

Divina Cor Esmalteria: um negócio que empodera mulheres e transforma vidas! 149
Liliana Cavalcante

De mulher para mulheres 157
Lindinalva Correia Rodrigues

Meu mundo sem crenças limitantes 165
Losinete Lopes

Olhar sensível e engajamento social 173
Márcia Kuhn Pinheiro

Minha trajetória e história de vida 181
Maria Alice Meirelles

A década dos anos dourados 187
Marilza Moreira de Figueiredo

Beleza, saúde e plenitude 195
Natasha Pinheiro Crepaldi

Um olhar sistêmico para a vida e para o trabalho ... 201
Núbia Maria Souza

Dedicação e carinho pelas mulheres hipossuficientes e vulneráveis 209
Rosana Leite Antunes de Barros

Com fé e ação os sonhos acontecem.................... 217
Rosimeri Ribeiro

Uma trajetória de sucesso! 225
Rozane Montana

O nome da sorte é trabalho 233
Sandra Cordeiro

O segredo.. 241
Silvana Gomes

Verde Berilo 249
Silvana Moura

Uma grande história de vida e sucesso................. 257
Silvia Rocha Lino

Vida extraordinária.. 265
Tatiane Barbieri

O céu é o limite.. 273
Thais Mirandola

Movida pela ajuda ao próximo 281
Veralice Valéria

Introdução

Nosso brilho ilumina caminhos

Num olhar lançado sobre 18 anos de história verifica-se que a Associação de Mulheres de Negócios e Profissionais - BPW Cuiabá, por meio de seus projetos, campanhas, posicionamentos e ações, trouxe um brilho especial para iluminar caminhos mais propícios para a mulher empreender e se empoderar. Abriu espaços intelectualmente ativos, altamente produtivos e socialmente representativos.

Uma organização social não é como uma empresa do mundo corporativo, que nasce somente pelo ideal, pensamentos e estratégias de seus fundadores. Ela nasce da força coletiva do seu público-alvo, incorporando ano a ano pessoas geralmente coesas com a sua missão, visão e valores. Nascer forte, ou com cuidados especiais, geralmente é determinado pela soma, da união, da evolução do trabalho, e na forma de atuação, principalmente pautada pela ética e responsabilidade. O desempenho de uma organização de sucesso geralmente é mensurado não só por seu alinhamento interno, com seus próprios pares, caminhando na mesma direção, mas também pela forma como se relaciona com seus *stakeholders*, ou seja, com os públicos de interesse, que são estratégicos para a sua evolução. A Associação de Mulheres de Negócios e Profissionais - BPW Cuiabá tem feito essa ponte com muito sucesso. A ONG Feminina foi fundada em 2001, e desde então marca sua presença indelevelmente na vida da capital matogrossense, faz parte dos Conselhos Estadual e Municipal dos Direitos da Mulher e do Fórum de Responsabilidade Social da Assembleia Legislativa do Estado de Mato Grosso.

Cinco presidentes fazem parte da história da BPW Cuiabá: a fundadora Sueli Batista dos Santos, empresária e jornalista, que ocupou duas gestões (2001-2006); Marilise Doege Esteves (2006-2008), educadora, que comandou a terceira gestão; Mariza Bazo, empresária e jornalista que ocupou duas gestões (2009-2014); Sônia Dario (2014-2017), cantora e fonoaudióloga, e Zilda Aparecida Zompero Pazini, empresária e *lighting designer*, eleita para um curto mandato provisório em 2017, e reeleita para a gestão 2018-2020.

Fazer a diferença, não mostrar conformismo e ir além das ações voltadas para seu público-alvo, tem marcado a trajetória da ONG, e seus principais projetos serão abordados nos capítulos escritos por duas de suas ex-presidentes, que fazem parte hoje do Conselho Superior, além da presidente que atualmente está à frente da organização. Zilda Zompero, que trouxe para sua gestão o lema "Juntas brilhamos mais e iluminamos caminhos", inspirou a presente publicação, que traz não só a história da ONG feminina, mas de mulheres que dela fazem parte, e das que também são suas parceiras e admiradoras com causas comuns.

Rede influente e representativa

A sigla BPW vem de Business Professional Women, da Federação Internacional de Mulheres de Negócios e Profissionais, fundada em 1930, pela advogada norte-americana Lena Madesin Phillips, com a missão de "agregar mulheres de negócios e profissionais, orientando e coordenando seu desenvolvimento pleno nas esferas de poder público e de mercado". A BPW Cuiabá pertence, portanto, a uma rede de quase nove décadas, e que chegou ao Brasil nos anos 70, após 40 anos de fundação da BPW Internacional, por meio da BPW São Paulo, que empossou sua primeira diretoria, presidida por Maria Violeta Maciel de Castro, da União Cívica Feminina, em março de 1975, o mesmo ano e mês que a ONU (Organização das Nações Unidas) oficializou o Dia Internacional da Mulher. A época foi considerada de grande importância para a liberação feminina, inclusive com a abertura de caminhos para a maior participação da mulher no mercado de trabalho, nos negócios e na redemocratização do país. A organização ajudou na construção de um novo cenário para a mulher brasileira, que já havia saído da fase embrionária da contestação, para caminhar com passos decisivos para a defesa integral dos seus direitos. No início da referida década, pouco mais de 15% das mulheres brasileiras estavam no mercado de trabalho, e apenas 3% exerciam atividades empresariais.

Propagar de forma eficaz e positivamente a origem da BPW foi fundamental para que a ONG feminina de Cuiabá conquistasse a admiração do público que se projetava para integrá-la. Para que se tenha uma ideia da extensão da rede e da sua representatividade, vale destacar que na esfera internacional ela tem status consultivo em diversas agências internacionais e assento na ONU. Está presente nos cinco continentes, em mais de cem países, distribuídos pelas seguintes partes do mundo: África e Países Árabes; América do Norte, Caribe de Fala Inglesa, América Latina e Caribe de Fala Hispânica; Ásia, Oceania e Europa.

No Brasil, existem BPWs em todas as regiões do país. Lena Madesin Phillips foi uma espécie de tecelã máter. Os fios que ela teceu, sem egoísmo os lançou para o mundo, dando início à rede de mulheres de negócios e profissionais, que em Cuiabá vem dando os melhores exemplos, por meio das gestoras que por ela passaram, ou que estão presentes, mulheres que tem um pouco, ou muito de Lena, impregnado em suas almas.

"Todas as mulheres encontrarão nesta rede novas oportunidades, mas também novas grandes responsabilidades". As palavras são de Lena Madesin, e consta na sua biografia, foram ditas em 26 de agosto de 1930, em Genebra, Suíça, ao fundar a BPW Internacional. Ela anteviu uma realidade, pois na organização o trabalho voluntário é hercúleo, tanto das gestoras em nível internacional, nacional, quanto locais. Amani Asfour, da BPW Egito, preside atualmente a BPW Internacional. A BPW Brasil é presidida por Eunice Cruz, da BPW Presidente Prudente. Tem assento no Conselho Nacional dos Direitos da Mulher-CNDM, foi fundada em 17 de agosto de 1987, sendo que a sua diplomação ocorreu no XXVIII Congresso da BPW Internacional, em Haia, Holanda, com a seguinte composição: presidente, Maria Paula Caetano da Silva, primeira vice-presidente, Marta Bittar Cury, segunda vice-presidente, Ivete Senise Ferreira, secretária, Amália Ruth Borges Schmidt, e tesoureira, Maria Inês Fontanelle Mourão. Antes da fundação da BPW Internacional, registra-se que a primeira BPW foi a Estados Unidos, fundada em 1919. É centenária, portanto, a raiz da Associação de Mulheres de Negócios e Profissionais.

A efetivação da ONG feminina em Cuiabá ocorreu em 4 de dezembro de 2001, data da posse da primeira diretoria-executiva. Em seu discurso, a presidente fundadora, Sueli Batista dos Santos, disse que a BPW Cuiabá estava nascendo forte, não só no número de participantes, 133 associadas, quando o mínimo exigido era 30, mas também pela qualidade do capital intelectual e humano das suas integrantes. Em seu quadro inicial, representantes em níveis diretivos e executivos, das mais destacadas empresas, instituições e organizações locais, nacionais e internacionais, públicas e privadas, inclusive ligadas à Unesco, Federação do Comércio, de Bens, Serviços e Turismo, Sesc, Senac, Federação das Indústrias-Fiemt, Federação da Agricultura (Famato), Ordem dos Advogados do Brasil-OAB/MT, empresas de comunicação (online, rádio, televisão, revista e jornais), Universidade Federal, Associação Brasileira de Empresas Organizadoras de Eventos-Abeoc, Correios, Conselho Estadual dos Direitos da Mulher, Clube dos Dirigentes Lojistas-CDL, Governo do Estado, Prefeitura Municipal, Câmara dos Vereadores,

Assembleia Legislativa, Banco Cooperativo Sicredi, Unimed, Unicred, Delegacia Regional do Trabalho, dentre outras.

Na época da fundação da BPW Cuiabá, não havia nenhum movimento associativo voltado especificamente ao público-alvo. E a participação feminina era pouco expressiva nas entidades que defendiam os anseios da classe empresarial e trabalhista. A chegada da BPW Cuiabá, portanto, foi recebida com as melhores expectativas, principalmente no sentido de que por meio da organização as mulheres passariam a ter mais voz e vez nos espaços de decisões. Na entrada do ano 2000, em Cuiabá, fora da alçada do Conselho Estadual dos Direitos da Mulher, a principal referência para os assuntos ligados aos direitos da mulher era o Núcleo de Estudos e Pesquisa Sobre a Organização da Mulher e Relações de Gênero (Nuepom), criado nos anos 80 no âmbito da Universidade Federal de Mato Grosso (UFMT), e que até os dias atuais reúne docentes, discentes e membros da comunidade, para discutir gênero, igualdade de direitos. Na época lideravam o núcleo as educadoras Madalena Rodrigues e Vera Bertoline. Tinha também uma voz poética dentro dos movimentos populares e feministas, a de Marilza Ribeiro, que foi a primeira presidente da Associação de Mulheres de Mato Grosso, influente na década de 1980. Ela é muito respeitada por sua história de lutas pela igualdade social e direitos humanos.

Motivação na trajetória

Quando uma empreendedora motivada encontra outra, o resultado é surpreendente. Foi num encontro da Federação das Associações Comerciais e Empresariais do Estado de Mato Grosso (Facmat), na cidade de Tangará da Serra, interior de Mato Grosso, que a diretora da entidade, Mariza Bazo, foi convidada para fundar a BPW Cuiabá. O convite partiu da empresária do setor de beleza, Leocilda Martinelli, que fundou e assumiu a presidência da BPW Tangará, no ano 2000. Mariza, entretanto, não quis assumir o protagonismo, já que estava em cargo diretivo em outra instituição, e indicou sua sócia, Sueli Batista, que assumiu o desafio apaixonando-se pela proposta, iniciando imediatamente as pesquisas sobre a organização. Mariza Bazo e Sueli Batista já desenvolviam ações com enfoque no impulsionamento feminino no jornal Rosa Choque. Em 2001, realizaram, por meio do veículo com parceria do Núcleo de Estudos e Pesquisa Sobre a Organização da Mulher e Relações de Gênero (Nuepom) da Universidade Federal de Mato Grosso (UFMT), o 1º Congresso da Mulher no Terceiro Milênio, com expressivas personalidades femininas de atuação local, nacional e internacional, a exemplo do Comitê Latino-Americano e do Caribe para a Defesa dos Direitos da Mulher (Cladem).

Bastaram apenas duas reuniões, em 2001, para a formação da BPW Cuiabá. A primeira ocorreu nas dependências do Senac/MT, no dia 13 de agosto, e a segunda no dia 27 de agosto, na sede da Fecomércio/MT, quando as 133 mulheres de negócios e profissionais assinaram a ata de fundação. Fato que surpreendeu a BPW Brasil, pois eram necessárias o mínimo de 30 associadas, e não era comum um número tão expressivo para se iniciar a organização, razão pela qual a presidente Maria Inês Bunning, veio a Cuiabá ver de perto a seriedade da mobilização, para autorizar a efetivação, o que ocorreu quatro meses depois da fundação, pois a presidente ficou muito feliz com o que viu. O grupo, entretanto, não esmoreceu pela burocracia, reconhecendo a seriedade da ONG feminina, e continuou a ser estimulado a fazer seu planejamento estratégico, enquanto aguardava a posse para iniciar seus trabalhos e projetos que já começavam a ser escritos, um deles o "Sou doadora de vida", apresentado em outubro de 2001 para a presidente da BPW Brasil, Maria Inês Bunning quando da sua visita para os preparativos da oficialização da organização, uma campanha que teve sua primeira edição em Cuiabá, em março de 2002, e que existe até os dias de hoje e que faz parte das ações da BPW Brasil, dentro do Programa Doando Vida, que foi a ampliação da iniciativa. A cerimônia de posse da primeira diretoria, ocorreu na noite de 4 de dezembro de 2001 no Emília Buffet, e foi formada por: Sueli Batista dos Santos- presidente; Alciley Magalhães, 1ª vice-presidente; Eliana Motta, 2ª vice-presidente; Selma Silveira, 1ª secretária; Flávia Porfírio, 2ª secretária; Denise Niederauer, 1ª tesoureira, e Suzana Auxiliadora da Silva, 2ª tesoureira. A BPW Brasil esteve representada no evento pela presidente, Maria Inês Bunning, pela conselheira superior, Marta Cury, pela coordenadora do Comitê de Comunicação, Íria Martins, e pela coordenadora do Comitê de Negócios, Simplícia Alves de Arruda. Muitas autoridades prestigiaram o evento.

Socialmente responsável

As gestões da BPW Cuiabá têm sido marcadas por muita ética, trabalhos estratégicos, boa comunicação, bons projetos, muito poder de articulação e reconhecimentos públicos sucessivos. Na primeira convenção da BPW Brasil, que a BPW Cuiabá participou, em Canela-RS, em 2002, já foram apresentados seus projetos concretos, que despertaram o interesse das BPWs participantes. O retorno da delegação teve peso positivo na bagagem, ficando com Cuiabá o Comitê de Comunicação da BPW Brasil e a vice-coordenadoria da BPW Brasil na Região Centro Oeste. Os cargos possibilitaram uma maior aproximação com as demais BPWs no país e isso foi importante para a organização projetar um futuro muito representativo dentro da hierarquia nacional. Após 10 anos de fundação, teve no seu quadro uma presidente da BPW Brasil, a sua fundadora Sueli Batista dos Santos, hoje conselheira superior da organização em níveis local e nacional. Atualmente, a estrutura da BPW Brasil conta com a primeira vice-presidente e coordenadora do Comitê de Projetos, Mariza Bazo, conselheira superior da BPW Cuiabá, com a coordenadora do Comitê de Negócios, Zilda Zompero, presidente da BPW Cuiabá, e com a coordenadora do Comitê dos Direitos da Mulher, Margarethe Nunes, primeira vice-presidente da BPW Cuiabá.

Ao longo de 18 anos a BPW Cuiabá conquistou registros em seus anais de muitos méritos, respeito e reconhecimentos públicos, que têm sido importantes para a busca de parcerias com organizações públicas e privadas, para a efetivação de suas ações, campanhas e projetos. Todos os méritos recebidos marcaram indelevelmente sua exitosa história, aqui compartilhada por aquelas que levam adiante a sua missão, a exemplo da Diretoria Executiva 2018-2020- Gestão "Juntas brilhamos mais e iluminamos caminhos" que é composta por: Zilda Aparecida Zompero Pazini- presidente; Margarethe Nunes Dias, 1ª vice-presidente; Andréa Barbosa, 2ª vice-presidente; Rubia Ranzani Tesch, 1ª secretária; Zilda Castanho, 2ª secretária; Silvana Gomes, 1ª tesoureira; Cleide Lima, 2ª tesoureira; Cláudia Aquino de Oliveira, 1ª diretora jurídica; Marilza Moreira Figueiredo, 2ª diretora jurídica; Carla Regina Gubert, diretora de eventos. Acredita-se que o sucesso da BPW Cuiabá seja atribuído ao fato da organização ter dado os primeiros passos com muita firmeza, pulando a etapa do engatinhamento e escolhendo trilhar firmemente por caminhos que levam ao que é construtivo. ONG feminina que nasceu na capital mato-grossense com ousadia, que se manteve ao longo da trajetória inicial até os dias de hoje, e que é legitimada não só por suas gestoras, mas também por suas associadas, que compreendem os objetivos institucionais e que são proativas no engajamento às iniciativas de grande alcance, que visam o empoderamento, o empreendedorismo, e os direitos das mulheres, que são importantes para a construção de uma sociedade mais humana e igualitária.

www.bpwcuiaba.org.br
Facebook: BPW Cuiabá
Instagram:bpwcuiaba
Telefone: (65) 3052-2872
Av. Gen. Valle, 321 - Bandeirantes, Cuiabá – MT-78010-000

Capítulo 1

O segredo do sucesso é iluminar caminhos

Zilda Zompero

Imagine você sendo abraçada pela luz com toda a intensidade, tornando-se uma pessoa pronta para também iluminar caminhos, e isso com a sua luminescência própria. Vivenciei a intensidade da vida. Nasci em um lar de gente humilde e percorri longos caminhos, para encontrar um lugar ao sol, no qual recebi a recompensa, o brilho do sucesso. Eu acreditei num sonho e isso foi mágico e muito gratificante.

Zilda Zompero

Presidente da Associação de Mulheres de Negócios e Profissionais-BPW Cuiabá; coordenadora do Comitê de Negócios da BPW Brasil (2013-2019); Empresária do ramo de materiais elétricos e iluminação, da Eletro Fios; lighting designer e designer de interiores, formada pelo Instituto de Pós Graduação-IPOG-Cuiabá; certificada em Professional & Self Coach, pelo Instituto Brasileiro de Coaching IBC; dentre os reconhecimentos recebidos: Título de Mulher Cidadã Ana Maria do Coutro May: concedido pela Câmara Municipal de Cuiabá - MT, Título de Cidadã Mato-grossense: concedido pela Assembleia Legislativa de MT; Leader Quality: Certificação de Qualidade conferida à Eletro Fios por meio da Willian Edwards Deming Internacional; Medalha de Mérito - BPW Brasil - XXV CONFAM (2013); Medalha de Mérito - BPW Brasil - XXVI CONFAM (2014); Medalha de Mérito - BPW Cuiabá - 10 anos; Título Honorífico dos 300 Anos de Cuiabá - Câmara Municipal de Cuiabá; Condutora da Tocha Olímpica - Rio 2016.

Contatos
zildaazp@gmail.com
(65) 99972-4242

Zilda Zompero

Nasci em uma pequena cidade do interior do Paraná, Diamante do Norte, em um lar simples, uma casa de chão batido em meio aos pés de café, num lar de muito amor de uma família de lavradores. Cheguei antes do tempo, com apenas dois quilos, sem ter o que vestir usei roupas emprestadas de uma comadre de minha avó paterna. Todos que me visitavam, diziam "esse tiquinho de gente não vai criar". Até hoje sou chamada pelos familiares de Tika, o apelido carinhoso que recebi ao nascer, mesmo porque meu nome não foi bem recebido por quem deu-me a luz da vida. O dia do meu registro de nascimento foi bem marcante, primeiro porque meu pai andou 25 quilômetros de cavalo até a cidade de Nova Londrina, onde se encontrava o cartório mais próximo, mas durante o percurso perdeu a lista dos nomes que minha mãe escolheu por meio das novelas que ela ouvia no rádio. Então o dono do cartório sugeriu ao meu pai o nome de Zilda, já que era seu preferido, mas sua esposa teve um filho. O meu pai aceitou, só que quando retornou e mostrou para minha mãe, ela não gostou, e isso foi demonstrado por ela, em toda a minha infância, e assim eu cresci, sem gostar do meu nome, e tinha até vergonha de dizer como eu chamava, quando me apresentava.

O tempo foi passando, no ano de 1969 nos mudamos para a cidade de Paranavaí, um polo maior e de mais recursos para eu e meus irmãos estudarmos. Tenho muito orgulho e me inspirei pelos ensinamentos deixados pelos meus pais, Eleonoro e Yolanda, que dentro da simplicidade e humildade criaram os filhos dentro dos melhores caminhos do bem, acreditando nos transformadores meios da educação. Na nova cidade, também vivenciei as novas experiências de vida. Ao concluir o segundo grau, em curso técnico de desenho arquitetônico, o meu sonho era fazer a faculdade de Arquitetura, mas não foi possível, porque não havia o curso em minha cidade e o sonho ficou adormecido em mim, e me formei em Estudos Sociais, nível de licenciatura, e fui professora. O destino, entretanto, levou-me novamente para a pacata Diamante do Norte, quando me casei aos 20 anos, com Valdomiro Pazini, que era gerente de banco em Paranavaí, e ele foi transferido. Morei por mais quatro anos na minha terra natal. Seguimos depois para Nova Londrina, Santo Antonio da Platina, até sair do Estado frio e encontrar em 1989 a calorosa cidade de Cuiabá, capital mato-grosense. Aliás, meus pais já haviam saído, na segunda metade da década de 1970, do Paraná para morar em Mato Grosso, na cidade de Tangará da Serra, que fica a menos de 300 quilômetros da capital.

A cidade de Cuiabá se apresentou como uma capital de muitas oportunidades. Eu, meu marido e meus dois filhos pequenos Tiago e Rodrigo fomos abraçados pelo calor humano cuiabano, e as andanças terminaram, e um novo e próspero tempo começou a se iluminar em nossas vidas, me conduzindo ao mundo do empreendedorismo. Há 26 anos, iniciamos a empresa Eletro Fios, no ramo de materiais elétricos, hidráulica e iluminação. Eu e meu marido fomos incentivados pelos meus irmãos Zico e Toninho, cujas expertises foram importantes no início do negócio, em que entraram como sócios, mas logo seguimos somente eu e meu marido, com os próprios passos, erros e acertos na consolidação do empreendimento.

Zilda, a vencedora

Em abril de 1993, mês do meu aniversário, eu nasci para a vida do mundo dos negócios, conciliando o empreendimento, com duplas e até triplas jornadas. Se eu fosse fazer uma alusão de como eu nasci, e de como o empreendimento foi lançado no mercado, poderia dizer que também era um tiquinho. Sua estrutura era muito pequena, em um prédio modesto, alugado e com apenas dois funcionários. Fomos crescendo e, em 2013, passados vinte anos estávamos reinaugurando, com 1200 metros quadrados de loja e 60 funcionários.

Ao lado do meu esposo e do meu filho Tiago, que formou-se em Engenharia Elétrica e optou por trabalhar diretamente em nosso negócio, tenho feito uma gestão de sucesso. Ele é casado com a engenheira florestal, Poliane Pierra. Meu outro filho, Rodrigo, formado em Administração de Empresas, optou por outros caminhos como empreendedor, é casado com Júnia Delcaro, que é empresária nas áreas de Hotelaria e Confecções, com quem teve o filho Giuseppe, meu primeiro e adorado neto. Eles residem em Tangará da Serra, interior de Mato Grosso, onde meus pais fixaram residência vindo do Paraná nos anos 70, e onde mora também o meu irmão Étore, que se dedica ao setor empresarial na mesma área escolhida por mim e meus irmãos. Aliás, somos conhecidos como a "família elétrica", e tudo começou na cidade de Mandagari-PR, onde minha irmã Vera e o seu marido Manuel Pereira dos Santos Neto eram empreendedores no ramo de materiais elétricos. Hoje moram em Campo Grande-MS.

A Eletro Fios tem seu nome solidificado no mercado, e eu também passei a projetar o meu nome, que ao longo da minha trajetória eu consegui ressignificar, o que significava primeiramente para minha mãe, uma decepção inicial, e depois para mim, pelo próprio significado que o nome tem: "Zilda, a guerreira vencedora, que revela uma personalidade compreensiva e plena de moderação. É próprio de pessoas que sabem escutar e expor as suas razões em qualquer momento. Sua principal qualidade, mesmo assim, é a discrição". Gostei do que li, e percebi que eu era realmente a Zilda, e não um tiquinho de gente que não ia criar.

Na minha vida eu sempre fiz tudo com muita paixão, e a partir do momento que me tornei uma empreendedora, passei a também ser inspirada pela luz e aos poucos descobri o que mais fazia de melhor, além de ser empresária de sucesso, e comecei a realizar um sonho acalantado. Ainda que não ingressasse, por opção, na Faculdade de Arquitetura, encontrei o que era mais próximo que gostaria de abraçar naquele momento, e muito diferente dos Estudos Sociais. Fiz um curso superior, em nível de especialização em *Light Design*, e depois de *Design* de Interiores, que muito contribuíram para que eu tivesse, além de uma atividade empresarial, também um perfil profissional, que acredito ter sido ideal para as necessidades do meu negócio, e para as situações inusitadas que o ambiente corporativo nos remete. Isso ampliou minha rede de contatos, me manteve atualizada e contribuiu para efetivar novos negócios e ter uma carteira de clientes ainda mais diferenciada. Quando minha empresa completou vinte anos, eu já estava com uma visão mais aprimorada em relação às tendências de iluminação, e passei a investir de forma inovadora para que a Eletro Fios tivesse um belo *showroom*, um dos melhores da região, promovendo o encantamento de quem visita a empresa, uma das maiores referências no segmento. Com conhecimentos técnicos aprimorados, passei a dar atenção e cuidados ainda maiores ao setor de iluminação, inclusive passando a elaborar projetos luminotécnicos com soluções agregadas à beleza e à economia, com design sempre criativo, e muitas vezes voltadas à sustentabilidade. A minha visão em relação ao empreendimento passou a ser diferenciada, e via o encantamento em cada toque dado com o meu profissionalismo. Eu também percebia que proporcionava uma experiência positiva para os nossos clientes e fornecedores das melhores marcas do país. Hoje, quando recebo elogios sobre a forma que imprimi na gestão e de como a loja é uma das mais bonitas que já viram, eu reafirmo a mim mesma o quanto valeu a pena cada esforço empreendido ao longo da jornada da guerreira.

Cargo de representatividade

Gostaria de ressaltar que não faltaram pessoas boas para eu compartilhar minhas novas aspirações, e que se encontram além dos laços familiares.

Juntas brilhamos mais

No meu caminhar como *lighting designer* encontrei a arquiteta Camila Borim, com quem estabeleci uma relação perfeita de parceria profissional. Fomos premiadas em Milão no ano de 2014 pela consultoria de um projeto da mostra Morar Mais por Menos, por ela elaborado. E foi ela que me convidou para participar pela primeira vez da maior mostra da arquitetura, decoração e paisagismo, a Casa Cor, que nunca imaginava ter espaço nem em meu sonho. Participei com ela da Casa Cor MT 2014, e já fui convidada para também fazer parte de outro ambiente, com a arquiteta Juliana Tanaka e a designer de ambientes Magda Beatriz. Tudo era fascinante, como se eu estivesse habitando dentro de um próprio sonho, daqueles que não se sonha só para vê-lo real, e a partir de então não deixei de ter meu nome na Casa Cor MT. Em 2016, com o ambiente Lapidário Gastronômico, eu, Camila Borim e Andressa Borsatto recebemos o prêmio de melhor ambiente escolhido pela imprensa. Em 2018, também participei da edição da mostra Casa Cor, e já havia me especializado também em *Design* de Interiores, me aproximando cada vez mais da arquitetura.

    Olhando para o meu passado, remetendo ao meu presente e com o olhar para o futuro sempre, eu compartilho de um ditado, "vence na vida quem diz sim", e foi o que eu fiz, eu disse sim para o empreendedorismo, para a profissão, e não demorou para eu acenar positivamente também para um cargo de representatividade na ONG feminina internacional, Associação de Mulheres de Negócios e Profissionais - BPW Cuiabá, onde iniciei como associada em 2011, convidada pela minha cunhada Terezinha Zompero. Eu admirava muito as gestoras da organização, via como falava bem a fundadora, Sueli Batista, que sempre me inspira com suas palavras, e a presidente na época, Mariza Bazo, sempre firme e propositiva. Eu aceitei o convite e passei a compartilhar experiências prósperas no que tange ao empoderamento feminino. Em 2012 as líderes da BPW Cuiabá viram em mim qualidades para que eu atuasse na diretoria, e abracei um cargo na gestão executiva, como segunda diretora secretária. No ano seguinte, ao ser estruturada a nova gestão da BPW Brasil, a presidente na época, Sueli Batista, sugeriu o meu nome para que a futura presidente, Eunice Cruz, me convidasse para ser a coordenadora do Comitê de Negócios, cargo nacional que passei a ocupar por duas gestões. Quando finalizava a gestão de Mariza Bazo, eu já era uma das vice-presidentes, e muito integrada com as associadas e aos objetivos da organização. Na gestão posterior, eu passei a ser a primeira vice-presidente, ocupando em 2017 a presidência interinamente, por decisão, em eleição por vacância do cargo. No ano de 2018, em nova eleição, fui eleita presidente, e imprimi meu trabalho como o faço na iniciativa privada, com ética, responsabilidade e dedicação. A rede muito ampliou meu *networking*.

Zilda Zompero

Iniciei a atividade de presidente da gestão 2018-2020 com o lema "Juntas brilhamos mais e iluminamos caminhos". Eu considerei o mote como um convite para que as mulheres assumam a responsabilidade, cada qual, de acender sua luz para tornar a organização cada vez mais brilhante, com ações que radiam não só os bons negócios entre suas associadas, mas também o amor por novos aprendizados e a alegria do compartilhamento. Para a minha felicidade, na Convenção da BPW Brasil, trouxemos o troféu de primeira colocada por nosso case de sucesso, que expôs, contou e encenou os 100 anos da moda, a partir de revistas desde 1907, do acervo da colecionadora Yasmin Nadaf e de peças autorais, produzidas pela Universidade de Cuiabá - Faculdade de Design de Moda. O evento mostrou que há muita cooperação e união e que temos feito uma gestão aproximando as associadas, a sociedade civil, empresas, profissionais e as entidades governamentais e a mídia. Enfim, todos os *stakeholders*, que considero como estratégicos para que a organização prospere e seja reconhecida em seu grau de influência e de representatividade.

Em minha vida pessoal, e nas minhas atividades empresarial, profissional e na rede da BPW Cuiabá e do Brasil, eu passei a entender, dentro de cada contexto do tempo e do espaço, o valor imensurável dos relacionamentos que estabelecemos, e que iluminar caminhos, em todos os sentidos, é o segredo do sucesso. Procuro sempre a convivência harmônica com a família, que embora compreenda minha atuação diferenciada dentro do ambiente dos negócios, nem sempre compreende a razão de muitas vezes eu estar engajada com tanta dedicação às lutas por direitos da mulher e empoderamento feminino. Por outro lado, entretanto, eu sei que se orgulham da mulher que me tornei. Afinal, muitos foram os reconhecimentos que recebi na trajetória, títulos de cidadã mato-grossense, cidadã cuiabana, honorífico de Cuiabá 300 anos; fui inserida entre as 300 mulheres, na mostra histórica, cultural e de equidade, da tricentenária Cuiabá, e tive o nome da minha família no livro dos pioneiros da cidade, e também no Parque da Família. Dentre todos os méritos já recebidos, entretanto, eu julgo como um dos mais significativos ter sido uma das condutoras da Tocha Olímpica, da Rio 2016, e enquanto eu carregava, em junho daquele ano, por uma das ruas de Cuiabá, o símbolo da grande chama mundial, uma luz maior chegava à minha vida, a do meu neto Giuseppe. E hoje, quando termino de contar minha história, recebo a notícia de que virá um novo ser de luz no seio da minha família, minha neta, que se chamará Bianca. A certeza que tenho é que, por meio dos meus netos, o futuro continuará radiante, seguindo em passos firmes e decididos com toda a luminosidade em minha vida e na vida daqueles que eu amo.

Capítulo 2

Eu fiz meu caminho suave

Sueli Batista

O ponto de partida da minha trajetória foi a periferia da zona leste de São Paulo. Eu pensava, aos 7 anos de idade, que o "Caminho Suave" era a cartilha utilizada para a minha alfabetização, que aliás eu ganhei de uma vizinha e já estava bem usada. Lembro-me, passados 56 anos, o que ela disse-me: "É só passar uma borracha". E fez sentido, gastei quase uma inteira para apagar os rabiscos nela contidos.

Sueli Batista

Diretora dos empreendimentos: Instituto EcoGente, Studio Press Comunicação e Portal Rosa Choque. Presidente fundadora da BPW Cuiabá e atual conselheira superior da BPW Cuiabá e da BPW Brasil (Presidente na gestão 2011-2013). Presidente da Academia Mato-Grossense de Letras. Jornalista, escritora, *Master Coach*, *Leader Coach*, *Coach* Ericksoniana. Especialista em Psicologia Positiva; Hipnoterapeuta. MBA no Terceiro Setor e em Políticas Públicas. Já proferiu palestras no Brasil; Beijin- China; Helsink- Finlândia; Roma-Itália e Buenos Aires-Argentina. Dentre os reconhecimentos recebidos: Diploma Mulher Cidadã Bertha Lutz, (Senado Federal); Medalha do Mérito de Mato Grosso na categoria de Oficial. Título de Cidadã Cuiabana; Título de Cidadã Mato-Grossense; Comenda: JK (Cicesp); Comenda Lena Madesin Phillips (BPW Brasil); Título da Soberana Ordem Brasil Estados Unidos (Cicesp. entregue na ONU-NY); Título do Círculo Universal da Paz (Cercle Universel Des Ambassadeurs De La Paix Suisse/France). Comenda Marechal Rondon e Mérito Cuiabá 300 Anos.

Contatos
www.institutoecogente.com.br
suelibatista@institutoecogente.com.br
(65) 99981-3389 / 3623-1274

Muitas vezes no meu caminho eu tive que abrir novas estradas com os próprios pés, em esforço hercúleo, para conseguir chegar aonde eu queria. O aprendizado iniciado em casa, pelas mãos dos meus pais, João Batista dos Santos e Almerinda Felipe dos Santos, pelo "Caminho Suave", e depois por outros tantos livros e professores, mostrou-me como trilhar por novas estradas, e andei muito até chegar a 2019, raramente junto dos meus irmãos, Luis Carlos, Sérgio e João, e na maior parte da minha vida foi separada, sozinha, aprendendo novas lições.

A vida é como um livro, que tem vários capítulos, selecionei um deles, e que considero o mais transformador para minha evolução, com resultados altamente positivos. Era julho de 2001, e eu estava absorta, em pensamentos, olhando para a lindíssima Cachoeira Salto das Nuvens, na cidade de Tangará da Serra-MT, após um encontro da Federação das Associações Comerciais e Empresariais, quando minha sócia Mariza Bazo me apresentou Leocilda Martinelli, que com entusiasmo me falou pela primeira vez de uma organização internacional, Business Professional Women-BPW, como é conhecida mundialmente a Associação de Mulheres de Negócios e Profissionais. Leocilda presidia a BPW Tangará da Serra, fundada em maio do ano 2000. Ela propôs para minha sócia fundar a BPW Cuiabá, Mariza, apesar de ser uma líder admirável, declinou do convite e me indicou. Prontamente aceitei o desafio e confesso que foi a melhor coisa que poderia ter me acontecido naquele momento.

Fatos divisores

Três fatos em minha vida foram marcantes, e os considero como divisores de águas. O primeiro foi o ano de 1985, quando saí de São Paulo-SP para fixar residência em Cuiabá-MT, com uma proposta de trabalho muito atraente para uma recém-formada em Jornalismo: um emprego na TV Centro América, afiliada da Rede Globo. Após três anos eu já estava fazendo história, não na televisão, mas, sim, no jornal O Estado de Mato Grosso e na assessoria de comunicação do Sistema Federação do Comércio de Bens, Serviços e Turismo - Fecomércio/Sesc e Senac-MT, que implantei em 1987, e fui gestora por cerca de 30 anos.

Em 1988 fundei a Studio Press Comunicação, a primeira empresa na área de assessoria de imprensa, no Estado. O segundo divisor de águas foi eu ter fundado a BPW Cuiabá, e o terceiro, foi eu abraçar uma nova carreira, na área de desenvolvimento humano, após 60 anos de idade, mesmo tendo estabilidade em cargo executivo na área de comunicação. Assinei o PDI-Plano de Demissão Incentivada.

Recordo, em relação a BPW, que depois do encontro em Tangará da Serra, no percurso da volta para a capital, eu pensava em como fundar a ONG Feminina, e a estratégia foi utilizar um dos produtos da Studio Press, o Jornal Rosa Choque, segmentado para mulheres, lançado em maio de 1997, que foi o primeiro veículo jornalístico a entrar na internet, no Estado. O jornal serviu como ponte, para que as mulheres trafegassem ao encontro da ONG feminina, e foi tudo muito rápido, com mobilização surpreendente, no dia 27 de agosto já estava formada a organização, com 133 mulheres assinando a ata de fundação. No dia 4 de dezembro de 2001 tomei posse como presidente. Eu já era muito conhecida pelo meu trabalho de jornalista, e premiada local e nacionalmente, por outro lado, nada comparado a exercer uma liderança, de forma voluntária, na estrutura da BPW Cuiabá, e quatro anos mais tarde na BPW Brasil, onde fui respectivamente segunda vice-presidente, primeira vice-presidente e presidente, em três sucessivas eleições: 2005, 2008 e 2011. No ano em que deixei a presidência nacional, 2013, eu passei a exercer o cargo de vice-coordenadora da BPW na América Latina e Países do Caribe de Fala Hispânica.

Conhecimento, o maior valor

Antes de tomar posse como presidente da BPW Cuiabá, criei um programa transformador para as pessoas em vulnerabilidade social por renda, que recebeu o nome de "Buscando a saúde para o bairro ideal". Parecia até certo ponto que era somente um sonho, o que eu pretendia fazer, mas felizmente, com meu entusiasmo, motivei as diretoras, coordenadoras e associadas e elas vieram juntas. Após algumas reuniões, eu passei a redigir o programa, e confesso que o fiz mais com inspiração do que expertise técnica. Em 2002, a BPW Cuiabá já ocupava destaque na mídia, com a realização do 1º Fórum de Desenvolvimento do referido programa e do lançamento da campanha Sou Doadora de Vida, visando ampliar a doação de sangue por parte das mulheres, que criei contando com o apoio técnico da médica Hilvanete Fortes, coordenadora da Comissão de Saúde da organização. A campanha foi colocada como um dos principais projetos da BPW Brasil em 2012, contemplando doações de sangue, córnea, medula, pele e leite materno e, três anos depois, tornou-se o Programa Doando Vida. Eu descobri, anos mais tarde, me tornando *master coach* e especialista em Psicologia Positiva, que a BPW fazia parte do meu propósito de vida. Agradeço profundamente Cléria Del Barco, que conheci na BPW Cuiabá e que foi a responsável por uma mudança singular na minha trajetória, me presenteando com o curso de *Professional* & *Self Coach*, dos muitos que fiz com a chancela do Instituto Brasileiro de Coaching-IBC. Com conhecimento em desenvolvimento humano estou podendo compreender melhor o que faço e por qual razão o faço.

Engajamento na trajetória

Como gestora da BPW eu priorizei, nas minhas gestões, ações estratégicas, discussões e projetos dentro de uma plataforma de gênero e responsabilidade social, boa comunicação, atuação em equipe e boas parcerias. Com isso os reconhecimentos local, nacional e internacional foram sucessivos, e os melhores presentes vieram em forma de conhecimento. Considero um grande marco na minha vida, como presidente da BPW Cuiabá, o ano de 2004, quando solicitei uma audiência com a ministra da Mulher, Nilcéa Freire, por intermédio da primeira vice-presidente da BPW Brasil, Íria Martins. Eu estava concluindo MBA em Terceiro Setor e Políticas Públicas, que a BPW Cuiabá realizou *in company* com a Universidade Cândido Mendes, do Rio de Janeiro, e julguei interessante propor à ministra soluções para que no Programa de Governo fossem aplicados projetos com mensuração de resultados, para a autonomia econômica da mulher, passando pelo estímulo ao empreendedorismo feminino e política de crédito mais atrativa. O resultado da audiência foi muito positivo e deu o *start* à construção de um dos maiores programas de empreendedorismo no país, no âmbito das políticas públicas de governo, e à construção da aliança entre a BPW Brasil, a Secretaria de Políticas para as Mulheres da Presidência da República e o Sebrae Nacional. O Sebrae Mulher de Negócios, que anos depois também teve a parceria da Fundação Nacional da Qualidade (FNQ), e o Programa Trabalho e Empreendedorismo da Mulher, do Governo Federal, tiveram origem a partir dessa aliança, da qual participei ativamente, inclusive elaborando projetos.

Mesmo antes de eu ser eleita presidente da BPW Brasil, com a minha experiência e conhecimento técnico em terceiro setor e políticas públicas, criei, como vice-presidente e coordenadora do Comitês de Projetos da organização, o Programa BPW de Desenvolvimento Sustentável, cuja implantação imediata dessa iniciativa foi uma das principais metas na gestão da presidente Arlete Zago. Todos os projetos da BPW Brasil, desde então, até os dias atuais, foram incorporados de forma sistematizada, correspondendo a cada núcleo do programa, dando para a organização uma atuação mais profissional, dentro dos mais modernos formatos dos ambientes corporativos. Cresci muito dentro da hierarquia da BPW Brasil e participei, por meio de meus cargos institucionais, de várias missões, o que possibilitou meu contato direto com outras culturas, tanto países que integram o Mercosul, quanto na Europa e Ásia. Chefiei a delegação da organização no Congresso da BPW Internacional em Helsink-Finlândia; integrei também duas missões internacionais do Sebrae Nacional, acompanhando as vencedoras do Prêmio Sebrae Mulher de Negócios, na França e Itália. Quando eu representei a BPW Brasil, no CNDM (Conselho Nacional dos Direitos da Mulher), acompanhei como conselheira a comitiva da ministra da mulher, Iriny Lopes, na Reunião do Estatuto da Mulher, na ONU, em Nova York. Eu acabava de retornar da África do Sul, em uma missão empresarial. Meus pés me levaram para onde eu não imaginava chegar. Fui painelista com o tema "Economia Verde e Responsabilidade Social Corporativa", no Fórum Internacional sobre Mulher e Desenvolvimento Sustentável, que ocorreu em Beijing, a convite da All China Women's Federation, falando para 42 países, antecedendo a Rio+20. A intermediação foi feita pela conselheira superior da BPW Brasília, Jupira Barbosa Ghedini, que havia feito 15 missões para a China. Estava me sentindo totalmente recompensada por tantas noites em claro, debruçando-me em projetos para impactar a vida da sociedade, em especial a das mulheres em vulnerabilidade social e vítimas de violência doméstica. Um dos maiores projetos que escrevi foi o voltado ao trabalho e empreendedorismo da mulher, que integrou um programa nacional da Secretaria Especial de Políticas para as Mulheres, da Presidência da República-SPM/PR, do qual a BPW Brasil fazia parte como uma das parceiras, juntamente com o Sebrae e o Instituto Brasileiro de Administração Municipal. Fui responsável pela supervisão do projeto, dentro do programa, em Pernambuco-PE.

Ação e emoção

Coisas que me dão prazer na vida é fazer o bem, a exemplo de eu ter transformado a vida de Ana Martinha da Silva, que nasceu filha de escravos, após a Lei do Ventre Livre. Ela teve sua história relatada no Jornal Rosa Choque, e foi abraçada pela BPW Cuiabá, aos 121 anos de vida, quando fui presidente. Consegui por meio de meus contatos uma série de benefícios para ela, a exemplo de plano de saúde e de medicamentos vitalícios, pensão do governo Blairo Maggi, que também lhe deu casa própria, no bairro em que vivia, na periferia de Cuiabá. A casa foi totalmente mobiliada com apoio da City Lar, uma empresa de móveis e eletrodomésticos e a TV Cidade Verde, por meu intermédio, e consegui certificá-la como a mais idosa do Brasil no Livro dos Recordes - Ranking Brasil. Faleceu, aos 124 anos, e eu a enterrei no dia do meu aniversário, como se fosse membro da minha família.

Nos dias de hoje ainda estou muito ativa, atuando em várias frentes da iniciativa privada e organizações sem finalidades lucrativas. Em novembro de 2014 assumi a cadeira 34 da Academia Mato-Grossense de Letras-AML, integrei por duas gestões a sua diretoria e, em 30 de setembro de 2019, gestão de S.Carlos Gomes de Carvalho, fui empossada presidente, sendo a terceira mulher eleita para o cargo, ao longo de 100 anos da instituição. Sinto que ser multifacetada faz parte da vida da mulher na hipermodernidade do século XXI. Dentro desse contexto, minha história cada vez mais se funde com a da BPW Cuiabá. Atribuo tantas atividades que desenvolvo principalmente ao fato de um dia ter dito sim para uma vida fora da zona de conforto, assumindo riscos mudando-me da capital de São Paulo, minha terra natal. Felizmente eu encontrei, ao deixar só no meu coração o gigante de concreto, uma deusa linda e ensolarada, e que se mantém jovem com 300 anos de idade. Tenho amor e respeito por Cuiabá, cidade que me recebeu de braços abertos e me faz sentir cada vez mais integrada com sua gente adorável. No ano do tricentenário de Cuiabá, recebi vários diplomas de honra, moções de aplausos, título honorífico, destaques em vídeo documentário, nome de família na calçada da fama em um parque da cidade, e no livro no livro "Gente que fez, gente que faz Cuiabá" da jornalista e historiadora Neila Barreto. O singelo também fez parte das homenagens que recebi. Em março, a presidente da BPW Cuiabá, Zilda Zompero, me preparou uma surpresa, durante a Cerimônia das Velas da organização, crianças contaram parte da minha vida, representando os cinco continentes, nos quais a organização está presente, mostrando que realmente juntas brilhamos mais e iluminamos caminhos, lema da atual gestão. A cerimônia fez parte da programação oficial da Secretaria Extraordinária os 300 anos, da Prefeitura Municipal.

Quando em junho de 2016 eu fui uma das condutoras da Tocha Olímpica, num curto trajeto fiz a maior retrospectiva da minha vida. Lembrei-me de fatos que vinham como flashes à minha mente, dentre eles: a violência doméstica cometida por um pai alcoólatra, e o quanto minha mãe é resiliente; de como foi duro romper barreiras para eu estudar; das pessoas a quem devo expressar o sentimento de gratidão; dos projetos que elaborei, e impactos positivos que causei; das minhas viagens pelo mundo e de tantos reconhecimentos públicos. Foram em poucos minutos que eu percebi que aqueles 200 metros eram o meu caminho suave, e passei a honrar ainda mais a minha trajetória de lutas e vitórias. Percebo, revisitando minha história, que na realidade em outubro de 1985, ainda que sem saber, eu não mudei apenas de uma cidade, mas, sim, parti para uma vida de engajamento, pertencimento, mais significativa, com verdadeiro sentido e propósito. Isso tem preço? Claro que não, porque são valores imensuráveis, e pode se sintetizar no que quero deixar quando meu coração silenciar, que resumo em uma única palavra: legado.

Capítulo 3

Abracei meu sonho com ousadia

Mariza Bazo

Se hoje eu tivesse que responder o que mais faz sentido em minha vida, certamente eu diria que foi ter a ousadia e a coragem de mudar a minha trajetória, correndo riscos. A vida nos move para lugares inimagináveis. Em Barretos-SP, minha cidade natal, eu não tive a oportunidade de realizar meu sonho, e foi em Cuiabá-MT que me tornei não só uma empreendedora de sucesso, mas uma mulher reconhecida pelos meus méritos.

Juntas brilhamos mais

Mariza Bazo

Empresária nas áreas de comunicação e desenvolvimento humano, na Studio Press Comunicação e no Instituto Ecogente de Desenvolvimento Humano e Responsabilidade Socioambiental; jornalista; pós-graduada com MBA-Gestão em Marketing pela Fundação Getúlio Vargas-FGV; *professional & self coach; leader coach*; coordenadora do Painel Empreendedorismo Feminino no longa-metragem sobre os 300 anos de Cuiabá; participação na Mostra 300 Mulheres, Letras, História e Equidade; conselheira superior da BPW-Cuiabá; primeira vice-presidente da BPW Brasil; diretora da Associação Comercial e Empresarial de Cuiabá-ACC e da Federação das Associações Comerciais e Empresariais de Mato Grosso-Facmat. Alguns reconhecimentos: Título Cidadã Mato-grossense; Título Cidadã Cuiabana; Título Honorífico dos 300 Anos de Cuiabá; Título da Soberana Ordem Brasil-Estados Unidos entregue no auditório da ONU em Nova York; Título Mulher Cidadã; condutora da Tocha Olímpica-Rio 2016 ; Placa de Reconhecimento do Ministério Público do Estado de MT; Medalha Marechal Rondon; Medalha do Centenário da ACC; Medalha de Mérito da BPW Brasil.

Contatos
marizabazo@studiopresscomunicacao.com.br
marizaabazo@gmail.com
Instagram: Mariza.Bazo
Facebook: Mariza Bazo
(65) 99983-8375

Mariza Bazo

Minha trajetória de vida é de buscas constantes e de muitas conquistas. Sou muito determinada e aguerrida em busca dos meus sonhos e dos meus objetivos, e nada me detém. Enfrento as dificuldades e os obstáculos, que muitas vezes se apresentam como intransponíveis, com inteligência e equilíbrio emocional, tanto na minha vida pessoal, profissional, quanto nos trabalhos voluntários, e vou fazendo, como disse Cora Coralina, "removendo pedras e plantando flores", porque escolhi ser protagonista da minha própria vida e não mera coadjuvante. Desde pequena eu sou bem comunicativa, e escolhia as brincadeiras, os locais, as equipes e todos adoravam e me seguiam, hoje vejo, por toda a trajetória que percorri e que edifiquei profissionalmente e nos negócios, que eu já era uma líder.

Nasci em Barretos-SP, terra da famosa Festa do Peão de Boiadeiro. Meus pais, Ivo Bazo e Luiza Pozatti Bazo, ambos barretenses e descendentes de italianos. Sou a segunda dos quatro filhos que tiveram: Maria Cecilia Bazo Martins, que em 2018 foi morar no céu, Ivo Bazo Junior e a caçula Roselaine Aparecida Bazo. Meu pai trabalhava no frigorífico Anglo e minha mãe cuidava de nós e dos afazeres domésticos. Ambos eram muito presentes em nossas vidas. Tive uma infância feliz, morávamos numa casa simples, mas com grande quintal, muitas árvores frutíferas, no qual brincava muito com meus irmãos e os amiguinhos da vizinhança. Da infância feliz, uma espécie de salto para uma grande tristeza vivida em minha adolescência, me deparei com o primeiro golpe da vida. Perdi o meu pai aos 13 anos. Ele adoeceu e em menos de três meses morreu. Minha mãe teve que se reinventar para cuidar sozinha dos quatro filhos, todos menores de idade. Uma mulher de muita fé e garra, de dedicação com a família, da qual eu me inspiro e sigo o seu exemplo. Aprendi com minha mãe a não medir esforços para que a família esteja sempre unida, integrada, em harmonia, e isso independente de distâncias geográficas.

Eu sempre estudei em escola pública durante o dia, mas buscando novas oportunidades na vida e uma forma de ajudar a família, aos 16 anos transferi os estudos para o período noturno e comecei a trabalhar. Meu primeiro emprego foi como vendedora na loja Tecidos Joia, que era dividida em duas áreas, tecidos e confecções, e eu atuava na venda de confecções. Logo se tornou o Grupo Joia, composto por muitas lojas de diversos segmentos. A expansão da empresa refletiu positivamente em minha vida profissional, e não demorou para eu ser promovida. Orgulho-me de ter sido gerente, supervisora e compradora do Grupo, que hoje é um dos maiores do varejo regional, no qual liderava as equipes com maestria, na maioria das vezes superando metas, e participava das maiores feiras de moda em nível nacional. Eu sempre fui muito participativa, e com facilidade de comunicar, era eu quem apresentava os produtos da empresa na mídia, sempre com domínio diante das câmeras.

Como eu trabalhava em período integral, e não havia faculdade de comunicação em minha cidade, o que era meu sonho, eu tive que deixá-lo adormecido, porque a prioridade era contribuir com o sustento familiar, e para buscar uma formação, dentro do que eu pretendia, tinha que optar pelo trabalho ou estudo. Trabalhei por 17 anos nesse Grupo, contribui muito com o seu crescimento e me tornei mais forte, e o aprendizado que tive foi fundamental para tomadas de decisões que modificaram o meu repertório profissional, e me aproximou do que eu tanto sonhava. No final de 1996, encerrou-se o meu ciclo com o Grupo Joia. Um convite para ser sócia em uma empresa de comunicação, em Cuiabá-MT, fez com que eu tivesse um grande e transformador desafio, e a possibilidade de eu ir ao abraço do meu sonho, tornando-o realidade.

O início na comunicação

As mudanças são necessárias, nos impulsionam, nos movem, mas também são desafiadoras, difíceis e é preciso ter muita determinação, garra e coragem para seguir com o propósito. Logo que cheguei a Cuiabá, assumi a direção comercial da Studio Press Comunicação, empresa que já existia há quase dez anos no mercado, dedicada à assessoria de imprensa, publicidade e editora. Com a minha expertise em vendas e sempre comunicativa, no início de 1997 concretizei um projeto antigo da minha sócia, a jornalista Sueli Batista, e assim fundamos o Jornal Rosa Choque, dirigido ao público feminino, o primeiro do gênero em Mato Grosso, e que teve o pioneirismo de ser o primeiro jornal a entrar na internet no Estado. Isso se deve à nossa visão empreendedora e futurista. O Rosa Choque impresso circulou por 19 anos ininterruptamente e, em 2016, se tornou o Portal Rosa Choque.

Quando cheguei a Cuiabá para fixar residência, eu já havia, no ano anterior, prestado vestibular para Jornalismo e, aprovada, passei a conciliar os estudos com a minha nova carreira no mercado de comunicação. Foi uma época intensa de trabalho, adaptação à cidade e à faculdade.

Mariza Bazo

Na Studio Press, sempre fui responsável pelo relacionamento com os clientes, mercado, imprensa e, hoje, também com os influenciadores digitais.

No início, tudo era novo e fascinante. Fui responsável pela comunicação de inúmeros eventos locais, nacionais e internacionais que ocorreram no Estado de Mato Grosso, desde a época em que o contato com a imprensa, na maioria das vezes, era por fax, e no local do evento o telefone raramente funcionava e a internet quase nenhum veículo usava. Nessa área de atuação, fui me apaixonando cada vez, pois em cada entrevista e em cada matéria ampliava o meu conhecimento em diversos assuntos de muitos segmentos. Viajei muito pelo Estado acompanhando comitivas de outros países, enfrentando estradas de terra com muita poeira e em aviões de pequeno porte não raras vezes a viagem se tornava uma aventura. Atualmente a comunicação mudou muito, está cada vez mais dinâmica e eu cada vez mais absorvida, pois tenho que criar formas inovadoras a todo instante para alcançar resultados, e com o ritmo aceleradíssimo eu sigo amando ainda mais o meu trabalho.

Um fato que merece destaque, na minha trajetória na Studio Press, foi ser uma das responsáveis pelo ousado projeto do Centenário da Associação Comercial e Empresarial de Cuiabá – ACC. Além do livro que resgatou toda a história da instituição, foram realizados diversos eventos alusivos aos 100 anos, que contou com exposição, entrega de medalhas, confecção de selo e cartão telefônico, dentre outros acontecimentos.

Como voluntária no campo empresarial, desde 1999 me dedico às atividades em níveis de conselho e diretoria da Associação Comercial e Empresarial de Cuiabá- ACC e da Federação das Associações Comerciais e Empresariais do Estado de Mato Grosso-Facmat.

Voluntariado feminino

O respeito profissional e como empreendedora ampliou os meus relacionamentos, e me levou a abraçar também o campo do voluntariado feminino. Mesmo com um ritmo tão acelerado de trabalho, percebi que poderia fazer algo que impactasse a vida de outras pessoas. Foi então que conheci a Business Professional Women – BPW, sigla pela qual é conhecida mundialmente a Associação de Mulheres de Negócios e Profissionais, e assim participei da fundação da BPW Cuiabá em 2001, assumindo a Coordenação da Comissão de Comunicação. O amor pela BPW foi à primeira vista e, desde então, estou cada dia mais apaixonada e trabalhando incansavelmente pelo empoderamento feminino em busca de uma sociedade menos discriminatória e mais igualitária. Esse trabalho voluntário na BPW me move, pois faço tudo com profissionalismo e amor e é muito gratificante quando ouço depoimentos do quanto sou inspiração para outras mulheres, ajudando-as a transformar suas vidas, sair dos seus casulos, enxergarem os seus próprios potenciais.

Desde a fundação da BPW Cuiabá sempre estive envolvida ativamente em inúmeros projetos. Lembro que na primeira Confam – Convenção da Federação das Associações de Mulheres de Negócios e Profissionais do Brasil, eu entreguei um robusto relatório de toda a comunicação dos primeiros seis meses de atividades, mostrando a visibilidade e a credibilidade conquistadas em tão pouco tempo. No ano seguinte, estava junto à desafiadora missão de implantar o projeto Sou Doadora de Vida, pois na época apenas 3% da população feminina em Mato Grosso doava sangue.

Com grande experiência e conhecimento, em 2009 fui eleita presidente da BPW Cuiabá. No dia da posse, me comprometi e enfatizei que a minha gestão seria como a Dança do Siriri (cultura local), forte, bonita, colorida, alegre, integrada, vibrante e muito dinâmica. E, assim, em poucos meses consegui triplicar o número de associadas e dos projetos também. Na época, o *networking* era a novidade do momento, inclusive muitas empresas faziam eventos com custos elevados para empresários, e foi então que criei a reunião de associadas mensal com *networking*. Tudo com muito profissionalismo e orientação desde como a profissional deveria falar, otimização do tempo até material para divulgação, entre outras. Tudo em local adequado, com muita integração e, assim, o resultado superou as expectativas. Em seguida, criei o projeto Negócios em Rede, em que, além do *networking*, as associadas participavam de rodadas de negócios, e as parcerias, bons negócios e integração se concretizavam cada vez mais. Ainda na minha primeira gestão foi realizado um projeto impactante em parceria com o governo do Estado, o Minha Vida, Minha Chance, que contribuiu para o sistema de ressocialização das reeducandas da Penitenciária Ana Maria do Couto May, em Cuiabá, pois as penas de prisão não devem ser aplicadas somente como castigo e nesse prisma a orientação dentro dos preceitos humanísticos se faz necessária para a reintegração à sociedade, evitando assim a reincidência.

Fui reeleita na presidência da BPW Cuiabá e, em 2012, recebi a missão de realizar em Cuiabá o Encontro Regional da BPW Brasil, com participação de lideranças de todas as regiões do País, conquistando maior destaque e ascensão em nível nacional. Um marco na minha gestão foi o projeto Vitrine BPW de Oportunidades, no qual o diferencial foi o desfile de liquidação, isso mesmo, e com a mesma produção e glamour dos desfiles de lançamento de coleção. Tudo integrado a uma grande feira de negócios com muitos estandes de vários segmentos e, claro, tudo aliado à responsabilidade social com doação para uma instituição beneficente. Por meio desse projeto, a BPW Cuiabá foi a vencedora em primeiro lugar da Premiação Casos de Sucesso, realizada durante a Convenção da BPW Brasil, de 2013.

Posso dizer que encerrei a minha gestão na presidência da BPW Cuiabá com "chave de ouro", com a realização da XXVI Convenção da BPW Brasil. Na época, o País estava em crise, a Copa do Mundo de Futebol aconteceria no Brasil, inclusive em Cuiabá, a cidade parecia um canteiro de obras e também ocorreria o Congresso Internacional da BPW (realizado a cada três anos). Então, muitas pessoas falavam que eu não deveria fazer um evento aqui, era muito arriscado e por aí vai. Eu respondia que era preciso apenas muita ousadia e coragem, e isso eu tinha de sobra. O resultado foi excelente, um evento marcante, inclusive com a participação da presidente da BPW Internacional, Yasmin Darwich, e da coordenadora da BPW América Latina, Marta Solimano. O evento recebeu elogios e foi comparado por diversas lideranças ao nível de grandes eventos internacionais.

Em função de todo o meu trabalho, somado à minha vivência, eu fui convidada pelo governo alemão, por intermédio do Ministério das Relações Exteriores da Alemanha, por interlocução da Cônsul em Mato Grosso, Tânia Kramm, para integrar a missão de jornalistas de 13 países às cidades de Berlim e Colônia, onde conhecemos as práticas de responsabilidade social e desenvolvimento feminino.

Simultâneo ao trabalho realizado na BPW Cuiabá, desde 2005 passei a integrar, também, o Conselho Nacional da BPW Brasil. Por duas gestões fui coordenadora de comunicação e marketing e criei o Manual de Identificação da Marca, para que a Organização tivesse visibilidade das suas ações em todo o país. Logo depois, integrei a diretoria como primeira secretária e, nas duas gestões seguintes, primeira vice-presidente, coordenando o Comitê de Projetos, sendo interlocutora com BPW locais.

No ano em que Cuiabá comemora o seu tricentenário, eu fui convidada, pelo idealizador do projeto, o publicitário Dario Scherner, a participar e coordenar o Painel Empreendedorismo Feminino, do longa-metragem *300 anos em 100 minutos*, que destacou diversas personalidades que contribuíram com o desenvolvimento da cidade.

Dentre tantas conquistas e méritos recebidos, o que mais sintetizou toda a minha trajetória foi eu ter sido uma das condutoras da Tocha Olímpica, em 2016, integrando as 12 mil pessoas, entre esportistas e personalidades públicas escolhidas em todo o Brasil. Tenho convicção de que o caminho só tem sentido se realmente caminhado, com seus altos e baixos, com todos os obstáculos a serem transpostos.

Capítulo 4

Passos pela equidade

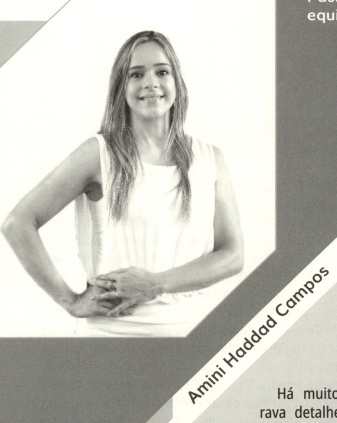

Amini Haddad Campos

Há muito não rememorava detalhes. A pretensão de trazer a história de mulheres me fez recordar diversos caminhos percorridos. Vi-me pequenina a brincar no chão, na casa da minha bisavó paterna, Josephina Schuring Haddad. Muito cedo, percebi que as colunas que sustentavam toda a estrutura do nosso lar não eram bem físicas.

Amini Haddad Campos

Juíza de Direito. Professora Efetiva-UFMT. Doutora em Direitos Humanos pela Universidad Catolica de Santa Fe - Argentina (*Evaluación* 10, *sobresaliente*). Em 2º. doutoramento, sob a orientação do Professor Pós-Doutor Olavo de Oliveira Neto (Processo Civil – PUC/SP). Mestre em Direito Constitucional - PUC-RJ. Especializações: Direito Civil, Processo Civil, Direito Penal, Processo Penal, Administrativo, Constitucional e Tributário. MBA em Poder Judiciário/FGV-Rio. Graduada e Laureada pela Universidade Federal de Mato Grosso (primeira colocada na média geral da Instituição). Estágio nas Cortes Americanas e Intercâmbios Judiciais no Canadá e na Argentina. Coordenadora do Núcleo de Estudos Científicos sobre as Vulnerabilidades - NEVU/FD-UFMT. Com mais de uma dezena de livros e centenas de artigos publicados. Com vários prêmios nacionais. Autora de Políticas Judiciárias Preventivas. Casada (esposo: Joelson de Campos Maciel) e mãe (filhos: Natalie e Tales Mateus).

Contatos
amini@terra.com.br
LinkedIn: Amini Haddad

Nasci em Cuiabá-MT, em uma família conservadora. Meus pais (Misudy e Zamil) eram funcionários públicos federais. Eu e meu irmão, Jamilson Haddad, também dedicado juiz de Direito, nascemos dessa união. Sou a caçula. Sobre a ancestralidade familiar, minha bisavó paterna ficou viúva[1] e sustentou os filhos a duras penas. Era uma mulher forte, com percepção diferenciada. Sua filha (minha avó-paterna), Amini Haddad, casou-se com Antônio de Siqueira Campos e teve o meu pai aos 14 anos de idade. Como sua mãe, viu-se sozinha, na permanente ausência do marido. Era uma relação problemática, em face do alcoolismo do meu avô e viagens às necessidades do Exército. Ele teve outras mulheres. Isso a magoou profundamente. Com um filho nos braços, precisou tomar decisões difíceis e amargou dificuldades horrendas.

Alguém poderia questionar a razão de dimensionar a ancestralidade. Bem, essa realidade perturbou todos os anos de vida do meu pai. É mais fácil repetir a história. Assim, também vivemos a problemática do alcoolismo do meu pai. Uma total destruição de sua dignidade, apesar de ser um homem inteligente, que dominava assuntos culturais, história e geopolítica, também elogiado como diretor de serviços do INPS. Para além desse drama, a minha existência foi complexa. Nesses horizontes, fui educada dentro de uma visão desqualificada do feminino. Na cultura árabe, ansiava-se somente por filhos homens. Meu pai manteve esse perfil, em razão da convivência com os tios. Foram muitos os embates que tive com ele. A desembargadora Shelma Lombardi de Kato, na Faculdade de Direito-UFMT, ensinou-me, já muito depois, que eu sofria violência de gênero. Eram nítidas as restrições a mim impostas.

Mentalidade crítica

No Notre Dame, recebi aulas de prendas manuais. O mesmo não ocorria na educação de meninos. Como crítica, escrevia:

---

[1] Referente à bisavó: o marido, Salim Mussa Haddad, sírio-libanês, nunca mais retornou de sua viagem ao Líbano. A guerra o manteve enterrado naquele solo.

Juntas brilhamos mais

> **REVELAÇÕES**
> Porque é necessário silenciar ou se calar...
> Permanecer em segredo?
> Seria algum medo porventura nutrido desde o nascimento de uma vida que se projeta frustrada pelo medo?
> Ou, em realidade, o disfarce seria a incredulidade, pessimismo e a negação sempre tão ardente em pensamento?
> Pelo que se demonstra sempre há algo a emudecer nas mentes dessas meninas. Eu até desconfio desse sorriso vazio...
> Isso não faz sentido!
> Seria razão comemorar uma escravidão?
> Qual seria a medida de seus sonhos e vastidão d'alma? Não acredito que tenham nascido também mudas em pensamentos... Alguém deve ser o responsável por isso.
> Seria Deus? Com certeza, não.
> A justiça e a justeza sempre foram as suas medidas. Haveria talento para ser escondido, esquecido, deturpado, amaldiçoado e ensurdecido?
> Não. Isso não faz qualquer sentido...
> Devo me manter em caminhar lento...
> Sorrir delicadamente e manter as pernas bem juntinhas! Coisa de menina? Quanta mentira!
> Mas tinha algo que ninguém poderia capturar ou escravizar...
> Meu pensamento sempre a flutuar...
> Ainda que contrários à tempestade e à ventania que tentavam a minha alma arrancar.
> Um dia, sei... poderei revelar...
> Eu nunca fui muda e, aí, sim...
> Gargalhar!

Escrever uma poesia, um conto, uma crônica, era um processo de catarse, de necessária sobrevivência. Essa clausura era, ao meu espírito, inaceitável. Algumas poesias que escrevi, na infância, retratam essa realidade percebida:

> **CÁRCERE**
> Desconheço pior lugar para se estar do que a prisão da alma. Nada para se sentir. Nada para se medir. Nada para se ver.
> Desconheço pior dor para se viver do que a castração mental. Nada para se realizar. Nada para se criar. Nada para ser.
> Desconheço pior tormento para se sentir do que a ausência de si. Nenhuma identidade para querer.
> Nenhum incentivo para nominar. Nenhum espaço para se nortear. Desconheço pior sentimento do que a indiferença do abandono.
> Nenhum consolo para perquirir. Nenhum abraço para reter. Nenhum projeto para nutrir.
> Seria possível tanta insensibilidade?
> Mas essa era uma realidade tão presente!
> Ao final, restou-me questionar:
> — Seria eu o próprio cárcere?

Na ausência dos meus pais, insistia em acompanhar o meu irmão, subindo em árvores e muros. Momentos raros, às escondidas.

Meu pai despediu-se cedo da vida, em decorrência das sequelas da dependência. Cresci assistindo às discussões e transtornos decorrentes do alcoolismo. Minha mãe é um dos milhares de exemplos das desigualdades de gênero. Como funcionária pública federal, trabalhava muito em decorrência do cargo de chefia que exercia. Era ela quem pagava a minha escola (Colégio Notre Dame de Lourdes). Assim, aprendi a regenerar nas primeiras luzes do dia. Vivi sua dor. Desenvolveu insônia crônica, pois, depois de um dia todo de trabalho, ela recomeçava horas intermináveis de afazeres domésticos e, comumente, não dormia. Economias escassas[2], preocupações e cansaço. Porém, nunca a vi frisar qualquer palavra negativa. Procurou fazer o melhor. Eu escrevia ao observá-la:

| **SAUDADE** Sinto em ti um mar de devaneios. Pensamentos que torturam o tempo, nos minutos que me são breves, de incontroláveis sentimentos. Amados momentos. Lamentos da distância. Cruas lembranças de ti em segredo. Memórias e retratos. Um triste fato marcado, nas breves nuvens do céu da vida de um tempo. Restam-me memórias. Saudades e lágrima dessa história. De uma história de amor. Distância necessária. Um momento de dor. Quem não sofre o dissabor de uma saudade? | Ah, quanta maldade naquele adeus... Em sonhos que já fora teus... Ah, meu amor, por que de tanta dor? Sigo em silêncio... Na tempestade dos sentimentos... Procurando entender a saudade... Escondendo as lágrimas do tempo... E... Daquele adeus, ficaram as presenças... Eternas passagens das minhas lembranças... Que em teus olhos se perderam eternamente em esperança... Ah, meu amor... Sinto em ti um mar de devaneios... Amados momentos, em memórias e retratos... |

---

2 Decorrentes dos gastos com as bebidas do meu pai. Minha avó, Amini Haddad, já era muito conceituada e financeiramente estável. Contudo, a convivência era difícil. Eles viviam a discutir e, sempre nessas discussões, o meu pai piorava e mais dependente se tornava do álcool. Depois de anos de terapia, entendi que as dores que a minha avó sentiu com o marido, genitor de seu único filho, eram comumente transferidas para a figura do meu pai. Ao final, todos nós acabávamos penalizados (emaranhados). Sofríamos muito. Afinal, ela era a pessoa que mais detinha condições econômicas para auxiliar. Experimentamos um amor contaminado pela dor. Com o passar dos anos, encontramos o perdão. Meu pai já tinha falecido. Ela faleceu em 2 de junho de 2016, já com quase 92 anos de idade.

> Juntas brilhamos mais

E como se não bastasse, comumente cuidava de sua genitora, Esmeralda (avó-materna). Esta, quando a conheci, já estava cega, doente. Recordo-me de, aos 6-7 anos, auxiliar minha mãe a banhá-la. Não conheci meu avô-materno. Não conheci meu avô-paterno.

As lembranças da escola, onde permaneci por dez anos, não são as melhores. Aprendi a viver com diversas situações de *bullying* (agressões físicas/psicológicas). Meus pais não aquilataram a dimensão desse sofrimento. Estavam anestesiados com suas dores. Então, eu precisava seguir em frente, ainda que, de nervoso, vomitasse no ônibus escolar.

Aprender a me defender veio com o tempo. Não poderia calar a minha própria existência. Sempre há justificativas para fracassar. Poderia retratar milhares. Entretanto, aqui, destaco vitórias.

Passos e vida

Fui aprovada em diversos concursos públicos. Formei-me em 1997, na Universidade Federal de Mato Grosso, com a primeira média da instituição, recebendo, assim, a Láurea Universitária. Fiz mestrado (PUC/RJ), morando sozinha e me sustentando como funcionária pública. Com as aprovações nos concursos, escolhi a Magistratura. Passei a escrever livros. Tomei posse na Academia de Magistrados (AMA), da qual fui presidente.

Em 15 de outubro de 1999, aos 25 anos, casei-me com o grande amor da minha vida, Joelson de Campos Maciel, violinista de primeira grandeza, filósofo, espirituoso e atuante promotor de justiça, com todas as qualificações possíveis. Após o casamento, passamos a morar em cidades muito distantes, por deliberações do Tribunal de Justiça. Por seis anos, isso se manteve. Contudo, não desistimos um do outro. Fortalecemo-nos. Hoje, com 20 anos de casados, fizemos essa história ser possível. Tivemos filhos: Natálie (2001) e Tales Mateus (2004).

Foram muitos riscos e ameaças. Eu, como juíza. Ele, como promotor. Nossos filhos mudaram inúmeras vezes de escola. Mudamos inúmeras vezes de cidade. Foi difícil. Muito difícil para todos nós. Aprendi, Em vez de reclamar, realizar. Foram diversas ações para acolhimento de vítimas e atuações preventivas. São elas: instalação do 1º Conselho Humanitário de Apoio à Mulher e à Adolescente (CHAMA), 2000, Arenápolis; instalação do Lar Provisório para vítimas de violência doméstica, Arenápolis (2001); instalação do Centro Humanitário de Apoio (CHA), Araputanga (2002), para os casos de vulnerabilidade; Programa à Comunidade de Risco (Projeto Tia Irene – Cáceres), 2002; Programa Via Láctea, Atendimento Neonatal, em decorrência dos incidentes em Alta Floresta (2003); atividades de formação humanística, Diamantino (2004), para atendimento de adolescentes em vulnerabilidades; auxílio às organizações de atendimento ao dependente químico, Rondonópolis (final de 2004); cursos de Formação às Famílias, Cuiabá (2005 e anos seguintes); programa de estruturação do atendimento às vítimas de violência doméstica (2006 até hoje); centenas de palestras por todo o Brasil, nas temáticas dos Direitos Humanos; programas de atendimento às vulnerabilidades sociais decorrentes da dependência química (Programa Justiça em Estações Terapêuticas e Preventivas), Várzea Grande (2012 até hoje); e formatação de uma rede de atendimento, bem como desenvolvimento de parcerias para instalação de espaços culturais nos bairros de maior vulnerabilidade à ocorrência de crimes – Programa EscoLar (2012 até hoje).

    A experiência mais enriquecedora foi ter trabalhado pela estruturação das Varas de Combate à Violência contra a Mulher e ter sido pioneira nos trabalhos e trâmites necessários ao atendimento das vítimas. O mundo acadêmico e as atividades de Políticas Públicas talhavam meus passos. Assim, passei a integrar a pasta de Direitos Humanos da Associação dos Magistrados Brasileiros-AMB. Fui eleita presidente do Conselho Fiscal da Associação Mato-grossense de Magistrados (AMAM). Em seguida, eleita à Academia Mato-grossense de Letras (cadeira 39), aos 32 anos. Assumi a Secretaria de Gênero da AMB, desenvolvendo programas nacionais para a igualdade entre homens e mulheres. Já na qualidade de professora da Faculdade de Direito da Universidade Federal-UFMT, aprovada por concurso público de provas e títulos, instalei o 1º Núcleo de Estudos sobre as vulnerabilidades. O trabalho foi apresentado em Londres[3], na Conferência da Associação Internacional de Mulheres Juízas. A partir de então, o Núcleo esteve presente no Congresso Nacional[4], na intenção de sempre contribuir com projetos de lei.

    No Doutorado da Universidad Catolica de Santa Fe, uma das melhores Universidades da Argentina, com aulas em julho e janeiro, conciliei atividades instrutivas com os períodos de férias[5] em família. A tese: "PERSPECTIVA DE GÉNERO Y MULTICULTURALISMO: UN ANÁLISIS DE LA VIOLENCIA CONTRA LAS MUJERES DESDE UNA PERSPECTIVA UNIVERSALISTA DE LOS DERECHOS HUMANOS" alcançou 10, *sobresaliente*. Então, passei a integrar a Academia Internacional de Cultura, ao lado de grandes nomes internacionais e, como juíza da Corregedoria de Justiça-MT, na

---

3 Dados: http://www.cnj.jus.br/noticias/judiciario/73635-juizas-de-mt-debatem-lei-maria-da-penha-em-londres.
4 Dados: http://www.mpdft.mp.br/portal/pdf/noticias/Junho_2016/PLC_07-2016_-_AMB_-_Secretaria_de_G%C3%AAnero.pdf. Outros: file:///C:/Users/7227/Downloads/MATE_TI_201435.pdf;
5 Necessidades de cumular estudos e trabalho, como juíza.

gestão da competente Desembargadora Maria Erotides Kneip, assumi a Presidência do GMF-Grupo de Monitoramento e Fiscalização do Sistema Carcerário-MT. Poderia retratar muitas experiências. Mas o quantitativo de linhas exigidas não permitem. Então, vale-me uma delas: no final de dezembro de 2018, propus ao presidente da Academia Mato-grossense de Letras, S. Carlos Gomes de Carvalho, um pioneiro evento para resgate histórico de grandes nomes de mulheres. O desafio era gigantesco diante da comum invisibilidade impingida ao feminino. O projeto emblemático, denominado 300 Mulheres: Letras, História e Equidade, foi um marco nos 300 anos da nossa capital[6]. Percorremos arquivos e registros privados. Incomensurável trabalho. Colaboradores promoveram a seleção de nomes. Uma nobre experiência à história.

Estou em 2º Doutoramento-PUC/SP, sem prejuízo à Jurisdição. As dificuldades talharam minha psique. Das lágrimas, inventei esperança. Com Deus, reconstruí minha existência.

Neste momento, recordo-me de uma viagem em especial: Paris, 15 graus *celsius* negativos. Minha mãe sorria e dizia: "Não tenho frio!" Enquanto isso, no pátio do apartamento que alugamos, Natálie e Tales Mateus, nossos filhos, jogavam bolas de neve, um no outro. Então, abracei meu amor Joelson, melhor exemplo que eu poderia ter, lado a lado. Com ele, aprendi o significado do compartilhar.

Sei uma verdade. O mundo não é justo. Mas, ainda que outros ofertem as dores de suas próprias tragédias, resta somente a cada um a decisão do que guarnecer. Sim, fiz escolhas, sem deixar de enfrentar os meus piores dias.

Pergunto: e você?

---

6 Outras informações podem ser obtidas em: http://www.portalrosachoque.com.br/galeria/191/homenagem-300-mulheres-letras-historia-e-equidade/

Capítulo 5

Não se contente até encontrar seu propósito de vida

Andressa Gonçalves de Souza

Contarei o que enfrentei para ir ao encontro do meu propósito de vida. Isso ocorreu ao resgatar minha fé e escutar minha voz interior. Deixo para trás amigos, conforto e uma vida construída por anos em duas malas. Recomeço do zero, me deparo com o *Coaching* Sistêmico Humanizado. Tudo faz sentido para cumprir a minha missão no planeta: servir à humanidade!

Andressa Gonçalves de Souza

Bacharel em Química pela UFMT (2002), pós-graduada em Gestão Empresarial (2008). Especialista *Black Belt* em *Lean Six Sigma*, 14 anos de experiência em indústria de alimentos multinacionais (AmBev, Heineken e Coca-Cola) e setor privado nas áreas de qualidade assegurada/produção/sistema de gestão. Ministrante de treinamentos técnicos e de liderança. Docente em *Lean Six Sigma*. *Coach* Sistêmico Humanizado. Terapeuta em Hipnose Clínica. Facilitadora em Constelações Sistêmicas Familiares e em Novas Constelações Quânticas. Gestora comercial e assessora empresarial no Instituto Potencialize Coach Sistêmico em Cuiabá-MT.

Contatos
http://potencializecoach.com.br
comercial@potencializecoach.com.br
Instagram: coach.andressasouza
Facebook: Andressa Souza
(65) 981239318

Andressa Gonçalves de Souza

No processo de autoconhecimento, muitos se apaixonam pela missão do *coach* de auxiliar as pessoas, porém, o que percebi é que: só levamos as pessoas aos lugares que conhecemos o caminho.

Ao iniciar minha vida de empreendedora, concluo que tudo tem seu tempo, para que sejamos capacitados, pois quando a hora chegar estaremos prontos para aprender ou comemorar com as experiências da vida.

Voltarei um pouco no tempo, à minha infância, para lhe contar como foi sendo formada a minha essência: sou a mais velha de três irmãs. Minha mãe, Sueli, abriu mão da Odontologia para se casar aos 20 anos, fez a faculdade de Letras grávida da minha irmã. Meu pai, Adauto, já era químico industrial na capital de São Paulo, fez também a faculdade de Educação Física. Eu tinha seis anos, minha irmã do meio quatro e a caçula apenas um mês, meus pais largaram "tudo" para desbravarem o interior de Mato Grosso, junto com meus avós e um tio paternos.

A cidade é Mirassol D'Oeste – MT. Não havia asfalto na rua, a terra era bem vermelha e muita poeira. Minha mãe, tempo depois, começa a lecionar, meu pai se dedica à fazenda e, assim, surge por um lado uma menina que se vê cuidando das irmãs, preocupada em manter tudo organizado. Por outro lado me vejo como eu liderava, buscava o senso de justiça nas brincadeiras cada qual com sua vez, regras e deveres, podendo perceber minha ligação com os processos desde criança.

Aos 8 anos, inicio em uma escola de piano e percorro nove anos até me formar aos 17. Como essa experiência me trouxe o que eu pratico até hoje: ter disciplina, buscar fazer bem-feito desde a primeira vez e terminar tudo o que eu começo.

Na minha adolescência, já planejava meu futuro: fazer um curso em universidade pública, não pensava em casar cedo, viver minha independência financeira por meio de meu trabalho, ter filhos depois dos 30. E assim segui em frente, conforme contarei a seguir...

Aos 17 anos, me mudo para Cuiabá – MT, para cursar Química na Universidade Federal do Mato Grosso, em 1998. Quantos desafios, uma cidade vinte vezes maior da que eu morava, pegar ônibus quando meu costume era andar somente a pé e ter tudo mais fácil na mão. Dividir apartamento com uma pessoa que você não conhecia, ser assaltada em um ponto de ônibus à luz do dia, nos domingos o coração apertava longe da minha família, eram dias melancólicos e sem graça...

Juntas brilhamos mais

Mesmo assim, buscava não me abalar e seguir com meus objetivos, não voltaria mais para o interior por dois motivos: seja por melhores oportunidades de trabalho e a vida em cidade grande.

Na universidade, consigo uma bolsa de monitoria e de iniciação científica, e assim percorro quatro anos de muito aprendizado. Chega o último ano da faculdade: consigo um estágio, me torno bacharel em Química, e a tão sonhada contratação pela AmBev. Neste emprego fiquei durante seis anos, que se tornou também uma grande escola, que contribuiu para minha formação como líder, na minha especialidade em gestão empresarial e na expertise em ferramentas da qualidade. É nela também que conheço meu segundo namorado e, depois, noivo.

E surge uma grande oportunidade profissional: trabalhar na concorrente Heineken em uma posição de liderança na fábrica, no laboratório de qualidade, bem como implantação de ferramentas da qualidade para diminuição de perdas e desperdícios no processo.

Caso-me em 2009, e percorrendo a mesma história de minha mãe, peço demissão para morar no interior do Estado de São Paulo. E foi um ano sabático: o primeiro de casada, em que tive dificuldade em reconhecer que os meus valores e visões eram diferentes dos dele, e assim muitos conflitos e brigas aconteceram. E para piorar a situação não consigo uma recolocação no mercado, e não ter assunto útil para falar dentro de casa me consumia, e alguns questionamentos internos me faziam mal. Nessa época uma forte crise econômica afetava a região e as oportunidades de emprego estavam muito reduzidas, só que a região Nordeste se tornara um celeiro de oportunidades de emprego.

Dessa forma, em 2010 me mudei para Recife – PE, para me recolocar no mercado trabalho, e em 15 dias estava iniciando meu trabalho no corporativo da empresa de sucos, hoje a Britvic. Fico por apenas seis meses, já que essa empresa passa por estruturação, e assumo a coordenação de excelência corporativa de qualidade de três fábricas e do centro logístico da Coca-Cola de Pernambuco e Paraíba. Foram dois anos de uma rica experiência profissional, pois fazia treinamentos desde o presidente até a operação, conhecimentos de novas ferramentas de qualidade implantadas em nível mundial, e também de socialização em uma nova e rica cultura.

Alguns anos passam, adquiro uma casa com intuito de reformá-la e também mudo de emprego pelo desafio de implantar um sistema de gestão do zero e para morar mais perto de casa, já que com 32 anos o desejo de me tornar mãe aflora. E engravido muito rapidamente, com casa em reforma a pico, surge assim um misto de alegria com desespero pela casa não estar pronta e por estar recente no emprego.

Ao fazer um ultrassom com 12 semanas de gestação, o diagnóstico contundente e uns dos mais tristes da minha vida: meu bebê era anencéfalo (má formação rara do tubo neural, caracterizada pela ausência parcial do encéfalo e da calota craniana) e, então, um ser incompatível com a vida. Meu mundo caiu literalmente... chorei por horas seguidas... Como teria ânimo para montar enxoval e o quartinho do meu bebê sendo que ele nem deveria sair com vida do hospital? Sei que não se deve fazer isso, mas entro no Google para saber mais sobre esses casos pois não havia histórico na família. O porquê disso acontecer comigo?

Sendo aconselhada a fazer a interrupção da gravidez, sou apoiada pelo marido e familiares. E o procedimento não seria logo. Voltei para o trabalho e várias perguntas: o que vai fazer? Por que não busca uma segunda opinião? E ouvir isso com seu emocional abalado me deixava ainda mais triste.

Era meu corpo, eu decido sobre ele e sobre minha vida. Minha obstetra indica um renomado geneticista, que conclui que meu caso foi mera fatalidade e que eu poderia engravidar novamente. Foi uma alegria receber essa notícia em meio ao caos.

Após dois meses, realizo a indução, conheço a dor de parto por estar com 20 semanas e tento prosseguir com minha vida, mas a dor começa a viver dentro de mim, no meu inconsciente, me percebo ainda grávida, faço a contagem das semanas de gestação na minha cabeça, e procuro ajuda, e eu estava vivendo o calendário gestacional e que para aquele momento foi útil para eu retomar minha vida, crente que são os desígnios de Deus e tenho que seguir adiante.

Com o fim do tratamento, busco realizar minha rotina normalmente, quando sou liberada para engravidar após um ano e, em pouco tempo, descubro que estou grávida, e essa gestação foi muito tranquila, e assim nasce o anjo da minha vida: Gabriel, em 2015.

Retorno de minha licença maternidade, à empresa na qual atuei por quase quatro anos, tendo implantado o sistema de gestão robusto e consolidado. Volto a procurar emprego e depois de um mês me recoloco, dou início a muitas viagens para treinamento e alinhamento de toda a equipe operacional pelo Brasil, meu filho bebê ficava com o pai e sigo firme e forte. Decorrente da crise nacional que se inicia em 2015 e piora em 2016, sou demitida novamente.

É nesse exato momento que algo em mim dizia que era para eu seguir meu destino como empreendedora, com meu negócio próprio, porém não me sentia estimulada, sentia um peso muito grande em mim. Como se eu quisesse ir para frente, porém tinha uma força que puxava para trás (que apenas mais tarde eu saberia o motivo).

Nessa fase, enfrento uma forte crise no meu casamento, falta de dinheiro, falta de admiração, falta de carinho, vou me tornando uma esposa submissa, uma mulher sem perspectiva, que busca emprego porém sem sucesso, busca o amor e paz dentro de casa, e em troca surgem mais brigas, discussões que me distanciavam muito de minha relação, e assim ocorre a separação. Surge uma reconciliação, mais uma e na terceira, a última, a opção que não seguiria mais junto dele.

Cheguei a pensar que Deus havia me abandonado, por que ter que enfrentar tudo isso? Eu fazia de tudo pela minha família... Sabe aquela família ideal? A casa *duplex* dos sonhos? O carro top de linha?

Juntas brilhamos mais

Pois é, tudo isso deixou de fazer sentido para mim... e não me trouxe felicidade e hoje eu compreendo que não devemos colocar a nossa felicidade nas coisas e em pessoas.

Mudei-me para um apartamento pequeno com meu filho, decidi ficar em Recife ainda, o que me motiva é iniciar a especialização nas ferramentas de *Lean Six Sigma* (método de desempenho que remove sistematicamente os resíduos, reduzindo a variação e desperdícios dos processos) e mais adiante começo a ministrar treinamentos de formação nessa área para ter uma forma de me manter e pagar parte de minhas contas, já que a outra parte meus pais me ajudavam.

Continuo sem perspectiva de trabalho, desempregada e sendo ajudada pelos meus pais, nem sei o que seria de mim sem eles... Retomo minha fé e deixo Deus abrir os meus caminhos, busco na medida do possível ter uma relação amigável com o pai do meu filho e quando venho passar a Páscoa em Cuiabá, sinto algo no meu interior me dizendo que meu ciclo havia se encerrado em Recife, como se uma voz falasse: Andressa, é hora de voltar!

E, assim em julho de 2018, como que reiniciando a minha vida do zero tal como um computador, me mudo para Cuiabá, vou morar com meu filho na casa da minha irmã caçula, dois meses depois estou no Instituto Potencialize Coach Sistêmico, numa sessão com o *head trainer* Lauro Henrique. Ele me recomenda fazer uma constelação sistêmica familiar e nela descubro a minha missão de vida, e resgato a minha filha Maria Isabel (referente a minha primeira gestação), e retiro todo aquele peso que escrevi antes, a trava que eu sentia não fazia mais parte de mim. Compreendi que, ao excluir minha filha inconscientemente de minha vida, uma barreira se fez na minha jornada profissional, pessoal, e ainda permite o local certo para meu segundo filho, fazendo com que ele assuma somente seu destino.

Tudo começa a fazer sentido e agradeço a Deus! Continuo as sessões de *coaching*, faço a formação em *Coach* Sistêmico Humanizado, e sou convidada a ser parceira no Instituto e mergulho de cabeça, era o que tanto desejava e Deus colocou tudo isso em minha vida.

É com esse método que descubro minha missão de vida, resgato minha autoestima, ressignifico a minha separação, saio do papel de vítima, fortaleço a relação com minha família, me reconecto com minha história e essência. Aprofundo meu autoconhecimento e vivencio um estado de leveza. Tudo faz sentido agora! Meus pais e ancestrais fazem parte! Eu os honro e sou grata! Hoje eu sou a minha melhor versão! Buscando servir à humanidade e assim transformar vidas. Encontro um novo amor e companheiro.

Sigo enfrentando e matando os leões do mundo empresarial, pagando o preço, ultrapassando os obstáculos, as pedras do meu caminho, o afastamento dos amigos, os julgamentos dos outros e familiares, o carro que quebra quando você tem horário marcado com seu cliente, surge uma oportunidade excelente de emprego e eu digo não para dizer SIM ao que eu nasci para fazer e exercer: transformar pessoas para atingirem seus sonhos e desejos, a serem protagonistas e encontrarem seus propósitos de vida.

"A vida não dá o que você quer, mas o que precisa para evoluir."
Bert Hellinger

Capítulo 6

Tudo o que a mente concebe, o corpo pode realizar

Cirléia Schneider

> Sou as minhas atitudes, os meus sentimentos, as minhas ideias... O que realmente faz valer a pena estar vivo, não há filmadora ou máquina fotográfica que registre... Surpresas, gargalhadas, lágrimas, enfim, o que eu sinto, quem eu sou, você só vai perceber quando olhar nos meus olhos, ou melhor, além deles...
> Clarice Lispector

Juntas brilhamos mais

Cirléia Schneider

Profissional de moda e *personal stylist*, participou de duas edições da Revista Magazine Ilustre, é colaboradora do Bazar Solidário da advogada Ana Ricarte, participante como ponto de arrecadação dos livros do projeto de leitura da queridíssima Zilda Zompero, apoiadora de causas sociais e apaixonada por novos desafios.

Contatos
cirleiaschneider@gmail.com
Instagram: kloss_boutique
Facebook: Cirleia Schneider
(65) 99677-0032

Durante toda a nossa infância, criamos expectativas para nosso futuro, nossa profissão, e principalmente sobre quais serão os melhores passos que devemos dar para atingir o nosso objetivo. A partir daí, para as pessoas que nunca desistem dos seus sonhos, começa a chamada: busca constante. Não podemos parar, e tampouco desanimar, pois o mercado, a concorrência, são desleais, e atropelam as pessoas que vão se dando por vencidas ao longo desta jornada.

Comigo não foi diferente. Aos 14 anos de idade, morando com meus pais e irmãos na cidade de Rolim de Moura - RO, mais especificamente na linha 188, cercada de muito trabalho na lavoura, obrigações domésticas e um desejo ardente por melhorias, meu pai, guerreiro e forte homem do campo, Emílio Schneider, me lançou um desafio de trabalho, que se fosse cumprido teria como prêmio algo que já esperava há anos, desde a confecção dos meus primeiros vestidos de boneca, costurados à mão: a minha primeira máquina de costura.

Dificuldades que geram persistência

Cercados de afazeres, eu e meus irmãos, desde o primogênito à caçula, tivemos pouquíssimas oportunidades de estudo e conhecimento. Porém, das poucas condições que tivemos, extraímos o que há de mais importante: saber valorizar tudo aquilo que conquistamos.

Aos 7 anos, tendo ido morar com vovó Nona, na cidade de Praça Rica - ES, vi minhas condições de estudo ganharem novo rumo.

Mesmo diante da dificuldade do longo percurso de 7 quilômetros feito à pé, diariamente, para chegar à Escola Adventista, onde éramos bolsistas, jamais deixamos de agradecer a Deus pela oportunidade a nós concedida.

Meus dias ao lado da vovó era ficar sentada beira à sua máquina de costura e mesa de corte esperando cair ao chão os retalhos que seriam por ela descartados, e por mim aproveitados. Sim, usava toda e qualquer oportunidade para estar mais perto do meu sonho.

Esse sonho teve início com a confecção dos meus primeiros vestidos de boneca, que eram desejados pelas garotinhas da escola que não tinham a mesma criatividade e habilidade que eu com o manuseio dos tecidos, linhas e agulhas. Foi aí que uni, então, o útil ao agradável. Elas precisavam de vestidos para suas bonecas, e eu precisava de lanche na escola. Assim, todas saíam felizes, e ainda sobrava tempo nos intervalos de todas as aulas para realizarmos desfiles de moda com as nossas bonecas, com todos os modelitos assinados por mim (risos).

Aos 12 anos, em busca de novas oportunidades de trabalho e renda, meus pais decidiram partir dali, onde tive de abandonar os estudos ainda na quarta série, deixando para trás a alegria de seguir na escola e tornando mais distante a realização dos meus sonhos.

Conquistando a independência

Chegando ao novo destino de moradia, não muito diferente dos anos anteriores, os dias se passavam e nos cercávamos cada vez mais de trabalho. Na cidade de Rolim de Moura - RO, começamos a plantar aquilo que em pouco tempo chamaríamos de nosso. Vimos plantações crescer, jardins florescer, e nossa moradia se firmar.

Porém, em meu coração, jamais deixei de acreditar que um dia veria meus sonhos se realizarem, pois minha sede de vitória já era grande mesmo quando menina.

Dois anos se passaram desde que partimos de Praça Rica, e como já mencionado acima, quando completei os 14 anos, fui desafiada por meu pai, e vi mais uma vez o meu sonho se aproximar.

Trabalhei muito para conquistar meu prêmio, e assim aconteceu. Era chegada a hora de receber minha tão sonhada máquina de costura, quando me deparo com uma novilha. Não sabia se chorava, ou se fugia. O sentimento foi dos piores possíveis. Naquele momento eu não podia compreender os motivos de meu pai ter feito aquilo. Porém, alguns anos depois, me casei, tive minha primeira filha e vi ali um dos motivos de ter ganho uma novilha e não uma máquina como tanto desejava. A novilha sustentou Rafaela, minha primeira filha, e não foi diferente com Ricardo, meu caçula.

Depois de cumprir seu papel, minha querida "Estrelinha" foi vendida e então pude adquirir minha primeira máquina de costura.

Em poucos dias já pude participar do meu primeiro curso de corte e costura, que foi apenas um complemento de tudo aquilo que já havia aprendido com a Nona. Quanta gratidão à ela! Se hoje estivesse entre nós, com certeza seria a pessoa mais orgulhosa de ver o meu progresso, tudo o que conquistei.

Expandindo os horizontes

No ano de 1996, já casada e com dois filhos, partimos para Cuiabá com o intuito constante de melhorias.

Chegando aqui, enfrentamos inúmeras dificuldades. Dentre elas estava a diferença entre a vida pacata de uma cidade do interior e, agora de frente às preocupações de viver com duas crianças pequenas numa capital, onde não conhecíamos ninguém.

Mais uma vez priorizei os objetivos e não desisti. Comecei ali mesmo onde estava com uma placa de costureira no muro de casa, e pude colocar em prática e obtendo retorno financeiro de tudo aquilo que havia aprendido. As encomendas aumentavam gradativamente, e no meu coração a gratidão infinita a Deus, que sempre foi o condutor do meu barco.

Alguns anos depois, meu irmão Jonadir também decidiu apostar nas melhorias vindo também de mudança para Cuiabá, onde trouxe suas reservas financeiras para investir em algum segmento. Como não possuía conhecimento em nenhuma área que não fosse construção civil e lavoura, decidiu investir no meu potencial, montando assim meu primeiro ateliê de costura. Com muito empenho e dedicação, fui pagando aos poucos, depois de longos dias de trabalho e caminhadas diárias de 10 quilômetros para chegar ao nosso local de trabalho.

Mais alguns anos se passaram e expandi o meu ateliê de costura, me mudando para um novo endereço, onde inclusive já possuía um meio de transporte, novas máquinas, e com mais pessoas me ajudando. Sinal de que as coisas andavam bem. Mais uma vez, graças ao meu bom Deus!

Novos rumos e a expansão dos sonhos

Quando vi deslanchar os trabalhos no ateliê, e com toda a mão de obra que já podia contar para me ajudar, percebi que poderia dar um passo além daqueles que já havia trilhado. Decidi que venderia roupas prontas, que fossem compradas no atacado, assim, trabalharia menos e obteria maiores lucros. E assim o fiz!

Decidi viajar a São Paulo, acompanhada de uma amiga que já possuía certa experiência com as compras, já sabia indicar fornecedores e me auxiliar sobre que rumo deveria seguir numa cidade tão grande.

Viajei com pouco menos de R$ 3.000,00 e tinha certeza que faria a melhor compra. Puro engano! Sem entender desse mercado, fiz as piores escolhas, na melhor das intenções, porém, como tudo que já tinha vivido, me serviu de lição para as próximas compras, pois mesmo errando, eu jamais iria desistir!

Consegui vender parte da mercadoria, e complementando com alguma reserva que possuía, consegui viajar novamente. Dessa vez, para o Paraná, Estado onde consegui vislumbrar meu futuro no comércio.

Agarrei toda oportunidade que tive, fidelizei fornecedores e principalmente clientes, decidida a vencer, me agarrei a Deus e minha filha Rafaela, que se propôs a estar comigo, me apoiando em todas as minhas decisões. Consegui inaugurar em maio de 2015 a minha primeira loja. Pudemos contemplar a abertura das portas da Kloss Boutique. Quão grande alegria eu vivi naquele momento. Cada detalhe foi pensado com tanto amor, que podia ter aquele empreendimento como parte da família. Tudo muito simples, pois o valor disponível para investimento era muito baixo, porém, que grande avanço já tinha dado a pequena sonhadora, vinda da lavoura, e que carregava, até pouco tempo, mãos calejadas de tanto trabalhar.

Carregamos, a partir daí, a responsabilidade de agradar às nossas clientes que nos confiaram sua preferência, nos horando com tamanho respeito e admiração pelo nosso trabalho.

Fizemos muitas parcerias, conhecemos diferentes marcas, que agora já chegava às portas de nossa loja, como reconhecimento do nosso empenho, bom gosto e trabalho constante.

A escolha do nome da loja

Confesso que foi difícil! Foram dias de tentativa para chegar a um nome que representasse minha história. Afinal, não poderia deixar por menos todo o meu percurso árduo, vivido até aquele momento.

Depois de alguns dias pensando, cheguei à conclusão de que não poderia ter pessoa melhor no mundo para homenagear na conquista desse sonho se não a minha preciosa e amada mãe Ana Kloss Schneider. Mulher virtuosa, guerreira, e que sempre esteve me apoiando com os melhores conselhos, e revigorando as minhas esperanças para jamais desistir dos meus sonhos. Foi uma das melhores escolhas que já fiz, uma vez que estará marcada para sempre na história de minha vida, o reconhecimento por minha preciosa mãe em um dos momentos mais importantes da minha trajetória. Além disso, tenho certeza de que ela se orgulha muito das minhas conquistas e que ora diariamente para que eu consiga alçar o voo mais alto que puder fazer, nesta jornada chamada sucesso profissional. Obrigada por tudo, minha mãe. As palavras jamais seriam capazes de expressar tamanha gratidão, por todas as vezes que fez tudo o que estava ao seu alcance para me proporcionar felicidade.

A necessidade de crescimento

Sempre em busca de crescimento e realização pessoal e profissional, durante uma das minhas viagens de reabastecimento de estoque para as festas do final de ano de 2017, acompanhada de minha filha Rafaela que fazia comigo sua primeira viagem junto de meu neto, pudemos conversar durante o trajeto sobre a necessidade de expansão da Kloss Boutique, pois pela graça de Deus, o espaço que tínhamos já não comportava mais o número expressivo de clientes alcançadas.

Rafaela, sempre mais acanhada para novos passos, para sair da zona de conforto, me alertou sobre as prováveis dificuldades que enfrentaríamos se optássemos por sair de onde estávamos para um espaço maior, com maiores responsabilidades, o desconforto de apresentar o novo endereço para todas as clientes, dentre outras.

Porém, sabendo do meu desejo de crescimento, me apoiou mais uma vez na tomada de decisão, e ali mesmo dentro do ônibus que nos levava para novas compras, entramos em contato com a imobiliária e firmamos compromisso ainda na estrada. Ao retornar para Cuiabá, tivemos certeza de que aquele novo espaço seria tudo o que precisávamos para obter as melhorias que tanto estávamos almejando.

Entramos em contato com algumas amigas com objetivos semelhantes e, juntas, inauguramos no dia 8 de março de 2018 o Espaço Kloss.

De fato, aquele sonho de menina que parecia tão distante já podia ser contemplado dia após dia, e com a certeza de que Deus estava à frente de cada passo. Inauguramos um espaço completo, que agrega basicamente tudo o que uma mulher busca num shopping center, porém, no aconchego de um ambiente amoroso, e cheio de história.

Dia a dia vi meus sonhos sendo realizados por Deus, e prova disso foi a inauguração da filial da Kloss Boutique, no dia 10 de junho de 2019, junto da loja de minha filha Rafaela, minha parceira de vida, que trabalha agora no ramo da moda infanto-juvenil, no município de Várzea Grande, no saguão do Hotel Hits Pantanal.

Deus não falha em seus planos, e jamais nos decepciona. Ele não tarda em nos atender, especialmente quando depomos toda a nossa confiança em Seu poder para nos dar a vitória sobre todos os nossos medos e angústia. Crendo nisso, ainda almejo assinar minha própria coleção e poder transbordar gratidão por tamanhas bênçãos em minha vida.

A cada pessoa que acreditou em mim, também dedico meus mais sinceros agradecimentos, e desejo que cada passo seja próspero e feliz. Não poderei mencionar um a um para não correr o risco de esquecer alguém, mas se você que está lendo já me deu a honra de sua companhia algum dia, sinta-se abraçado neste momento tão feliz da minha vida.

Capítulo 7

Vou contar um "causo"

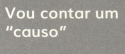

Cláudia Aquino de Oliveira

Um caso de amor pela vida. Desejo que esta história sirva de inspiração para sua caminhada em direção à felicidade, acreditando que o universo conspira a favor, sempre. Mineira, de Uberaba, cheguei a Cuiabá em junho de 1984 e me apaixonei pela cidade. Mato Grosso, Estado de muitas oportunidades. Como eu cheguei a Cuiabá? Vamos voltar um cadinho e conto a minha história.

Cláudia Aquino de Oliveira

Graduada em Bacharelado em Direito, advogada inscrita na OAB-MT nº 7230, graduada pela Faculdade de Zootecnia de Uberaba-MG, graduada em Bacharelado em Música e Licenciatura em Artes pela Faculdade Mozarteum de São Paulo. Primeira Presidente do SKAT – Sociedade Kuiabana dos Amigos do Turismo, e atualmente é Diretora na gestão 2016-2019. É mulher BPW – Business Professional Womem, desde 2011, e hoje, diretora jurídica na gestão 2018-2020. Advogada, proprietária da Aquino Advocacia Sociedade de Advogados, com escritório em Cuiabá-MT, atuando em diversas áreas do Direito, em especial na área trabalhista, previdenciária e empresarial, prestando consultoria e assessoria jurídica para diversas associações e sindicatos patronais da cadeia produtiva do turismo. Foi vice-presidente da Ordem dos Advogados do Brasil, Seccional-MT, gestão 2013-2015.

Contatos
claudiaaquino@aquinoadvocacia.adv.br
Facebook: Cláudia Aquino de Oliveira
Instagram: claudiaaquinoo

Cláudia Aquino de Oliveira

Prazer, Cláudia! Mamãe, Jeanette Aquino, nordestina de Carolina no Maranhão, conta que meu nome foi inspirado na revista Cláudia, lançada nos anos 60, mesma época em que nasci. Meu pai, Olívio de Oliveira, mineiro e aeroviário. Mais à frente você verá no que deu essa mistura danada. Minha irmã Soraya e eu contamos com a sorte de ter pais dedicados. Com muito amor, esforço e sacrifício, nos proporcionaram de tudo.

Da infância, me lembro das viagens do meu pai pela Varig, companhia aérea para a qual trabalhou por 36 anos. Uma vez ele foi para São Paulo fazer um curso, trouxe para mim e minha irmã, a recém-lançada boneca Suzi, que carinhosamente considero mãe da Barbie. Ah! Como amava brincar de casinha e de boneca. Quando tinha uns nove anos, surgiram as bonecas de papel, vendidas em papelaria, vinham com acessórios e roupinhas que, quando recortados, davam mais vida e charme às singelas bonequinhas. Ah! Como gostava de trocar as roupinhas e arrumá-las. Dessa paixão, comecei de forma totalmente inconsciente meu primeiro negócio, criando novas roupinhas para as bonecas. Eu criava os modelos, desenhava, coloria, recortava e vendia na escola. Esse lado criativo e empreendedor era explorado apenas quando eu não estava fazendo o que mais gostava: estudar. E sempre, sempre estudei, de segunda a segunda, e assim faço até hoje.

E por me dedicar muito aos estudos, o reconhecimento veio desde cedo, eu estava no quarto ano, era aluna do Grupo Escolar Minas Gerais, participei de um concurso promovido pelo Departamento de Trânsito do Estado de Minas Gerais e fiquei em 1º lugar. Como prêmio, ganhei, além do certificado, uma linda medalha banhada a ouro, ela era grande, pesada e tinha um lacinho feito com uma fitinha verde e amarela. Um dia inesquecível! A entrega aconteceu no pátio da escola, diante de alunos e funcionários, depois do hino nacional. Uma autoridade tinha ido de Belo Horizonte a Uberaba para a solenidade.

No final desse mesmo ano, fui premiada novamente e, segundo a diretora do Grupo Escolar, o reconhecimento era pelo brilhante boletim com notas 10 de ponta a ponta e pelo prêmio estadual da Semana de Trânsito. E qual foi o prêmio? Um lindo anel de pérolas. E assim, aos 10 anos, nasce a minha paixão por elas, as pérolas. Além da escola regular eu estudava piano, comecei aos 9 anos, no Conservatório Estadual de Música Renato Frateschi e, aos dez anos, fiz meu primeiro curso de gastronomia, no Sesi. Minha infância foi maravilhosa, eu amava brincar e estudar.

Juntas brilhamos mais

No ginásio, na Escola Polivalente, incluí os esportes na minha rotina. Entrei para o time titular de basquete e *handball* e esperava ansiosa pelos "Jogos Estudantis Uberabenses". Foram anos jogando pelo Polivalente e depois pelo colégio Dr. José Ferreira, o que me rendeu uma coleção de medalhas. Ah! Isso sem abandonar o piano. Sempre fui muito ativa e gostava de preencher meu tempo. O esporte, a música, a gastronomia, os campeonatos, a escola foram fundamentais para a formação da minha personalidade e história.

Nascida na capital do boi Zebu e sob influência do meu padrinho, que era fazendeiro, escolhi ser zootecnista e aos 18 anos fui aprovada no vestibular pela Faculdade de Zootecnia de Uberaba. No ano seguinte, entrei para a Faculdade Mozarteum de São Paulo, para cursar bacharelado em Piano e licenciatura em Artes, com opção para Música. Foram anos bem puxados. Durante a semana, eu estudava em Uberaba e, aos finais de semana, ia para São Paulo, para as aulas na Mozarteum. Enfim, em dezembro de 1983, conclui os três cursos superiores.

Nossa, Cláudia! Você só estudava? Não! Não mesmo!! Sempre encontrei tempo para o lazer, os amigos e também para as viagens em família. Como papai trabalhava na Varig, ganhávamos passagens áreas e, pelo menos uma vez por ano, voltávamos a Carolina/MA, para rever a família e participar das festas que o meu avô, Antonio Martins, realizava. Diga-se de passagem, a alegria de viver, herdei dele.

Voltando à formatura, no dia da minha colação de grau, uma grande surpresa, fui pedida em casamento. Nós já namorávamos há 5 anos e naquela noite especial ficamos noivos. Nesse dia, o Mato Grosso entrou para a história da minha vida já que a família dele estava de mudança para Cuiabá e eu, muito aventureira, decidi que iria acompanhá-lo, e assim fiz. Como ainda não estávamos casados, mudei sob a responsabilidade do meu cunhado e morei na casa de uma tia do meu noivo. Eu era aventureira e corajosa, mas muito tradicional.

Cuiabá, um novo capítulo

Minha primeira casa na capital mato-grossense foi na avenida do CPA e me lembro de que, apesar de o Centro Político já existir, do viaduto para cima, os terrenos eram tomados por mato e a impressão era de que a cidade jamais cresceria para aquele lado. Já instalada e aguardando uma vaga para atuar como zootecnista, na Companhia de Desenvolvimento do Estado de Mato Grosso, CODEMAT, comecei a trabalhar na Brasauto Auto Peças, no departamento administrativo.

Tempos depois, prestes a escrever um capítulo importante da minha vida, a história mudou de rumo, 30 dias antes do casamento, às vésperas de entregar os convites, desisti de me casar. Foi um momento difícil para mim, para ele e para as nossas famílias, mas em prol da minha felicidade, tinha que ser assim. Considero essa decisão como uma demonstração de coragem, foi ali que tomei as rédeas da minha vida e comecei a fazer as minhas escolhas, independentemente da aceitação e aprovação da família. Aos 22 anos, eu passei a escrever a minha história. Dois anos depois, em 1986, me apaixonei e casei com um mato-grossense, pai dos meus dois filhos, Thales e Talita Oliveira Pereira, meus maiores companheiros de vida.

Durante o casamento, chegamos a morar em Brasília e lá, dando aulas no conservatório de música de Brasília, tive a oportunidade de realizar alguns recitais de piano e também tive a oportunidade de conhecer e conviver com um mundo novo, o dos "concursos".

Voltamos para Cuiabá e em 93 abri minha primeira empresa. A Terrafértil produzia húmus de minhoca. A parceria com o saudoso 'seu' Dito deu certo e, à época, a empresa era a maior do Estado. A Terrafértil foi notícia no Globo Rural, Manchete Rural, no Jornal A Gazeta e cheguei a ser indicada para o prêmio Bamerindus – Gente que Faz.

O trabalho e o sucesso me trouxeram um desequilíbrio no relacionamento. Pensando em preservar minha família, em janeiro de 1996 fechamos a empresa. No mesmo mês, o pai dos meus filhos pediu a separação. As crianças eram pequenas, tinham 7 e 5 anos respectivamente, ali perdi o chão. Dor, sofrimento, solidão, aprendizado. Um divisor de águas e eu escolhi recomeçar.

Aqui, gostaria de ressaltar um livro que li na infância. *Pollyana*, de Eleanor H. Porte. Foi com aquela menina órfã que aprendi o jogo do contente. Desde então, sempre busco o lado bom das coisas e encontro forças, motivação e alegria para seguir. Sim, esse jogo funciona!

Filhos para criar, empresa fechada, fundo do poço, jogo do contente, luz. Decidi que voltaria a estudar, faria Direito. E influenciada pelo mundo que conheci em Brasília, estudaria focada em concurso púbico, queria a magistratura. Sim, a estabilidade financeira me daria condições para realizar o que havia sonhado para os meus filhos.

E assim foi, em agosto de 1996, comecei a cursar direito, na Universidade de Cuiabá, Unic. Resgatei a Cláudia da época da escola em Uberaba e durante todo o curso fui líder da turma, presidente da comissão de formatura e uma ótima aluna. Ah! E ainda como se não bastasse, passei a ser representante da livraria Janina na UNIC.

Durante o curso, trabalhei ainda no supermercado Big Lar e estagiei no escritório do hoje colega de profissão, Murillo Espínola. Aprendi muito nessa fase, foi uma experiência fantástica, me apaixonei tanto pelo direito que desisti da magistratura. Ao Murillo, minha gratidão.

Desisti da magistratura, mas tinha passado no concurso para oficial de justiça em Várzea Grande e tomei posse. Para minha sorte, obrigada universo, a diretora do Fórum era minha querida professora de Direito Penal, Maria Erotides Kneip, atualmente desembargadora do Tribunal de Justiça de Mato Grosso. Dividimos muitos plantões, fizemos muitos tribunais do júri. Essa fase foi uma bela escola de vida.

Em agosto de 2001, colei grau com honra ao mérito, como melhor aluna da turma. Já diplomada, aprovada no exame da Ordem, iniciei o processo de exoneração, como servidora pública, contra a vontade da Dra. Maria Erotides, que queria me preparar para a magistratura.

Abri o primeiro escritório em sociedade com outros dois advogados, sendo um deles minha grande amiga, Dra. Iria Davansi. Mas, logo, optei por carreira solo e em 2004 abri as portas da Aquino Advocacia, no Centro Empresarial Paiaguás, atuando em parceria com outros colegas.

Na vida sempre fiz minhas escolhas, porém, na advocacia, a área de atuação foi quem me escolheu. Desde o início surgiram ações trabalhistas e oportunidades de prestação de serviços para sindicatos patronais da cadeia produtiva do turismo. Assim fui me especializando e ganhando autoridade e credibilidade no meio. Paralelamente a esse trabalho, o escritório foi ganhando credibilidade em causas relacionadas ao Direito Previdenciário. Hoje, para meu orgulho, tenho como sócios no escritório meus filhos Dr. Thales e Dra. Talita. Vale ressaltar que ambos escolheram a carreira sem minha influência direta, mas com certeza pelo exemplo. Tê-los como sócios enche de amor e alegria o meu coração de mãe.

Cláudia e a OAB

É muito importante para mim contar sobre a minha relação com a OAB-MT. Em 2002, recebi a tão sonhada carteira da Ordem e já passei a colaborar com o Tribunal de Ética e Disciplina, onde permaneci por sete anos. De 2010 a 2012, presidi a Comissão do Direito do Trabalho e, na gestão seguinte, ocupei o cargo de vice-presidente da Ordem dos Advogados do Brasil, seccional Mato Grosso (2013-2015), e com muito orgulho fui a 2ª mulher a ocupar esse cargo em 80 anos de existência da OAB-MT.

Nesse período, em virtude da comemoração dos 80 anos da instituição em Mato Grosso, desenvolvemos o projeto OAB-MT 80 anos, que se subdividiu em outros, e aqui destaco o projeto OAB Mulher, OAB Vai à Escola e OAB Cidadania. Por meio desses projetos, chegamos às 24 subseções da OAB e mais de 70 mil pessoas foram beneficiadas, direta ou indiretamente, e assim contribuímos para a formação de uma sociedade mais igualitária, mais justa e humana.

Como advogada, tenho um carinho especial pelo OAB Mulher, por meio desse projeto pudemos empoderar e transformar as vidas de inúmeras mato-grossenses. O projeto teve um resultado tão expressivo que chegamos a receber uma moção de aplausos no Senado Federal e ainda um convite para participar do Encontro Nacional da Advocacia, no Rio de Janeiro, em 2014. Na ocasião, fazer parte do seleto grupo de palestrantes daquele evento fez meu coração explodir de felicidade. Eu, advogada com pouco mais de dez anos de atuação na ocasião, tinha vez e voz e estava sentada com ministros, desembargadores, juízes, promotores, procuradores, entre outras personalidades do meio jurídico. Para descrever esse dia e esse momento, apenas uma palavra: gratidão.

Corajosamente, depois de empoderar tantas mulheres, fui candidata à presidência da OAB-MT. Não ganhei as eleições, mas saí vitoriosa pela coragem de me candidatar e por perceber que o propósito da minha candidatura se conectava com muitos colegas que acreditam no empoderamento da mulher. Aqui, vale ressaltar que a única presidente mulher, em mais de 80 anos da OAB-MT, até agora (2019), foi a desembargadora Maria Helena Póvoas. E apenas duas foram candidatas: Maria Helena e eu. Essa estatística demonstra o quanto ainda precisamos avançar para que as mulheres possam ocupar cargos de liderança.

A verdade é: mulheres precisam confiar e acreditar em mulheres. Somos capazes, temos competência e capital intelectual para ocupar toda e qualquer posição. Em 2012 me associei à Bussiness Professional Woman – BPW Cuiabá, uma ONG feminina, fundada pela americana Lena M. Phillips, atualmente em 194 países. A ONG tem como objetivo desenvolver o empreendedorismo, buscar a igualdade de gênero e trabalhar em defesa dos direitos das mulheres.

Que mistura danada é essa

Lá no começo eu disse: "Mais à frente você verá que mistura danada é essa". Pois bem, filha de nordestina, neta de hoteleiro, restauranteiro, festeiro; filha de um aeroviário e nascida no dia do hoteleiro, 9 de novembro.

Atualmente, advogo para sindicatos de hotéis e restaurantes, empresas de transporte aéreo e de empresas de eventos. Essa trajetória culminou na minha indicação como 1ª presidente da SKAT – Sociedade Kuiabana dos Amigos do Turismo, fundada em 2012, e desde então continuo na diretoria da instituição.

Esse é ou não é um 'causo' bom de ser contado? Ah! Como amo a minha Cuiabá e seus encantos. Tenho por essa cidade o maior amor, e ao povo cuiabano, hospitaleiro e alegre, que me abraçou desde a chegada, há 35 anos, deixo aqui minha eterna gratidão.

Capítulo 8

A trajetória da mulher que mudou de vida para cuidar da família e realizar o sonho profissional de infância

Cleide Anteres Lima Franco

Sempre gostei de vendas, meu pai sempre dizia que quem compra terra não erra e eu herdei esse gosto dele.

Cleide Anteres Lima Franco

Empresária. Sócia-proprietária da Cleide Imóveis. Corretora de imóveis. CRECI: 2169 -19ª Região CRECI/MT. Gestão em Negócios Imobiliários (Faculdade UNIRONDON). Especialização em Direito Imobiliário. Corretora de imóveis desde 1986, abriu a empresa Cleide Imóveis Imobiliária em 1988, com larga experiência na compra e venda de imóveis, avaliações de imóveis e intermediação de áreas para condomínio e incorporação imobiliária. Foi conselheira CRECI nos anos de 2016 a 2018. Vice-tesoureira BPW Associação das Mulheres de Negócios em 2019.

Contatos
cleidemt@hotmail.com / cleide@cleideimoveis.com.br
(65) 99981-6963 / (65) 3025-9736

Reflexão de vida

Olhando para o passado, faço uma reflexão de como fui uma pessoa agraciada por Deus, talvez seja pela grande fé que tenho, o que sustenta a minha vida e me fortalece todos os dias. Diante disso chego à conclusão de que sou conduzida e protegida por um ser superior que me cuida, guia e protege todos os dias, Deus.

Já nos primeiros anos, guiada por meus pais, eu, Cleide Anteres Lima Franco, uma mistura forte, de povo trabalhador, pai João Gomes de Lima, pernambucano, mãe Maria Anteres de Lima, cearense, como uma grande família de cinco mulheres e dois homens, sendo eu a caçula, e os irmãos Sirlei, Euda, Maria de Lourdes, Francisco, José Wilson, viemos para Mato Grosso, com muita vontade de trabalhar, crescer e ganhar independência financeira. Como toda empreendedora de sucesso, tenho uma história de muita perseverança, alegrias e conquistas.

Sempre me interessei pelo empreendedorismo e muitos fatores influenciaram nesse sonho, como, por exemplo, a conquista da liberdade financeira, trabalhar com o que gostava e investir o tempo e esforço em um negócio que pudesse mudar a vida de toda a família.

Esse desejo acalentei durante toda a infância e juventude, ficava ali olhando meu pai trabalhar, entre uma ajuda e outra, ia adquirindo experiências para o futuro. Fui vendedora de porta em porta, atendente no comércio, vendedora de roupas, cosméticos e ajudante de meu pai, e todas as atividades foram de extrema importância.

Infância - Lembranças de meu pai, hoje infelizmente não está entre nós, faleceu em 2011, mas deixou um legado de amor e respeito à natureza. Nossa infância foi feliz, de muito amor, presença, de ensinamento a dar valor às pequenas coisas. O grande amor dele era a terra e isso ele nos ensinou muito bem, a dar valor à terra, saber cuidar, nos mostrava a importância de saber plantar e colher os frutos, nos levava para fazer a colheita, e isso hoje reflete em minha vida, sou apaixonada pelo campo, rio e cachoeiras. Nesses lugares, sinto-me perto de meu pai. Todos os valores de vida, principalmente a honestidade, responsabilidade, lealdade ele nos passou.

Ainda menina, corria, brincava, como toda criança saudável e feliz, tinha o choro fácil, muito sensível, nada escapava aos meus olhos miúdos e aos meus sentidos. Sempre curiosa, atenta, vaidosa, levada às vezes, mas sedenta de amar, de cuidar, de amparar e, em especial, de aprender, mas aprender sobre aquilo que era o nosso sustento, que meu pai fazia e minha mãe aprovava. Desde pequena, já mostrava a força e vontade de vencer na vida, apesar da alma feminina, da alma de mulher! Quando moça, nossa! Era cheia de quero mais, de não me conformar, idealizar o meu futuro e ir buscar a realização. Minha ânsia e determinação foram além do desejar ser uma grande mulher, encarei os desafios e fui. A moça virou mulher, cheia de expectativas e sonhos que, aos poucos, foram se concretizando.

Trajetória - Nasci no Paraná, aos 4 anos de idade, vim para o interior do Mato Grosso com meus pais em busca de novas oportunidades, devido à forte geada que assolou o Estado do Paraná de 1967 a 1970, que os desanimou e, assim, decidiram conhecer outros lugares. Encantaram-se com a terra de oportunidades e decidiram se mudar no ano seguinte, após ele chegar com as lindas bananas de fritar e falar "terra boa e com muita fartura". A cidade escolhida foi Denise/MT. Lá eles trabalharam na lavoura e posteriormente no comércio. Lá estudei do primário até o segundo grau na única escola pública da época, a Escola Estadual Dr. Joaquim Augusto Costa Marques.

O gosto e a astúcia para o comércio são uma herança. Desde pequena visualizei meu pai trabalhar com agricultura, que era a sua grande paixão e, também, fazer a venda de fazendas. Ele não sabia nem ler nem escrever, então fazia uma descrição do produto e eu escrevia as anotações e relatórios de fazendas para a venda. Meu pai tinha uma memória fotográfica maravilhosa, pena que não pôde alcançar a evolução digital que vivemos hoje no mundo dos negócios.

Depois de 18 anos morando em Denise/MT, meu pai, sempre com espírito empreendedor, vendeu o sítio e o comércio que tinha e mudou para Juína, fiquei sozinha na cidade para concluir o segundo grau no final do ano. Logo após concluir o estudo, pensei "não quero ir para aquele fim de mundo", liguei a meu irmão que morava em Cuiabá e fui morar com ele. Na semana seguinte, fui a vários bancos ver se estavam precisando de funcionários, fiz testes e logo comecei a trabalhar no Banco Itaú, já tinha o faro para vendas, era a que mais vendia todos os produtos de seguro e outros do banco. Logo em seguida, fui convidada a trabalhar no lançamento de um loteamento por um cliente e conseguia dividir o tempo, trabalhando no banco e em vendas de lançamentos. Fazia vendas no período da manhã e nos sábados e domingos. Nesse meio tempo, conheci um rapaz, casei com ele em 1987, após sair do banco e trabalhar com imobiliária em tempo integral, o que me rendeu toda a base aos meus projetos futuros e conhecimento de mercado.

Em 1988, decidi que iria empreender, abri a Imobiliária Cleide Imóveis em casa e revezava o sonho trabalhar em meu próprio negócio com os cuidados da família e os filhos chegando, Rafael, Gustavo e, bem depois, o Guilherme e ainda uma filha do coração, a sobrinha Eliane.

Cleide Anteres Lima Franco

Essa é a minha base familiar, sustentação para os dias difíceis, de angústias e incertos. É no seio da minha família que me realizo e me sinto fortalecida para continuar. Há mais de 49 anos vivo no estado, aqui casei e constituí família, fundei a minha empresa e me considero cidadã mato-grossense com muito orgulho, em Cuiabá/MT.

Olhar clínico - A aptidão para o comércio sempre esteve no sangue, aos 10 anos já tinha começado a formar a profissão, vendendo roupas e produtos da Avon. Sempre tive certo fascínio por vendas, com os lucros cuidava da aparência e ajudava nas despesas da casa, comprava coisas que toda jovem gasta com meu próprio dinheiro. Depois de muito trabalho e bons negócios comprando e vendendo imóveis junto com o esposo, conseguimos guardar as economias e construir a sede da Imobiliária Cleide Imóveis na Av. Miguel Sutil número 3.271, onde estou até hoje, depois de muitas reformas e ampliações.

Mesmo que o meu contato com vendas tenha começado muito cedo, possuo uma história peculiar de conquistas, venci o preconceito de transitar pelo ambiente totalmente masculino na época, com muita garra, determinação e mostrando que tinha conhecimento, e o que não sabia, buscava. Minha trajetória foi de muita luta e agradeço ao meu pai pela inspiração ao ramo de vendas. Colho hoje os frutos de muita luta para conseguir me estabilizar e ser uma referência no mercado imobiliário.

Minhas experiências com investimentos começaram ainda na adolescência, quando vendia produtos de beleza e perfumes, investia os lucros nesses produtos e, com o tempo, vi que "não" eram duráveis, estragavam com facilidade e não tinham valorização. Assim, percebi que não eram bons investimentos e me lembrei dos conselhos de meu pai. Pensei que se com todas as comissões estivesse pagando um terreno, ou outro imóvel, a longo prazo, teria algo durável como investimento, sem perder os lucros das vendas com algo que não agregava. Desse modo fiz com os rendimentos do trabalho no banco e a comissão de vendas extras. Realizei muitos investimentos em terrenos em vários pontos da cidade onde ainda não tinham valor, mas escolhia local estratégico no bairro. Sempre tive a visão comercial, comprava e vendia e acabei por conquistar várias vitórias profissionais, pois olhei dez anos à frente, entendendo que futuramente tudo aquilo iria valer muito mais. Com esse olhar clínico, economizei, fundei e fiz a construção da sede da minha empresa.

Nasce a empresa Cleide Imóveis Imobiliária - Em 1988, nasceu a empresa Cleide Imóveis de modo individual e, após muito trabalho, passou a ser limitada. Desde então, o empreendimento vem sendo aperfeiçoado, busquei cursos, me formei em gestão imobiliária, fiz pós-graduação em Direito Imobiliário, sempre focada em oferecer o melhor a meus clientes, estando presente em todos os congressos, cursos voltados ao segmento imobiliário. Busco sempre estar por dentro das novidades e como desenvolver melhor o negócio.

Juntas brilhamos mais

Com mais de 30 anos de mercado, atuo com compra e venda de imóveis, aluguel, administração, ofereço consultoria imobiliária para clientes que almejam comprar um imóvel que não está à venda, vamos à busca desse produto, conversamos com os proprietários, desenvolvemos o projeto, realizamos a pesquisa sobre como é o produto, o que dá para fazer naquele espaço escolhido e indicamos o que seria melhor no local onde ele busca investir.

A empresa oferece ao cliente a realização do seu sonho e a conquista da sua casa própria nos melhores condomínios e outros investimentos para renda e valorização. Temos diversas áreas para incorporação imobiliária, industrial e comercial. A imobiliária trabalha com três tipos de grupos para atender a todos os nichos e, conforme a necessidade e condições do cliente, tentamos não deixar ninguém de fora, essa é a nossa missão, atender e atender bem.

Apesar das dificuldades, nunca pensei em desistir e o trabalho está no sangue, sinto prazer em atender os clientes, gosto de realizar sonhos, ajudar a fazer investimentos e bons negócios. Prezamos sempre pelo bom atendimento e oferecemos 100% de segurança, cuidando da situação de cada cliente, por isso estamos no mercado há mais 30 anos. Conquistamos entre 2016 e 2018 o Prêmio de Qualidade Brasil, que exige empenho em melhorar na parte administrativa e atendimento.

BPW nova família - Há seis anos integro a BPW Cuiabá e estou há quase um ano como parte da diretoria nessa nova gestão que tem como presidente a Zilda Zompero, mulher que admiro muito, Sueli Batista, nossa fundadora de Cuiabá e toda a diretoria e associadas chamamos de irmãs BPW. A associação só veio a agregar valor à minha vida e somar forças para melhorar e ajudar as entidades na área social que, a meu ver, é uma das partes mais importantes, pois conseguimos comover essas mulheres a doar uma parte de suas vidas, tempo e conhecimento ao crescimento de outras, cada uma doa um pouco e o pouco se torna melhor, pois juntas brilhamos mais! Esse é o nosso lema! Fiquei muito feliz quando recebi o convite da Sueli Batista e da Mariza Basso, para irmos juntas em uma caravana só de mulheres para passar o aniversário da Mariza em Paris/França na Torre Eiffel. Foi uma viagem inesquecível, conhecemos lugares lindos ao lado dessas mulheres alegres e felizes, a quem sempre vou agradecer pelo convite: Sueli Batista, Mariza Bazo, Zilda e Tania Zompero e Maria Elza, que nos proporcionaram momentos lindos e maravilhosos!

Sou uma mulher determinada que não para nunca! Batalho, trabalho e amanheço o dia pensando na realização dos meus projetos e não meço esforços para a concretização, não importando o tempo que irei gastar, esse é o meu perfil. Dentro e fora de minha empresa, ajudo e motivo outras mulheres a não desistir, mas, sim, a desenvolver o seu projeto, a acreditar, dedicar o tempo que for preciso ao seu crescimento.

Projetos - Apesar de me sentir realizada, hoje tenho meu filho Rafael Lima Franco, formado em Ciências da Computação e cursando Engenharia Civil, que assumiu a administração da empresa e, com ele ao meu lado, sinto-me muito mais forte para realizar outros projetos futuros, para melhorar cada vez mais a minha empresa, conquistando a cada ano, a qualidade no atendimento e nos processos administrativos. Também possuo como grande desejo fazer incorporação imobiliária com pequenos condomínios de casas e lotes em áreas que temos, entrar na área de construção civil em parceria com outras empresas ou direto com engenheiros associados. Projetos que estou estudando, aprendendo, idealizando e trabalhando para acontecer. Se for da vontade de Deus, com meu trabalho e vontade chegarei lá.

Agradecimentos - Agradeço a Deus pela minha família, amigos, clientes, colaboradores, parceiros, corretores e construtoras que fazem parte da minha história e trajetória de vida. Não há recompensa maior do que ser reconhecida pelos seus clientes. Tenho dado o melhor de mim e dedicado todo o meu tempo ao meu trabalho. Sou muito grata a Deus pelos dons que Ele me concedeu e por toda luta que enfrento dia após dia. Este é apenas o começo de tudo! Obrigada a todos, aos meus funcionários e corretores de imóveis, parte importante dessa engrenagem, enfim a todos que, de uma forma ou outra, contribuíram e contribuem com a minha história. Muito grata pela participação neste livro das mulheres de negócios nos 300 anos de Cuiabá em 2019!!!

Capítulo 9

Entre dois Estados, um novo começo

Cleide Moreno de Alcântara

Carreira de sucesso em instituições financeiras, acompanhando as evoluções do mercado com conhecimento e aprendizado. Graduando em gestão de cooperativa (Icoop) Especialista em Gestão de Carteira de Investimentos, Previdência e de Créditos PF e PJ, CPA 20, Corretor CRECI 9195, Feng Shui,- Tesoureira BPW Campo Grande 2016/2017 e gerente de agência SICOOB MT/MS-TJMT.

Cleide Moreno de Alcântara

Carreira de sucesso em instituições financeiras de renome internacional. Especialista em Gestão de Carteira de Investimentos, Previdência e de Créditos PF e PJ, acompanhando as evoluções do mercado financeiro, atualmente integrada ao sistema de cooperativismo de crédito SICOOB MT/MS.

Contatos
cleideamore17@gmal.com
(67) 98401-4515

Cleide Moreno de Alcântara

No ano de 1968 inicia-se o primeiro capítulo da minha vida, no município de São Pedro da Cipa, pequena cidade do interior do Mato Grosso eu nasci, filha de Genival Pedro De Alcântara, comerciante e de Maria Moreno de Alcântara, dona de casa, ambos nordestinos que mudaram-se em busca de oportunidades para constituir e criar sua família. Ao completar dois anos de idade, meus pais decidiram ir para a cidade de Lagoa Bonita/MS. Posteriormente, no ano de 1974, já com meus seis anos, nos deslocamos novamente, dessa vez para Campo Grande, que naquela época ainda fazia parte do estado de Mato Grosso. Meus pais permaneceram trabalhando com comércio e se tornaram feirantes.

Durante o percurso de minha vida muitas foram as lutas travadas, tive de ser forte para enfrentar obstáculos (desde criança). Ainda com oito anos, tive que passar um tempo na casa de uma prima para ficar mais próxima da escola e retornava para casa em alguns finais de semana. Lembro-me de ser obrigada a fazer limpeza na casa dela todas as segundas antes de ir para aula, limpeza essa acumulada durante todo o final de semana em que eu estava ausente.

O racismo esteve presente em minha infância. Minha avó paterna morava conosco e me tratava com perceptível desprezo sem nenhum tipo de afeto e ainda incentivava meu pai a me castigar. Isso se dava em decorrência do meu tom de pele, que ela considerava como negra. Era inegavelmente visível a diferença do tratamento dirigido a minha irmã mais velha, com um tom de pele mais clara.

Meu pai era um homem impiedoso quando estava nervoso, nos batia e trancava em lugares fechados, meu irmão mais novo apanhou de cinta com apenas 11 meses. Minha mãe, apesar de ser uma mulher forte, era uma pessoa simples e sem estudo, e tinha muito medo de enfrentar meu pai, todavia encarregava-se de cuidar das feridas, deixadas pelas agressões dele.

Foi na escola, por meio dos estudos e dos esportes que consegui vislumbrar uma perspectiva de futuro para minha vida. Eu tinha muita facilidade com artes. Por conta disso, cheguei a ser destaque em alguns trabalhos de desenho como "O Menino de Asas", "Iracema" e ilustrações em biologia. Enfim, era na escola que eu me sentia realizada, lá era o lugar onde a criatividade fluía, fui destaque em grupos de dança, feiras de ciências, peças de teatro, ginástica rítmica e vôlei.

Certa vez participei de um concurso de dança e ganhei em primeiro

Juntas brilhamos mais

lugar, mas quando cheguei em casa fui castigada pelo meu pai, que me permitiu ficar com o prêmio.

Aos meus 13 anos, após minha última surra arrumei uma mala com algumas roupas para ir embora de casa. Surgiram alguns questionamentos, do tipo: como ir embora? E ir embora para onde? Não consegui respondê-los.

Ocorreu-me então que eu precisava arrumar um emprego e tomar conta de mim mesma, assim não dependeria mais do meu pai e dessa maneira ele não teria mais o direito de me agredir. Naquele momento, não me importava qual seria o tipo de trabalho e muito menos o que eu iria fazer. O natal se aproximava e consegui uma vaga numa loja de presentes aos meus 14 anos. Com o primeiro salário comprei presentes para minha mãe, meu pai, meus irmãos e minha avó. Acredito que quis demonstrar como deveria ou gostaria de ser tratada, pois até então nunca tinha recebido um presente, nem mesmo uma boneca.

Pegava o primeiro ônibus do dia para chegar ao trabalho e voltava no ultimo ônibus à noite após a aula, nos finais semana muitas vezes voltava à pé para casa, pois faltava o passe.

Tive a carteira assinada em 1984, como atendente em uma padaria, onde permaneci por 6 meses. Pegava o primeiro ônibus do dia para chegar ao trabalho e muitas vezes voltava a pé para casa para economizar o passe.

Depois disso, trabalhei em um escritório de advocacia no decorrer de seis meses. Em seguida, fui contratada para substituir uma funcionária que estava de férias no gabinete dentário dos funcionários do Bradesco e acabei sendo efetivada. Foram dois anos de aprendizado.

Em 15 de dezembro de 1987 fui indicada por minha irmã Cleonice para um teste de seleção no Banco Bamerindus e fui contratada. Entrei almejando o cargo de gerente e a longo prazo me aposentar no banco. Sempre em busca de meus sonhos... e o maior deles era conquistar minha independência. Sonhava em dirigir e logo aos 18 anos comprei um Fiat 147, vermelho, e outro objetivo conquistei logo em seguida, adquirindo meu primeiro imóvel no centro de Campo Grande. Naquele tempo minhas despesas eram mínimas, portanto, comprometi todo o meu salário fixo para o pagamento das parcelas da aquisição da minha tão sonhada casa.

Como existiam várias campanhas de vendas no Bamerindus, fui destaque várias vezes, os ganhos eram variáveis e recebia em forma de cupons top prêmios, que utilizei em lojas de departamentos e consegui mobiliar meu apartamento e a casa dos meus pais.

Em 1994 acontece a morte repentina de minha querida irmã Claudia, aos seus 23 anos. Foi um divisor de águas em minha vida pois entendi que a vida é um presente de Deus e temos que valorizar cada minuto como se fosse o último, fazendo nosso melhor para nós e para o outro. Procurei ajuda psicológica espiritual, cursilho e orações em grupo, e também fui buscar conhecimento por meio de cursos de terapias holísticas, como reiki, radiestesia, terapia da casa *feng shui, ikebana*. No banco fui galgando minha trajetória, passando por todos os setores, e com 3 anos fui promovida a gerente de investimentos.

A vida me proporcionou um encontro com o pai dos meus filhos. Fiquei grávida e quando estava com cinco meses de gestação me casei. Naquele tempo ele se encontrava desempregado e foi morar comigo depois de uns meses nos mudamos para um apartamento com três quartos, pois nosso filho Vitor estava por nascer no dia 23 de março de 1995. Nesta época tive a felicidade de contratar a tia Nice, minha amiga e parceira para todas os momentos. Cuidava de nós com todo zelo e carinho e graças a ela eu podia ir trabalhar tranquila, enquanto ela dava sua atenção ao Vitor, que dependia de tratamentos especiais devido a sua alergia. Ela também o levava nas aulas de a natação, aos oito meses já tinha aprendido a nadar. Dois anos depois, nasce meu outro filho: Márcio. Fomos morar em uma casa nova com piscina e sauna, um espaço de mais conforto para os meninos. Após várias tentativas frustradas, meu ex-marido finalmente começou a trabalhar em um laboratório farmacêutico. Comprei um sobrado próximo ao shopping. Tudo estava indo bem, porém, a imprevisibilidade da vida se manifestou e meu casamento chegou ao fim.

Após a separação, comecei um novo relacionamento com um antigo namorado de adolescência, após nos reencontrarmos no banco. Os meus filhos ficaram 2 anos sem a presença do pai, que se afastou depois da separação, só voltando a ver os meninos após um acordo onde decidimos vender a casa e dividir o valor, o que me possibilitou comprar um apartamento próximo ao banco que me possibilitou comprar.

Meu relacionamento durou dezesseis anos, ele foi como um pai para os meus filhos. Vivemos muitas dificuldades e aventuras, dentre elas quando nos mudamos região de fronteira com o Paraguai.

Em uma reunião fui informada que abriria uma vaga para uma nova agência no interior. Nesse período eu já participava de um processo seletivo interno. Pedi a transferência para Ponta Porã e juntamente com três funcionários inauguramos uma agência na referida cidade em 2010. Eu fiquei durante um mês hospedada em um hotel e, nesse período, meu marido foi desligado da empresa de transportes da qual trabalhava. Aluguei um apartamento e ele veio com meninos, as coisas para ele não estavam fáceis e resolvemos buscar uma alternativa. Foi então que encontramos um carrinho para fazer espetinhos na internet e resolvemos comprá-lo para montar nosso próprio negócio. Demos a ele o nome de "Cia do Espetinho" e ficava localizado no centro de Ponta Porã, bem em frente à agência do HSBC onde eu trabalhava.

Enquanto isso, optei por voltar a estudar, fazia pós em Gestão de Negócios na Anhanguera e o ajudava no espetinho quando saia da aula. Quando completou um ano que estávamos morando em Ponta Porã tive de tomar uma decisão dolorosa, porém necessária: mandei meus filhos de volta para

Campo Grande para morarem com o pai, em razão do grande perigo da cidade, já que se trata de uma fronteira e por isso existia riscos a todo momento.

O espetinho já se encontrava constituído por 5 funcionários, porém tivemos que vender o estabelecimento. Eu estava participando de um recrutamento interno do Banco HSBC, passei em todas as etapas, sendo promovida por três vezes em menos de dois anos e aceitei vaga na cidade Dourados/MS. Em 2010, transferida para Dourados, logo que chegamos nos associamos ao clube de campo da cidade onde fizemos ótimas amizades e entrei para um dos times de vôlei feminino do clube TPM (Tudo Por Mulheres).

Após nove meses morando em Dourados, decidi construir a minha casa, porém mais uma vez tive que mudar os planos, retornando para Campo Grande para assumir uma carteira Premier. Um ano depois, fui convidada para assumir uma agência em Miranda-MS ou gerenciar uma carteira de investimentos de alta renda na agência. Premier do HSBC, Optei em gerenciar a carteira *premier wealth* (gestão de clientes investidores de alta renda) e naquele ano fui premiada com uma viagem pelo destaque de primeiro lugar na campanha nacional de investimentos e previdências.

De volta a Campo Grande, vendi meu apartamento e morei uns dias na casa da minha irmã e depois nós nos mudamos para uma quitinete, para aguardar o término da construção casa nova.

Com o desempenho alcançado no HSBC, recebi uma proposta do Banco Safra, que me pagou uma luva. Pedi demissão após 25 anos na instituição anterior para ingressar no Safra, firmando um contrato de dois anos para formar uma carteira de clientes investidores PF. Atingi os objetivos e permaneci lá até Julho de 2017.

Comecei uma parceria com uma amiga consultora de investimentos, o que me levou ao Uruguai para fazer um treinamento de investimentos e *compliance* Aiva (Banco Old Multuo) e também para SP, em um treinamento de seguro saúde internacional pela Vumi.

Um grupo de advogados me convidou para formar uma agência (somente para advogados), no SICOOB, em dezembro de 2018, onde esta história de cooperativismo começou. O projeto não deu continuidade, mas fui acolhida pelo Sicoob por meio da gerente da agência que trabalhou comigo no HSBC. Vim para Cuiabá especialmente para o evento denominado Movimento SICOOB, onde essa história começou em dezembro de 2018, fui requisitada para gerenciar uma agência deles em Cuiabá dentro do TJMT.

A proposta veio em um momento propício. Nesse ano eu completaria cinquenta anos de vida e estava em uma fase de reflexão e me dispus a escrever um novo capítulo da minha história. Logo na semana seguinte fiz minhas malas e me mudei. Aluguei um *flat* próximo do centro político onde está situada a agência.

A chegada em uma nova cidade, a oportunidade de um recomeço, a importância de aceitar o convite para trabalhar em Cuiabá... Eu me vi desafiada alcançar voos mais altos, que é o cooperativismo.

Inicia-se minha jornada como gerente na agência TJMT-SICOOB União MT/MS.

Quando o diretor me convidou para assumir uma das melhores agências da cooperativa, sabia que não seria fácil superar os resultados, e mais desafiador ainda foi quando o Banco Bradesco comprou a folha de pagamento dos servidores públicos do TJMT.

Participamos de uma campanha denominada "Bola na Rede", lançada em janeiro de 2018 e finalizada em outubro do mesmo ano, sendo uma das poucas a superar os resultados financeiros. Nessa ação lançada em janeiro de 2018 e finalizada em outubro do mesmo ano, tivemos muita garra, comprometimento e determinação para vencê-la. Superando a cada dia todas as dificuldades e obstáculos para alcançar o nosso objetivo. O fruto colhido por nossa agência foi a conquista do primeiro lugar na Campanha da Cooperativa União MT/MS e, em segundo lugar, da Central MT/MS. Com o prêmio de vinte mil reais em dinheiro e uma viagem nacional no litoral nordestino, comemoramos com um almoço juntamente com a diretoria da cooperativa, central e nossos familiares e o valor foi divido em partes iguais entre os funcionários da agência. Tive ainda a honra de representar a minha agência na experiência diamante, que é uma das melhores premiações de alta performance de gestão de cartões. Dentre três mil agências do SICOOB, a agência TJMT esteve entre uma das 63 agências destaques, conseguindo manter o desempenho dos últimos três anos.

Vale destacar a importância desses resultados obtidos, pois eu estava apenas há um mês no sistema de cooperativa de crédito com, uma equipe nova, que demonstrou muita garra e comprometimento. Eu fui muito bem acolhida pela querida Cuiabá e por todos os colaboradores da agência, pela presidente da cooperativa e da central, pelos diretores comerciais e administrativos que foram fundamentais nesta jornada que está só começando.

Gratidão!!!!

Agradeço a Deus pelo dom da vida, pelas experiências passadas, presentes e futuras!!!!

Gratidão especial aos amores da minha vida meus filhos Vitor e Marcio!

"Muda, que quando a gente muda o mundo muda com a gente
A gente muda o mundo na mudança da mente
E quando a mente muda a gente anda pra frente
E quando a gente manda ninguém manda na gente!
Na mudança de atitude não há mal que não se
mude nem doença sem cura
Na mudança de postura a gente fica mais seguro
Na mudança do presente a gente molda o futuro!"

(Gabriel, o Pensador)

Capítulo 10

Quantas vezes nascemos?

Cléria Del Barco

"O verdadeiro lugar de nascimento é aquele em que lançamos pela primeira vez um olhar inteligente sobre nós mesmos."

Marguerite Yourcenar

Cléria Del Barco

Master coach e *trainer* comportamental. Graduada em Gestão Comercial e pós-graduada em Gestão de Pessoas nas Organizações pela universidade UNIRONDON. Idealizadora do método VVM. *Executive coach* formada pelo IBC. Certificada pelo Behavioral Coaching Institute – BCI, European Coaching Association– ECA, Global Coaching Community – GCC, International Association Of Coaching – IAC. Estudiosa do comportamento humano e coautora do livro *Coaching nas empresas* - IBC. Certificada como Analista Comportamental na ferramenta *Coaching Assessment* e 360°. Especialista em negociação e administração de conflitos, conciliadora e mediadora formada pela Acordia, vasta experiência nas áreas de gestão comercial, liderança e desenvolvimento de equipes comerciais. É *coach* comercial com formação em Eneagrama, Hipnose Ericksoniana e Clássica - IBFH. Gestora de equipe comercial, consultora empresarial, coordenadora da Comissão de Capacitação Empreendedora da BPW Cuiabá – Business Professional Woman.

Contatos
https://www.vemvendermais.com.br
cdbcoachcomercial@gmail.com
(65) 99283-6601

Noite de 23 de fevereiro de 1994. Era uma quarta-feira. O meu sentimento naquele dia foi de medo, angústia, vulnerabilidade e incerteza, como num golpe certeiro do destino um buraco se abriu na minha frente, e eu não tinha onde me segurar, não imaginava que nascer de novo doía tanto.

A minha infância e adolescência, mesmo com algumas dificuldades financeiras, foi de muito amor e alegrias, eu diria que de muita celebração, sem contar que eu como filha caçula e com três irmãos homens e mais velhos que eu, nove anos de diferença do caçula para mim, me colocava em uma posição confortável de ser mais protegida e cuidada. Uma das coisas que me lembro com muita força era a preocupação de que os meus pais tinham de nos manter sempre unidos, juntos, próximos uns dos outros, então quando meus irmãos mudaram para Cuiabá e se estabeleceram em uma empresa de vendas de consórcio, eles logo alcançaram sucesso, claro, se tornaram uma grande referência para mim e, assim que puderam, trouxeram-me com 11 anos de idade, minha mãe e meu pai para Cuiabá também, afinal aprendemos que juntos éramos mais fortes.

As nossas celebrações eram sempre muito especiais, daquelas com sabor de quero mais, eram momentos de simplicidade, de leveza, daqueles que a gente experimenta só de vez em quando como quando comemos nosso doce preferido ou quando brincamos com os nossos amiguinhos de infância até perder a hora. Ah! Como é gostoso quando me lembro desses momentos de celebração e reuniões familiares regadas a muita música, comidas gostosas, sorrisos fartos e alegres, e até lágrimas de felicidade! Até tudo acontecer naquela noite.

Por vezes, quando olho para trás, e revivo o momento da notícia da morte dos meus dois irmãos na mesma hora, sinto vontade de soltar um grito preso na garganta, duas mortes que aconteceram de forma abrupta, num contexto inesperado, reforçou muito o que eu já creditava, naquele momento tive a certeza que nascia ali uma nova história na minha vida, onde eu teria que aprender na marra a reeditar e reescrever novos e desafiadores capítulos dessa fase que acabara de nascer e dos novos caminhos que a minha vida seguiria dali para frente, comigo, minha mãe, meu pai e meu único irmão que ficou, ou seja, minha nova família, agora menor.

De início, eu neguei tudo que estava acontecendo com a minha família, eu custava a acreditar em fatos tão dolorosos, nos sentíamos mutilados, nossa vida literalmente se transformou do dia para a noite em um inferno, estávamos incompletos, e o meu radar me apontava que momentos e escolhas mais difíceis ainda estavam por vir.

Algumas questões rondavam o meu ser:

- De que modo lidar com tamanha dor e saudade?
- Como sorrir dali para a frente se o coração não queria mais?
- O que faria para me fortalecer e ser o cerne da família?

Mudar de cidade foi uma escolha que minha mãe, meu pai, meu irmão mais velho que eu nove anos apoiaram, e eu tinha acabado de completar 18 anos, não tive muita escolha, não iria abandoná-los nesse momento difícil, afinal, não foi isso que aprendi, foi então que tive que abrir mão da minha faculdade de Direito a qual eu havia passado no vestibular, do meu namorado (que hoje é o meu marido), e essa decisão foi a mais difícil, pois eu o amava muito, de todos os meus amigos, enfim, da minha vida aqui, e recomeçar e renascer novamente em outra cidade.

Segundo Tony Robbins, é no momento de uma decisão que o nosso destino é traçado. Ah, como eu acredito nisso!

Fazer escolhas que não nos distancie da nossa essência energiza a alma e renova nossas forças, para que a cada renascimento que precisamos viver nos aproximemos mais da nossa missão e propósito nesta existência.

Algumas palavras que não podem de jeito nenhum faltar na minha história de vida são "gratidão", "propósito" e "fé", pois ter a bênção e o privilégio de crescer ao lado de pessoas do bem, que me ensinaram valores, me orientaram e me estimularam a ser destemida, a desbravar caminhos antes desconhecidos, e a sedimentar bases e valores que serviriam para o resto da minha existência. Cresci acreditando que no final tudo dará certo e que se ainda não deu é porque ainda não é o final.

Qual o momento de renascer?

"Cada minuto de vida é um minuto a menos e não um minuto a mais. Mal nascemos e já começamos a morrer."
Anderson Cavalcante

Choramos ao nascer, afinal dentro da barriga da nossa mãe é tão confortável e quentinho, tão diferente do ambiente frio que enfrentamos ao chegarmos neste mundo diferente. Às vezes também velamos dentro de nós um choro silencioso, porém não menos sentido que o primeiro, toda vez que temos que sair da nossa zona de conforto e seguir em frente.

Lido com pessoas o tempo todo e posso afirmar com a convicção plena que "gratidão", "propósito" e "fé" é o que nos direciona e guia nossos passos para uma vida plena e feliz, vejo muitas pessoas perdidas no seu dia a dia e se distanciando do essencial.

Com a mudança da minha família para Goiânia, tudo ficou muito difícil e passamos juntos muitas situações que me fizeram refletir: "Qual a minha missão nesse mundo?", "O que eu preciso viver, ver e sentir para aprender a ser uma pessoa melhor?".

Sei que não estou aqui por acaso, que existe um propósito maior para mim, e que na minha missão de vida vou atrair as pessoas certas que chegarão até mim, seja para somar comigo ou para que eu aprenda algo e evolua no meu caminhar me redescobrindo a cada dia.

Mesmo com o coração dilacerado pela dor, nunca alimentei revolta e vingança dentro de mim, sempre busquei superar as circunstâncias, seguir meu coração e ouvir o chamado essencial.

A vida é cheia de surpresas e mistérios, durante essa travessia, quando verdadeiramente nos comprometemos com a nossa missão e propósito de vida, nos tornamos merecedores de abundância e prosperidade e somos surpreendidos com presentes que chegam até nós, pessoas que tornam a nossa vida mais bela e feliz, assim também foi comigo, quando me casei com o amor da minha vida, aquele que o destino quis separar lá atrás.

Tivemos coragem (e olha que coragem não é ausência de medo), ter coragem naquele momento para nós era ter consciência do tamanho dos desafios que seria ir contra a corrente, confrontando certezas e incertezas e o quanto estávamos dispostos a superar as dificuldades e caminharmos juntos na mesma direção. Lutamos muito para ficar juntos e conseguimos, quando entendemos que podemos compartilhar nossa missão de vida com alguém especial tudo se torna mais fácil e o essencial se torna mais óbvio e, claro, vem da alma e do amor.

A força de um propósito

"Mais esperanças nos meus passos, que tristeza nos meus ombros."
Cora Coralina

Outra frase de Cora Coralina: "Mesmo quando tudo parece desabar, cabe a mim decidir entre rir ou chorar, ir ou ficar, desistir ou lutar; porque descobri, no caminho incerto da vida, que o mais importante é o decidir."

A vida nos convida o tempo todo para a ação, e eu descobri isso quando acreditei que tudo já estava certo na minha vida, que eu, recém-casada e morando em Goiânia, estaria com a minha vida estruturada para viver para sempre lá, mal sabia eu que voltaria para Cuiabá e que minha vida seria aqui.

No dia 19 de novembro de 1999, meu chão se abriu novamente, e fui surpreendida com a morte do meu único irmão, em um fatídico acidente de avião, que trouxe novamente para nossas vidas a necessidade de renascer novamente, quem já não se questionou: "O que Deus quer me dizer com tudo isso?" É claro que, nesse caso, eu pensava em primeiro acolher e amparar os meus pais, que, já tão machucados, passariam por aquilo tudo de novo, e por isso eu não tinha outra opção a não ser guardar a minha dor e cuidar da deles, ou seja, rir ou chorar... ir ou ficar!

A nossa fé e a força do nosso amor nos fazem novamente superar essa tragédia em nossas vidas, renascer da dor e voltar para Cuiabá e nos restabelecermos em uma nova história.

Vivenciar toda essa trajetória me ensinou muitas lições:

1. Honrar e respeitar a história de cada um;
2. Estruturar-me para que pudesse escolher qual história eu gostaria de contar da minha própria história sem me vitimizar;
3. Entender que tudo passa, as coisas boas e as ruins também;
4. Que eu posso aprender e me fortalecer a cada grande desafio;
5. Nunca sabemos a luta que cada um está passando;
6. Não imaginamos o tamanho da força que temos, até precisar dela.

Hoje moro em Cuiabá com muito orgulho, terra essa que só tenho a agradecer, e mais uma vez volto a Cora Coralina, pois eu poderia pensar: essa terra levou meus amados irmãos, ou posso dizer que essa terra é abençoada e me deu momentos felizes, e o grande amor da minha vida... ir ou ficar... rir ou chorar... tudo são escolhas, e prefiro ficar com a gratidão, propósito e fé sempre.

Qual a importância de renascermos conscientemente?

Quais as certezas que temos com relação ao nosso futuro?

Cada vez que tomamos uma decisão, fazemos uma escolha, estamos renascendo. Quer um exemplo: a nossa profissão, nossa carreira, essa é uma decisão que irá interferir em todo o contexto da sua vida. E eu reforço que mesmo as pequenas decisões do dia a dia vão impactar em seus resultados, qualidade de vida, saúde e, principalmente, na sua felicidade.

Então, qual a importância de renascermos conscientemente?

Quantas vezes fazemos escolhas de forma despreparada ou no impulso de um momento, muitas vezes tomados pelo calor da emoção, na nossa inquietude ou precipitação?

Hoje eu posso afirmar com uma convicção plena que vivo o meu propósito e missão de vida, claro que isso foi construído por meio de decisões que nem sempre foram fáceis de tomar. O futuro é consequência das escolhas que fazemos no presente, vivemos num mundo de interpretações e ter um olhar inteligente sobre si mesmo é o mesmo que ter um olhar sobre a importância da consciência na tomada de decisão.

Vivemos num mundo de incertezas, porém o seu porquê é o que lhe dá a permissão de ser quem você é, refiro-me à importância de termos clareza do nosso porquê na hora de decidirmos sobre algo, e ter clareza desse porquê é o mesmo que ter clareza do que realmente tem valor na sua vida, do que realmente faz você feliz, então vamos lá, quero ajudá-lo nesta jornada, vou deixar algumas perguntas para você refletir:

1. Qual o motivo que o faz levantar da cama toda manhã?
2. Por qual motivo você faz o que faz?
3. O que o move, motiva e empodera?

Renascimentos em Cuiabá, berço da minha esperança... terra abençoada...

Perseverar e fé é crer no melhor, é acreditar sempre, mas necessita de um exercício diário de fortalecimento num mundo que o tempo todo o convida a desistir dos seus sonhos.

Tomei a decisão de voltar para Cuiabá com o meu marido e já com os meus dois filhos pequenos, por isso tive que me livrar de sentimentos limitadores, avaliar o que eu conseguia fazer naquele momento para seguir em frente, comprometer-me um pouquinho mais a cada dia, superar meus limites, sem nunca esquecer os renascimentos pelos quais eu já passei e que me fortaleceram, enfim acreditar em Deus, no meu melhor, no que eu sabia, e no que eu podia contribuir para as pessoas ao meu redor.

Penso que podemos encontrar saídas inteligentes para situações em que muitos só enxergam problemas, hoje sou uma pessoa que antes de mais nada amo muito o que faço, vivo a minha missão de vida desenvolvendo talentos, dou valor no que acredito ser o meu legado, portanto escolhi fazer o que faço, acredito na utilidade do que entrego, pois expresso os valores que construíram o meu ser.

Acredito em ações positivas, na atitude, no exemplo e na cultura de que atraímos tudo aquilo que somos, e isso inclui valores como honestidade, ética e compaixão, creio que pessoas podem ser tudo que elas quiserem ser, e que isso é uma decisão.

Renasça quantas vezes for preciso, contemple esse renascimento como um passo em direção a sua essência e plenitude. Opte sempre pelo seu propósito maior e construa pilares que sustentarão você nessa desafiadora jornada. Saiba que nos seus processos de renascimento você se conectará a novas histórias, as receba como presentes, permita-se ser merecedor(a) delas em sua vida, saiba que essas pessoas se conectarão a você, não pelo que você faz, mas pelo que você acredita... Então, no que você acredita?

Abraços!

Capítulo 11

A vida é uma dádiva que devemos celebrar todos os dias

Denise Gomes

Nesses quase 60 anos de vida de lutas e aprendizados, posso dizer a você leitor que a vida é um lindo presente de Deus, aprendi ao longo dos anos a celebrar a vida, celebrar cada conquista, comemorar cada novo dia, agradecendo os dons da vida!

Denise Gomes

Nasceu em Cuiabá no dia 17 de março de 1960. Estudou em escola pública até a conclusão do seu curso superior. Empresária e mãe de Denniany Gomes, Maryanne Gomes Portela, Denner Gomes e Vanner Gomes (*in memorian*). Títulos recebidos: embaixatriz do Prêmio Qualidade Brasil em Mato Grosso; certificado de doadora e voluntária nas obras de 200 anos da Santa Casa de Misericórdia de Cuiabá; certificado de Doadora e Patrocínio da Associação MtMamma de Mato Grosso; rainha da Festa de Nossa Senhora do Carmo na cidade de Várzea Grande; rainha da Festa de Nossa Senhora da Guia na Comunidade da Guia. Honrarias públicas: Moção de Aplausos concedida pela Câmara Municipal de Várzea Grande; Moção de Aplausos concedida pela Câmara Municipal de Cuiabá; homenagem pelo Comando Geral da PM MT; homenagem pela ROTAM PM MT; homenagem pelo Comando do Corpo de Bombeiros PM MT.

Contatos
Bioestética
Facebook: bioesteticamt
Instagram: bioestetica_vg
(65) 3362-3992

Nasci em Cuiabá, Mato Grosso, no dia 17 de março de 1960. Mas me considero várzea-grandense, a família da minha mãe é de lá e meu pai, apesar de ter nascido em Livramento, logo foi para Várzea Grande. A cidade ainda era bem pequena, quando eu nasci, tinha sido emancipada, apenas doze anos antes, em 1948.

Minha mãe, Ana Virginia Rondon, sempre me disse que eu cheguei ao mundo em um lindo dia, cheio de energia positiva, e que fui recepcionada com muito amor por meu pai e por ela, pelos amigos e familiares. Foi um dia de comemoração e celebração. Talvez seja por isso que eu seja tão ligada a grandes festas.

Cresci rodeada de muito amigos e pela minha família. A família Gomes é numerosa, tenho muitos tios, tias, primas, primos, prima-irmã, primo-irmão, crescemos num clima de irmandade, apegados uns aos outros. Meu pai, Manoel Augusto Gomes, sempre foi um grande exemplo de simpatia, homem de muitos amigos, estava sempre rodeados por eles. Além da boa conversa, ele sempre tinha algo para ensinar.

O tempo foi passando e fui aprimorando o seu gosto pela vida, entendendo e aprendendo com a relação pessoal entre a menina e a menina moça, que crescia dia após dia. Confesso que sempre fui cheia de vontades, era impulsiva e voluntariosa, mas era tomada por uma energia diferente, vigorosa e tênue. Cresci e me vi pronta para os embates da vida. Tornei-me uma mulher cheia de desejos, sonhos e assim fui abrindo novos caminhos, levantando novas bandeiras, rompendo barreiras, na ânsia de realizar um por um desses sonhos, sem medo de ser feliz.

Lembro-me do dia em que anunciei, isso mesmo, anunciei em casa que gostaria de ir embora para conquistar o mundo, eu tinha apenas 15 anos, mas já sabia o que queria e assim eu fiz. Não passei vontade, arrumei as malas e me "joguei no trecho", junto com uma comunidade cigana, que estava saindo de Várzea Grande, em busca de um novo espaço para montar acampamento. Como sabemos, o povo cigano é uma nação nômade, que vive viajando e assentando acampamentos em tendas.

Fiquei alguns anos fora, nesse período passei por Vilhena e Porto Velho, no Estado de Rondônia; por Goiânia, Goiás e também morei em Campo Grande, no Mato Grosso do Sul. Eu queria ser enfermeira, cuidar de pessoas e mais uma vez persegui meu sonho e fui em busca de realizar minha vontade. Nesse período, além de atuar como enfermeira, trabalhei também como manicure, babá e cuidadora de idosos.

Juntas brilhamos mais

Passei meses na estrada, me submeti a várias situações difíceis, por vezes vi minha vida em risco, mas nunca protelei, nunca entreguei os pontos. Não passei por situações extremas, mas estive bem perto disso. Meu desprendimento emocional e minha faculdade mental voltada à sensibilidade espiritual me encaminhavam para certos direcionamentos.

Nesse mesmo período, me perdi em alguns momentos, tomei algumas atitudes, digamos, aventureiras, inesperadas e lá "no meio do caminho tinha uma pedra". Sim, tropecei, mas não caí, não me permiti, e aproveitei isso tudo para traduzir em matéria didática, aprendizado, educação para a alma.

Sempre muito precoce, aos 16 anos me casei e tive quatro filhos. Denner Manoel Gomes, Denianny Aparecida Gomes, Wanner Gonçalves Luges Filho (em memória) e Marianny Gomes de Portela.

Voltei para minha terra natal um pouco mais experiente e decidida a colocar em prática meus conhecimentos. Durante o tempo que estive fora, passei um período estudando os astros, as cartas da sorte, cartas do baralho, e isso acabou despertando meu lado cigano, voltei e coloquei em prática tudo que tinha aprendido. Fiz de tudo para permanecer nesse caminho e atender essa vocação, eu acreditava que era um dom, preparado por Santa Sara. Foi aí que entrei num ciclo mais avançado, abrindo novos rumos, atendendo e sugerindo às pessoas caminhos do bem, caminhos da paz, da união e da sorte. Foram muitos anos atuando, com muita dedicação.

Caridade e benevolência

Considero-me uma empresária de sucesso, com negócios nas áreas de peças de automóveis, de beleza e estética e, claro, com a quiromancia, sempre distribuindo amor e fazendo caridade para com os humildes de coração, amparando famílias no dia a dia, distribuindo energia e otimismo diariamente, pessoalmente, e também nas redes sociais, pronunciando vitórias, sucesso e bênçãos de Deus. Levanto todos os dias um novo objetivo e rumo a uma nova conquista.

Nesses quase 60 anos de vida, lutas e aprendizado, posso dizer a você, leitor, que a vida é um lindo presente de Deus, mas poucos sabem dar o real valor, por vezes as pessoas não sabem e não dão a verdadeira importância para cada amanhecer. Não valorizam cada desafio vencido, cada conquista. Eu amo viver, e quero viver intensamente essa vida, dádiva divina. Faça o mesmo e você verá o quão belo e maravilhoso é esse presente chamado vida, que Ele nos deu.

Na minha trajetória de caridade, aprendi que essas pessoas merecem muito respeito de todos nós, elas vieram ao mundo com uma missão e a condição que vivem faz parte dessa missão, a ajuda é essencial para melhorarmos uma dor pela qual passam nossos irmãos necessitados.

Certa vez, em Belo Horizonte, estava parada no trânsito e vi um senhor em uma avenida bem movimentada, pedindo ajuda. O farol abriu e não tive como parar para ajudá-lo. Aquela imagem, aquela sensação de ter deixado de fazer algo pelo próximo me incomodou e, mais à frente, resolvi voltar para encontrá-lo. Infelizmente, acabei me perdendo. Mas algo me dizia que eu não podia desistir, fiquei com essa sensação e voltei no dia seguinte, ao mesmo lugar. Para minha alegria e alivio, lá estava ele. Por vezes, ajudo entidades e pessoas que já conheço em outras ocasiões, faço de repente, é quando deparo com a situações como a do senhor que relatei, meu coração se sente tocado e eu o atendo, paro e ajudo, fazendo o bem, sem ver a quem. Apenas me colocando a serviço do nosso Mestre Maior.

Além de praticar a caridade, ao longo dessa jornada, entendi a necessidade e importância da dedicação às ações sociais. Em 2015 e 2016, por exemplo, participei da campanha da Santa Casa de Misericórdia de Cuiabá. Colaborei com a construção de duas enfermarias e uma ala pediátrica. Fiz com muito amor e muita boa vontade, me senti realizada. Em outra ocasião, doei um automóvel, também para a Santa Casa. O bem foi sorteado, com finalidade beneficente à Santa Casa. Foi maravilhoso. Pode ajudar, pode doar não só bens materiais, mas também tempo e amor aos que precisam ajudam muito mais que doação. Pode ter certeza disso.

Essas ações, dentre tantas outras que eu pratiquei, ao longo da vida, me fazem crer que todas as pessoas deveriam amar um pouco mais, a si e ao próximo, abrir mais o coração. Desejo somente coisas boas para a vida de cada um, que cruza meu caminho. Pode ter certeza que sempre que alguém passa por mim sai com votos e desejos de muito sucesso e saúde para continuar recebendo bênçãos do Pai Celestial. Ele nos colocou neste mundo para amarmos uns aos outros sempre e cada dia mais. É essa a nossa maior lição, devemos aprender e praticar.

Celebrando a vida

Aprendi ao longo dos anos a celebrar a vida, a celebrar cada conquista, comemorar e festejar a vida, cada novo dia, agradecendo os dons da vida. Como diz o bom guru: vamos viver a vida brindando sucesso. E assim tem sido nos últimos anos. Um ciclo feliz de muitos momentos de alegrias e realizações. Aniversários, viagens, eventos artísticos sempre fazem bem não só para mim, mas também para todos que me cercam.

Umas das festas do meu calendário que mais gosto de realizar é o meu aniversário, data em que o Pai Celestial me deu a vida como maior presente. A propósito, comemoro o dia 17 de março, todos os anos, com uma dose de simplicidade, obedecendo os critérios de uma boa confraternização. Nos últimos três anos, com a ajuda de profissionais competentes e renomados, realizamos festas belíssimas para comemorar o meu aniversário. Faço questão de ter como convidados meus amigos mais próximos e toda a minha família. Disso não abro mão.

Como na juventude, não abro mão de realizar meus sonhos. Apaixonada pelo cantor Eduardo Costa, recentemente fiz questão de convidá-lo para participar e cantar na minha festa de aniversário. O cantor apresentou um lindo *show* musical, pensado nos mínimos detalhes, para encantar a mim e aos convidados.

Outro cantor que eu admiro muito é o Luís Carlos do grupo musical Raça Negra, quem lembra dele nos anos 80? Recentemente voltou força total. Ele canta melodias que encantam a todos e nos fazem voltar ao passado e assim tirar poeira da saudade dos tempos vividos com muita energia.

Quem lembra da última Festa Cigana, o amor em vermelho esse foi o tema, realizada em 2015 na sede da Associação Mato-grossense de Magistrados? Foi um espetáculo à parte. Uma bela decoração, figurinos impecáveis, o jantar estava delicioso e danças ciganas animaram a noite.

Festas, festas e mais festas, não faz diferença se é festa da família, festa junina, baile de carnaval. Todas são extremamente comemoradas por mim. São datas que existem para ser celebradas, alegremente, com descontração e participação de todos. Só de escrever sobre isso, já começo a sonhar com o próximo evento.

As festas iluminam a minha vida, de todos os convidados e em especial de pessoas que estão nas diversas instituições de caridade, que são ajudadas com o lucro do evento. Nem sempre falo disso como diz a Bíblia, em Mateus 6:3: "Mas, quando tu deres esmola, não saiba a tua mão esquerda o que faz a direita".

Seguimos fazendo o bem sem olhar a quem.

A empreendedora

Os anos empreendendo e investindo no mercado regional me trouxeram gratas surpresas, como a oportunidade de ser a embaixatriz do Prêmio Qualidade Brasil, realizado pela Internacional Quality Award LTDA (I.Q.A), empresa italiana, presente no Brasil, principalmente no eixo Rio-São Paulo desde 1977.

Participam da premiação empresas que preenchem requisitos de qualidade e diferencial no atendimento ao cliente, empresas sustentáveis, entre outras especificações. Pessoas físicas também podem receber o prêmio, como forma de reconhecimento pelo trabalho.

O prêmio está na 42ª edição no Brasil e, em 2018, aconteceu a 6ª edição em Mato Grosso e o evento é impecável. Sinto muito orgulho de participar tão ativamente dessa premiação.

Falar de festas é ter histórias para contar, daqui há alguns anos, espero escrever um livro sobre minha paixão pelas festas. Vai ser uma publicação com muitos e muitos capítulos, tenha certeza disso.

Adoro festa e que venham mais festas à minha vida e que eu possa participar da maioria delas, junto à minha família que tanto me apoia. Minha família que é o meu ponto de equilíbrio.

Por que será que eu sou assim tão apaixonada pelas festas? Será que é porque adoro viver rodeada de amigos?

Capítulo 12

Eu sou a Dy Dorileo

Edlayne Dorileo

Da área Jurídica a *designer* de joias, uma história em que episódios da vida real dão força e coragem para recomeçar e trabalhar com o que mais se ama. Como dizia Confúcio: "Escolha um trabalho que você ame e não terás que trabalhar um único dia em sua vida". Nunca é tarde para conquistar seus sonhos, sejam eles quais forem, é possível recomeçar hoje! Acredite em você!

Juntas brilhamos mais

Edlayne Dorileo

Bacharel em Direito. Pós-Graduação em Direito do Trabalho e Processual do Trabalho. Estágio na Secretaria do Estado de MT - SAD, e Procuradoria Geral do Estado de Mato Grosso. Estágio Escritório Dr. Marco Aurélio Ballen. Curso em Gestão de Pessoas, Jovem Empreendedor, Análise de Negócios, Atendimento ao Cliente, Liderança – SEBRAE. *Design* de Joias, Empresária, diretora da empresa Dy Dorileo Tiaras e Complementos desde 2010. Curso Dale Carnegie Training, Instituto de desenvolvimento de Liderança- Prêmio 2018.

Contatos
www.dydorileo.com.br
Instagram: dydorileosemijoiasfinas / dydorileonoivas

Aos 17 anos, acordei-me dos sonhos de menina, tendo que enfrentar a difícil escolha de um curso superior, o qual definiria para sempre meu "futuro". Não sabia se seguiria um sonho de infância ou se optaria por um curso que agradaria meus pais. Decidi então cursar Direito, comecei o curso e logo percebi que não era o que me identificava, mas acreditava que tudo que se inicia tem que se terminar.

A infância

Filha de Antônio Dorilêo e Ecelise Gomes, nascida e criada em Cuiabá-MT, vim de uma família muito religiosa, ainda pequenina aprendi com meus pais, que não existe sorte, existe bênçãos, que Fé nos faz abençoados todos os dias pelo zelo e misericórdia de Deus, aprendi o valor da honestidade, humildade, responsabilidade, transparência, de ser uma pessoa digna, e ter a consciência tranquila.

Desde muito pequena, fui criada em meio a joias. Minha querida e inesquecível mãe, Ecelise Gomes Dorilêo, era uma mulher admirável, tinha um coração bondoso, humilde e generoso.

Era servidora pública, e também uma mulher prendada, criativa, cuidava da casa, do marido, dos filhos, vendia JOIAS para ajudar nas despesas da família e ainda era ministra da Igreja Católica.

Desde muito pequena meu dom artístico era apurado. Confesso que tinha um sonho de infância ser *designer* de joias...

A independência

Cursei Direito no período noturno, e estagiava durante o dia; foram estágios que agregaram muito à minha vida profissional e principalmente pessoal; foram cinco anos de muita perseverança e determinação, sempre intercalando um gostinho de arte, venda e independência. Mesmo cursando Direito, criava acessórios com miçangas, e amava passar madrugadas, montando brincos, pulseira e colares.

O mais interessante, é que comecei a usá-las e as colegas de faculdade faziam encomendas das diversidades de cores e modelos. Muitas vezes, ao término de minhas aulas, sempre havia alunas aguardando-me para fazer novas encomendas.

Juntas brilhamos mais

Lembro-me ainda que na faculdade, por muitas vezes me pegava desenhando joias em cadernos, parecia que quando fazia aqueles desenhos, encontrava-me em outra dimensão.

Segui firme com o curso de Direito, e a venda pra mim era só uma forma de ter minha própria renda. Ao término do curso, me especializei em Pós-Graduação com Magistério em Direito do Trabalho e Processual do Trabalho, me casei, entretanto, chegou a hora de enfrentar a prova da OAB e/ou prestar Concurso Público. Foram anos de muitos estudos, em cursos preparatórios e bibliotecas.

Certo dia meu esposo Alex Santiago me perguntou: "Você realmente gosta do que faz"?

Essa pergunta mexeu muito comigo.

Minha resposta com certeza seria não! E passei a refletir: Qual seria meu "dom"? Qual seria meu verdadeiro sonho? Por que não faria o que realmente gostava? E por que eu não haveria de consegui-lo?

Entretanto, prestei um concurso na região, passei para Gestora Pública, em uma Escola no município de Várzea Grande-MT, localizada a 8 km de Cuiabá. Fiquei feliz por ter conseguido, porém, insegura, pois no fundo sabia que não era isso que queria para mim.

À espera de ser chamada para tomar posse do concurso, fiquei muito ociosa; não suportava mais ficar sem trabalhar e ser dependente financeiramente. Isso era deprimente, não parava de pensar em uma maneira de me ocupar, e então conversei com minha mãe, para me indicar um fornecedor de joias; minha ideia era revendê-las para obter uma renda extra, temporariamente, até ser chamada a tomar posse.

Ela não concordou com a ideia, pois já havia sido assaltada algumas vezes, e considerava muito perigoso; mesmo relutante, forneceu-me o contato de um fornecedor que tinha a representação de Semijoias finas, com pedras preciosas e com alto padrão de qualidade.

A primeira providência foi pesquisar a respeito. Semijoias o que são? Como são feitas? Fiquei hipnotizada e encantada com tanta beleza nas peças em metais nobres que recebem banho significativo de ouro 18k, com a mais alta qualidade, durabilidade, podendo ser até mesmo antialérgicas. Muitas delas possuem pedras naturais preciosas; e tanto a cravação como o polimento são realizados por ourives, sendo assim confundidas com verdadeiras joias.

Paixão à primeira vista... mas o valor mínimo de compra era de dois mil reais. Não pensei duas vezes, fiz um empréstimo e comprei-as.

Fui bem seletiva e criteriosa na escolha das peças. Engraçado que nunca havia vendido nada, a não ser às bijuterias na faculdade. E não foi nada fácil... A primeira venda recebi um "NÃO", a segunda recebi "Não" novamente, e a terceira recebi um ''SIM''. Um "SIM" que mudou tudo, e que apesar dos vários "NÃOS", logo vieram muitos "SINS", e isso, fez de mim mais confiante, segura e mais forte. Vendi R$ 3.800,00 (três mil e oitocentos reais) para apenas uma cliente. Quitei o empréstimo, adquiri novas peças e aos poucos fui vendendo as semijoias. E sem perceber, estava extremamente envolvida e apaixonada pelo novo trabalho.

As vendas

A venda passou a ser para mim, uma magia muito maior que uma simples relação de troca entre cliente e vendedor. Aprendi ao longo do tempo que vender é muito mais que isso, vender é você "AJUDAR" o cliente naquilo que ele precisa, é ser sincero, ser amigo, e se tratando de joias, é proporcionar autoestima, beleza e alegria. Assim, você VENDE, conquista confiança, satisfação e amizade, principalmente quando você opta em trabalhar com qualidade e exclusividade.

E assim foi... Fiz da sala de minha casa uma mini "loja" de semijoias, localizava em um prédio, mais precisamente no 17º andar. Atendia com hora marcada, fazia de tudo: fotografava, era social mídia de minhas redes sociais, e ainda dava consultoria de moda.

"DY DORILÊO" foi o nome que pegou instantaneamente. O meu nome é Edlayne, e meu apelido de infância era Dy e meu sobrenome Dorileo.

Todavia, sentia que faltava algo, para complementar as semijoias, e sempre pensava em trabalhar com noivas, pois percebia que a área de casamento era um mercado promissor. Percebi a escassez em Cuiabá no que se refere a acessórios de noivas, e então tive a ideia de conciliar as semijoias com locação de Tiaras, para noivas e debutantes.

Fui para São Paulo, e me lembro que o preço das Tiaras eram exorbitantes, então pude comprar apenas três peças, e, passei locá-las.

A decisão

Chegou a hora de levar a documentação e tomar posse do concurso que havia feito, e que momento difícil...

A decisão. Eu tive que ser firme naquilo que queria e não olhar para trás, e se quer olhar para os inúmeros livros lidos e decorados que haviam em minha estante.

No entanto era visível que eu não era realizada com a profissão a qual havia escolhido, então tomei coragem e decidi levar à frente o que realmente me faria uma profissional talentosa e realizada.

É claro que muitos discriminaram minha atitude no começo, mas isso não me desanimou, ao contrário, sabia que era capaz, e me fortaleci na decisão.

Juntas brilhamos mais

A tragédia

Sou filha caçula, de dois irmãos e o sonho de minha mãe sempre foi ter uma menina; éramos muito parecidas tanto fisicamente quanto em personalidade. Conversávamos todos os dias, e a decisão que eu havia tomado não a agradou muito, pois tinha medo da instabilidade financeira, insegurança, preocupação de mãe.

Minha mãe ficou meio triste com a decisão que tomei. Então liguei para meus pais e os convidei para jantarmos, para conversarmos sobre o porquê tomei tal decisão. Foi uma noite super agradável, deliciosa, ela estava linda, e essa foi a última vez que eu a vi.

No dia seguinte, enquanto ela e meu pai viajavam para o casamento de uma prima, na cidade vizinha, Poconé, aconteceu uma tragédia: três animais atravessaram à frente do carro, houve a colisão e desgovernado bateu forte numa árvore na beira da estrada; minha mãe faleceu na hora. Meu pai teve graves ferimentos, mas graças a Deus ele sobreviveu. Naquele dia meu mundo caiu.

A partir daí, não conseguia mais ter forças para trabalhar com as semijoias: a dor no peito era imensurável. Foi muito traumático e difícil de aceitar a perda da minha mãe.

Apeguei-me fortemente às orações, pois era só o que me confortava.

O tempo foi passando... E a procura pelas semijoias continuavam... as clientes não paravam de me procurar, e então, comecei perceber que trabalhar com o que se ama, amenizava minha dor, distraía-me e fazia com que me esquecesse por um momento a perda que tanto me abatia. Aos poucos, fui retornando a minha rotina, e em pensamento sempre dizia: "Mãe, agora você pode ver como me sinto bem trabalhando com o que realmente amo..."

Eu sempre orava por ela, e tive a absoluta certeza de que ela estaria em um lugar especial, preparado por Deus. Às vezes, sonhava com ela, e num desses sonhos, ela apareceu linda e reluzente em meu local de trabalho, em minha sala, olhando as peças, quando a vi, corri, abracei-a bem forte e chorando perguntei como ela estava, e disse-lhe que sentia muitas saudades!!! ela me respondeu: "filha, estou muito feliz e orgulhosa de você, estarei sempre ao seu lado, mesmo que não possa me ver". Esse sonho foi inesquecível, suficientemente para me dar a força que precisava para seguir firme e adiante com meus novos projetos.

O sonho

Todos começaram perceber minha verdadeira vocação, recebi apoio e incentivo de meu esposo e de minha família para concretização de meu grande sonho.

Sempre pesquisava sobre os melhores cursos de *designer* de joias do país, e finalmente encontrei. Era em outro Estado, mas precisava me adequar ao tempo que teria que permanecer lá, já que tinha um filho com apenas 1 ano de idade, chamado Davi, e Graças a Deus consegui concluir a carga horária exata, mesmo tendo que assistir aulas das 8:00 h até às 22:00 h, com parada de apenas 1 hora por dia.

Senti-me realizada, não foi fácil, foi desafiador... cheguei a pensar que não conseguiria, mas o tempo todo sentia a força e a presença da minha mãe comigo.

Agora sim, eu era *designer* de joias, e criar e desenhar era apenas um de meus próximos desafios.

O destino

Chegando em Cuiabá o síndico do prédio me chamou para conversar, e disse que eu não poderia mais atender em meu apartamento, devido a quantidade de pessoas que estavam adentrando no prédio.

Fiquei um pouco triste e preocupada, mas aprendi agradecer até mesmo pelo que não me agrada, e nada, absolutamente nada nesta vida é por acaso.

Saí do local que estava e tive que enfrentar a verdadeira vida de empresária, aluguel, condomínio, funcionárias, impostos, e todos os riscos do mercado econômico. Com a graça de Deus, eu e meu esposo encontramos um espaço lindo e perto de onde morávamos; para facilitar a vida de empresária, mãe e esposa.

A Dy Dorileo Tiaras e Complementos, nasceu no dia 10.01.2011, com loja física a partir de 29.11.2012, que com a graça de Deus continua até hoje, localizada na Galeria Alpha Mall 2, Jardim Itália, Cuiabá-MT.

Realizei vários cursos de empreendedorismo, dentre eles SEBRAE, Palestras e o curso Dale Carnegie, neste último, com muita satisfação, recebi o Troféu destaque da turma, foi um grande desafio. Comecei participando anualmente dos eventos de noivas do Estado.

Hoje nossa empresa é conhecida em todo Brasil, trabalhamos com semijoias exclusivas e com locação e venda de tiaras para noivas e debutantes de todo o país. Possuímos mais de 250 peças de noivas catalogadas, sendo 38 desenhadas por mim.

Posso dizer que fiz a melhor escolha, amo o que faço e não consigo me ver trabalhando com outra coisa a não ser joias. Descobri que meu verdadeiro dom além da criação, estava lidar com pessoas.

A coleção

Para se iniciar uma coleção, é preciso que você dê um nome a ela, a coleção deve ser toda interligada ao nome. Ao procurá-lo, aconteceu algo inesperado, novamente tive um sonho em que minha mãe usava um sapato e dentro do sapato estava escrito o nome de minha primeira coleção. Ao acordar fiquei emocionada, e feliz por ser um nome tão lindo e significativo. "Ela" foi e sempre será minha força e inspiração.

Agora as noites e madrugadas são minhas companheiras. Criar uma peça, não é apenas o simples fato de traçar um desenho, vai muito além da arte da criação. Há ajuste e medida das pedras para que se encaixe uma a uma, na medida exata.

Os desafios

Infelizmente, nosso Estado é pobre em matéria prima e não existe fabricação de semijoias, elas são produzidas nas grandes metrópoles, possuindo um padrão a ser seguido. Devem ser produzidas em grande escala, ou seja, no mínimo 100 peças por modelo, sem contar a instabilidade do ouro, gema, peso e frete para nosso Estado.

Para completar me deparei com a forte crise econômica de nosso país. Passamos por um período difícil, hora de manter a calma, reduzir gastos e esperar o momento passar. Muitas vezes, senti-me desmotivada, pensei até em desistir, mas a minha força interior é maior e nunca desistirei do meu sonho.

Um dos passos mais difíceis já foi concretizado: desenhá-las uma a uma e inúmeras vezes.

Agora será no momento de Deus. Em breve lançaremos a primeira Coleção "Dy Dorileo Exclusive" e você que agora conhece minha história, é meu convidado(a) especial a participar desse dia único.

Deixo aqui uma frase que sempre me acompanha: "Só os fortes vencem!". E se não existissem as dificuldades, jamais seríamos fortes. E por mais difícil que seja sua caminhada, lembre-se de que tem um Deus todo poderoso que carrega você no colo, e para ele o IMPOSSÍVEL é apenas uma de suas especialidades.

Capítulo 13

Educação financeira como propósito de vida

Eliane Jaqueline Debesaitis Metzner

Uma vida com propósitos tem a sua história. Conquistas e desafios intensos, dores que fortalecem, alegrias que se expandem. A família é a base, Deus a sustentação em todos os momentos. Aprender para compartilhar, colocar em prática primeiro, para então desenvolver conhecimento como produto. Esta é a minha história.

Juntas brilhamos mais

Eliane Jaqueline Debesaitis Metzner

Certificação Anbima CPA10, CPA20 e CEA - Especialista em Investimentos, Planejadora Financeira CFP® pelo IBCPF/Planejar. Instrutora nas áreas de educação financeira, certificações ANBIMA, negociação e vendas. Palestrante de finanças pessoais e empresariais, com conceitos de economia comportamental e motivação para a mudança de comportamentos. Professora da Academia do Dinheiro. Fornecedora de conteúdos *e-learning* do Sicredi. 25 anos de experiência em mercado financeiro. Formada em Direito; MBA em Gestão Empresarial, Gestão em Marketing, Gestão Estratégica de Negócios, FGV. MBA Finanças, Investimentos e Banking, PUC-RS. *Coach* Financeira *Executive* pelo Instituto Coaching Financeiro e *Master Coach* pelo International School of Coaching em Orlando, Florida, USA. Psicologia Econômica e Arquitetura de Escolhas pela B3. Autora dos livros Finanças na Prática, Mais que Dinheiro e Finanças em Família, Coautora dos livros: *Moneybook, O Código da Inteligência Financeira, Crise para alguns, solução para outros.*

Contatos
www.financasnapratica.com
eliane_metzner@financasnapratica.com
LinkedIn: Eliane Jaqueline Debesaitis Metzner
Instagram: elianemetzner
Facebook: @FinancasNaPratica
(65) 99618-3120

Eliane Jaqueline Debesaitis Metzner

O dia mais feliz de minha vida? São tantos... casamento, nascimento dos filhos, formatura... mas sempre tem um que impacta significativamente a direção do caminho e favorece os outros. Filha de agricultores no interior do Rio Grande do Sul, Nelson e Teresinha Debesaitis, não havia motivo para estudar: a força de trabalho na lavoura era importante, e até porque meu provável destino era casar com um agricultor e continuar a vida na roça.

Aos 13 anos, saí da escola, e me aprimorei nas artes do lar: crochê, tricô, pintura em tecido, costura, cozinhar e auxiliar na lavoura. Aos 15 anos, minhas duas irmãs, Tânia e Giovani, se casaram com um mês de diferença. Tornei-me o braço direito de meu pai, o que era motivo de orgulho e ostentação, aliás, mulher dirigindo colheitadeira, trator e caminhão não era algo tão comum.

Antes disso, nos fins de semana eu saía com minhas irmãs, e agora estava sozinha. Ângela, a irmã caçula, tinha 7 anos e outros interesses em mente: bonecas, samambaias e danoninhos. A solidariedade é uma bênção, e minha irmã Tânia e seu marido, casados recentemente, deixaram sua moto comigo, para que eu pudesse sair com as amigas. Sou grata pelo gesto e reflexos, porque pelo seu carinho eu tinha um pouco de diversão e convívio social.

Meu pai, em sua simplicidade, é dono de uma sabedoria incrível, e dentre tantas coisas que me ensinou, sua capacidade de encontrar um lado bom para tudo me encanta. Sou sincera em dizer que às vezes me irrita um pouco, não posso me queixar de algo que lá vem ele com o tal do "veja por outro lado"! Esse é um dos maiores legados que ele me transmite, focar no que é bom, no que é produtivo e nos aprendizados da vida.

Minha mãe, agregadora, gosta da família reunida, de fazer comida boa, farta, que alimenta e fortalece os laços. Todos os dias, em suas longas orações, pede a Deus por sua família, acho que esse é o motivo de meu anjo da guarda estar sempre tão atento! Viajo aos quatro cantos do Brasil, de carro, ônibus, avião. A estrada tem seus riscos, e reconheço o grande poder de uma mãe que ora por seus filhos. Quando me pego a rezar pelos meus, percebo de que foi minha mãe que, pelo seu exemplo, me ensinou a pedir bênçãos para as pessoas que amo.

Filhos voam, mas voltam ao ninho para recarregar as energias.

> **Sobre raízes: o melhor legado dos pais são os valores que transmitem a seus filhos.**

Juntas brilhamos mais

Minha vida era boa, porém eu sentia falta da convivência social, que se restringia aos grupos de jovens, igreja e eventualmente em alguma atividade social. Cinco anos depois, convenci meu pai a que eu voltasse a estudar. A unidade mais próxima e que permitiria uma logística de bicicleta era a Escola Rural de Caúna. Os cinco quilômetros eram percorridos com tanta alegria que eu não cansava, mesmo com algumas quedas homéricas, porque eu gostava de velocidade. Sentir o vento no rosto, apostar comigo mesmo qual o tempo em que conseguiria fazer o trajeto traziam o doce sabor de uma aventura diária.

Posso dizer que voltar a estudar foi um dos dias mais felizes de minha vida, abrindo novos horizontes. Pela manhã estudava e à tarde trabalhava na lavoura. Não havia "tempo ruim", e a positividade de meu pai e as orações de minha mãe me acompanharam no caminho, abrindo horizontes.

Um dia ouvi no rádio que o Sicredi estava selecionando colaboradores. Eram 503 candidatos, três vagas, e em março de 1993 eu ingressava no mercado financeiro.

Esculpido por uma vida restrita, meu pai incentivava a não gastar dinheiro sem necessidade, "porque quem guarda quando pode, tem quando precisa". Quando fui receber meu primeiro salário, ele disse: "Filha, guarda metade. Você não tem despesas fixas e isso vai fazer uma grande diferença em sua vida", e eu obedeci.

De caixa a gerente regional de desenvolvimento foram muitos aprendizados, desafios e compartilhamentos. A cooperativa me proporcionou perspectivas, crescimento e, principalmente o amor da minha vida, foi lá que eu conheci meu marido. Paulo era o contador, e começamos a namorar logo depois.

Sobre relacionamento: o amor está onde a gente menos espera.

Nesse tempo, entrei na Faculdade de Direito, na Unijuí, Santa Rosa/RS. Valorizando a dissidência, que desenvolvi por instigação de meu pai, que adorava me provocar para depois trocarmos ideias, procurava ser amiga de pessoas que pensavam de forma diferente, para testar minhas hipóteses e reforçar a capacidade de argumentação, com respeito e crescimento mútuo.

Mudança geral

Três anos depois, Paulo foi convidado para trabalhar em Cuiabá, quando casamos e mudamos de cidade. Desde o começo, planejamos nossa vida para cada período de cinco anos, o que nos levou a conquistas e a trocar muitos desses planos por outros melhores.

Na Unicred MT, meu primeiro desafio foi a reestruturação das carteiras, organização e regularização. Depois, iniciamos a expansão, e fui cocriadora do projeto Unicap, para fortalecimento e capitalização da cooperativa. O relacionamento como bandeira de trabalho trouxe conquistas e grandes amigos.

Após nove anos, voltei ao Sicredi, como gerente de desenvolvimento da Central Sicredi Centro Norte, atendendo o MT, PA e RO. Viagens e suporte ao desenvolvimento de negócios faziam parte de minha rotina. Após sete anos de Central, fiquei mais três em Cuiabá, na função de gerente regional de desenvolvimento.

> **Sobre excelência: empatia, agilidade e foco em soluções com ganhos recíprocos constroem caminhos sólidos.**

O lar frutifica

A notícia de nossa primeira filha alegrou a família. Seus olhos azuis transmitiam intensidade e paz. Um anjinho, nunca chorou mais que alguns segundos, até o dia em que adoeceu, com três meses e meio. A doença da Júlia, encefalite viral, que culminou com o seu óbito, mobilizou amigos, conhecidos e inclusive até então estranhos, que vinham nos ver na UTI e passavam horas conversando conosco, nos fortalecendo simplesmente com suas presenças. Júlia não resistiu, e foi ao encontro de Deus, no tempo d´Ele.

> **Sobre gratidão: mesmo que não compreenda, agradecer conforta o coração.**

Mais dois anos, chegou o Érico, nome em homenagem a meu sogro Eurico, acho que já predestinado à missão de compartilhar seus aprendizados de educação financeira com o mundo. "É rico", uma referência à sua obstinação por realizar sonhos. Érico, em suas palestras, utiliza seu nome como acróstico de fórmula de enriquecimento.

Menino sapeca, posso descrevê-lo como normal e com a inteligência própria de sua idade, embora com grandes realizações desde muito jovem. Talvez com mais determinação e disciplina, habilidades adquiridas, que, como ele mesmo diz, qualquer um pode conseguir.

Quando saía, queria muitas coisas, um sorvetinho, chocolate, hambúrguer. No supermercado, tinha que escolher um item. Embora houvesse meios de dar o que ele pedia, a escolha é um componente da formação do caráter, pois leva a repensar o que realmente é importante, a superar frustrações. Como diz Daniel Goleman, em seu livro *Foco*, o autocontrole desenvolvido já na infância traz impactos por toda a vida na saúde, profissão e sucesso financeiro.

Aos 6 anos, trocamos as despesas extras por semanada. A criança é sugestionável, ela não está pronta, precisa de orientação, e isso foi feito, para que aprendesse a usar o dinheiro a que tinha acesso em coisas que fizessem sentido, a não ser tão consumista quanto a sociedade ensina, a guardar uma parte e a valorizar a diversão com amigos, passeios em parques e boas risadas em família.

> **Sobre educação dos filhos: a criança não nasce pronta, precisa de cuidados e orientação.**

Mais alguns anos, nasce o Artur, um menino amoroso e inteligente. Aos 3 anos, é diagnosticado como portador do Transtorno do Espectro Autista, o que transforma radicalmente a rotina da família, desde a forma de agir, superar crises e desenvolver atividades para que sua vida seja melhor, com intervenções de profissionais das áreas de suas necessidades de desenvolvimento. Artur nos ensina todos os dias, a alegrar-se com pequenas vitórias, a valorizar evoluções, e que muitas vezes é preciso parar, sentar no chão e brincar. Filho precisa de atenção, e cada um é único. Suas peculiaridades não impedem que aprenda sobre valores, limites e dinheiro. Artur fica todo feliz com o real de comprar Coca, de fazer a oferta na igreja e juntar na caixinha de madeira para contar depois.

> **Sobre superação: perceber o outro como ser único e especial é o primeiro passo para contornar dificuldades.**

Aos 11 anos, incentivei Érico a escrever um livro com as histórias de suas conquistas e de como ele fez para juntar dinheiro e realizar sonhos, quando então ganhou destaque nacional por ser o mais jovem escritor de finanças pessoais do Brasil. Inspirado a compartilhar sua história de outras formas, criou um blog, se tornou palestrante e, aos 15, fez turnê nos Estados Unidos apresentando um projeto de educação financeira, se tornando palestrante internacional, já com três livros publicados: *Como conquistar seu próprio dinheiro*, *Din-Din, o jogo do dinheiro* e *Smartsonho*.

> **Sobre realização: as mães se realizam com o sucesso dos filhos, seja em pequenos avanços ou grandes conquistas. Não como cópias, mas com sua própria identidade.**

Educação financeira como propósito

Tive uma carreira estruturada no mundo corporativo, com passos bem definidos e reconhecimento nacional, participei de projetos de desenvolvimento de produtos e apresentei cases de negócios em São Paulo e Brasília, era fonte constante da mídia sobre economia e finanças.

Como escritora, lancei em 2014 o livro *Finanças na prática*. É utilizado em cursos e palestras de educação financeira como um guia para a realização de um propósito de vida integrado. Planejar a carreira, gerir os recursos com propósito e investir de acordo com os objetivos são os assuntos abordados e, também, os três pilares de meu trabalho enquanto educadora financeira.

No final de 2014, fiz a transição de carreira, com a orientação da *Master Coach* Sônia Regina Guimarães, e constituí uma empresa de treinamentos, JP Metzner, ou Finanças na Prática.

Nesse tempo, além de alguns livros de coautorias, lancei:

a) Mais que dinheiro, uma vida financeira saudável a partir das Escrituras (2015): em parceria com Iara Musskopf, traz a visão bíblica do assunto, o dinheiro é bênção quando lhe é destinado o valor devido, se utilizado como recurso para o bem-estar próprio, familiar e da sociedade em que estamos inseridos, dedicando nossa vida a Deus e a Ele toda honra e glória.

b) Finanças em família, como falar de dinheiro e enriquecer seus filhos (2018): traz orientações de como podemos educar nossos filhos em cada uma das suas fases, fortalecendo princípios, ensinando-os a vencer seus impulsos e a fazer escolhas coerentes com seus objetivos, começando com pequenas coisas e evoluindo até que estejam no caminho do bem-estar financeiro. É a metodologia que aplicamos com nossos filhos.

O trabalho de educação financeira que desenvolvo é especialmente prazeroso, em especial com dois públicos:

a) Mulheres: envolve questões ligadas à inteligência financeira e empreendedorismo, para que construam uma história de protagonismo e destaque no mundo dos negócios;

b) Colaboradores de empresas: instiga-os a repensarem suas carreiras e o uso de recursos, fortalecendo o seu propósito de vida e alinhando as suas ações.

Outra área de atuação muito gratificante é com jovens que querem fazer carreira no mercado financeiro. A atividade requer certificação, básica e avançada de acordo com os objetivos. Os cursos preparatórios se propõem a tirar dúvidas, clarear conceitos e aos profissionais que queiram executar suas atividades com conhecimento, entendimento e maestria.

Além dos cursos presenciais, sou fornecedora de conteúdos de *e-learning* da Confederação Sicredi e Academia do Dinheiro.

Nesse caminho, o grande prazer é contribuir para que tantos profissionais tenham êxito e consigam alavancar suas carreiras, vencendo medos e desafios. Impactar a vida de alguém com experiência, conhecimento ou apoio é transformador para quem o faz.

> **Sobre legado: contribuir para o sucesso de alguém dá significado à minha vida.**

E entre conquistas, projetos pessoais e profissionais, uma família calorosa e bons amigos, a vida segue o rumo. Nossa vida é permeada por escolhas. Não escolher já é uma escolha. Quanto mais conscientes elas forem, mais consistentes serão os resultados.

O livro *Nudge*, de Richard H. Thaler e Cass R. Sunstein, demonstra que podemos organizar o contexto para a tomada de decisões, também chamado de arquitetura de escolhas, e com isso facilitar a relação escolha/benefício.

Mas, e se tiver dúvida? Qual o melhor caminho?

O melhor caminho é aquele que você escolheu. Olhar para trás com nostalgia e dúvida atrasa o desenvolvimento. Aposte todas as suas energias na opção escolhida, e tenha fé de que será a melhor. Uma escolha pressupõe renúncias, renuncie às outras opções de verdade, e fortaleça aquela que faz mais sentido para você, com amor e gratidão.

> **Sobre a vida: seja feliz com suas escolhas!**

Referências

CORREA, Cristiane. *Sonho grande.* RJ: Sextante, 2013.

COVEY, Stephen R., *Os sete hábitos das pessoas altamente eficazes.* 46. ed., Rio de Janeiro: BestSeller, 2012.

GOLEMAN, Daniel. *Foco: a atenção e seu papel fundamental para o sucesso.* RJ: Objetiva, 2014.

THALER, Richard H., SUSTEIN, Cass R. *Nudge: como tomar melhores decisões sobre saúde, dinheiro e felicidade.* RJ: Objetiva, 2019.

Capítulo 14

Fiz meu sucesso com muito trabalho e dedicação

Gessi Carmen Rostirolla

Detalhista, dinâmica, paciente, alegre, sensível e com grande capacidade de conhecimento e comunicação. Essas qualidades me possibilitaram conquistar o mercado imobiliário, depois de muitas lutas, pois estou há 25 anos em um segmento antes dominado pelos homens.

Gessi Carmen Rostirolla

Formada em Letras/Francês pela UFMT, Direito Imobiliário. Pós-graduação em Gestão de Negócios. Integrante da BPW-Cuiabá, Secovi/MT e Fecomércio/MT. Proprietária da Emika (Imobiliária e Assessoria de Condomínios), me vejo na missão de ajudar as pessoas com a concretização dos sonhos e planos pessoais com a compra e venda de imóveis, administração condominial, correspondente bancário, Caixa Aqui, consórcios de imóveis e de carros.

Contatos
gessi@emika.com.br
(65) 99981 9928
(65) 3621 5005

Gessi Carmen Rostirolla

Sempre fui muito sonhadora, com a convicção de que um dia seria independente financeiramente e teria meu próprio negócio. Nascida em Santa Catarina, onde permaneci até meus dez anos, época em que minha irmã veio a falecer por erro médico, mediante o ocorrido meus pais mudaram-se para o Rio Grande do Sul, onde permaneci até meus 18 anos, época em que eu sonhava em ser dentista, inclusive cheguei a trabalhar um ano na área quando ainda morava naquele Estado. Em 1978, apesar do meu pai ter uma condição financeira razoável, ele resolveu mudar para Mato Grosso e, como não poderia ser diferente, a família seguiu seus passos, exceto eu, que permaneci por mais um ano para finalizar meu segundo grau. Somos em sete irmãos.

Final de 1979, após minha formatura do segundo grau, mudei-me também para Mato Grosso, primeiramente me estabelecendo em Sinop, e posteriormente em Terra Nova, onde trabalhei com meu irmão e meu pai. Minha mãe e meus outros irmãos permaneceram em Sinop, pois eram muito pequenos. Meu pai tinha madeireira em Terra Nova, era um trabalho desafiador e muito gostoso, mesmo sendo um tanto masculino, eu cuidava da parte administrativa, financeira, subia nas carrocerias dos caminhões para contar madeira, tirava as notas fiscais, dava todo atendimento aos clientes, meu irmão ficava com a equipe de colaboradores na área operacional. Apesar de gostar do que fazia, eu sentia que precisava de algo mais... foi quando resolvi falar com meu pai, depois de muitas vezes consegui convencê-lo a me deixar morar em Cuiabá para continuar meus estudos e buscar novas oportunidades. Com a minha mudança para Cuiabá, meu pai se desfez do que tinha em Terra Nova e foi definitivamente com meu irmão para Sinop atuar no mesmo ramo de atividade.

Final de 1982, mudei para Cuiabá, apenas com uma malinha na mão, eu não sabia nem onde iria passar a noite... andei... andei... parei num café e conheci uma senhora muito querida e atenciosa, ela era a proprietária do estabelecimento. Conversando, contando um pouco de mim, ela resolveu me ajudar e apresentou uma amiga que acabara de abrir uma pensão próxima à antiga Assembleia Legislativa, na Barão de Melgaço, ali fiquei por uns dois ou três meses. No final do ano, fiquei doente, gripada, com garganta inflamada e muita tristeza por estar longe dos meus pais e irmãos, mas em hipótese alguma pensava em voltar, pois queria seguir em frente e conquistar meu espaço, tive muita sorte com a senhorinha que me cuidou com muito carinho, como se eu fosse sua filha.

O ano novo de 1983 começou, bem como minha busca incessante por trabalho, eu precisava urgentemente de uma colocação no mercado, caso contrário teria que voltar para casa. Em alguns lugares, ouvia "você não precisa trabalhar, você é muito bonita", e saía chorando, não era aquilo que eu buscava.

Até que um dia alguém me falou sobre o Sine – Sistema Nacional de Emprego, quando já estava muito desanimada e desacreditada. Fui até o endereço indicado, chegando lá me entregaram uma carta de indicação para procurar a empresa Treze Imobiliária, estabelecida na avenida Isaac Póvoas. Chegando à empresa, fiz o teste principal, que era a datilografia, modéstia à parte eu era muito boa, muito ágil, sem muita expectativa voltei para a pensão. Mais tarde, recebi a grata surpresa de um funcionário da referida empresa perguntando se eu poderia começar a trabalhar de imediato. No dia seguinte, comecei com muita alegria, fé e disposição, onde permaneci por mais de dez anos. Tenho muita gratidão pelos então diretores, fiz muitas amizades que duram até os dias de hoje, inclusive alguns são meus clientes. Na pensão, fiz amizades com algumas colegas e posteriormente alugamos e mobiliamos uma residência, dividíamos as tarefas diárias e as despesas.

Alguns meses depois, aluguei uma casa e trouxe uma das minhas irmãs para morar comigo, estudar e trabalha. Poucos meses depois, também trouxe um dos meus irmãos e a outra minha irmã, que por sinal me deu muito trabalho, queria voltar para Sinop. Um ano depois meu pai veio a falecer, foi quando minha mãe e meu outro irmão, o caçulinha, também vieram. Eram todos adolescentes e eu, na época com apenas 21 vinte um anos de idade, me sentia meio que responsável, não foi nada fácil, mas com a graça de Deus aos poucos e com muito esforço todos nós fomos trabalhando, estudando, seguindo em frente, poucos anos depois minha mãe também veio a falecer. Hoje nossa família resume-se a sete irmãos, dois que moram em Sinop, Nelson e Nilson, dois em Palmas, Luciano e Marcelo, e três mulheres, Gessi, Meri e Lucivane em Cuiabá. Não temos muito contato com nossos familiares, pois viemos para Mato Grosso ainda muito pequenos.

Durante todo esse período, eu trabalhava nessa mesma empresa e a oportunidade que eu tanto esperava apareceu, de secretária executiva ao cargo de gerente de habitação, gerente geral de locação na extinta empresa, que na década de 1980 era uma referência no mercado imobiliário, com mais de 4 mil imóveis locados e uma equipe de 65 colaboradores diretos.

Como já mencionei, por lá fiquei por mais de dez anos, passei por uma escola ganhando conhecimento e excelentes relacionamentos, ocupando cargos relevantes na hierarquia da empresa, inclusive na área de gestão. Até que a diretoria vendeu a carteira de contratos de locação, levando a maioria dos funcionários, inclusive eu. Mas não consegui me adaptar com a forma de administração de um dos novos diretores, me sentia um pouco engessada. A experiência foi mais do que válida, pois serviu para despertar para uma nova caminhada que parecia promissora para minha sustentabilidade financeira . "O que parecia ruim foi o despertar para um novo caminho."

Novos passos

Em 1994, juntamente com minha irmã Meri Terezinha Rostirolla, modestamente decidimos encarar o desafio de trabalhar em um mercado predominante do sexo masculino. Iniciamos com uma pequena estrutura na Galeria do Bosque, na região central de Cuiabá, onde permanecemos por dez anos. Uma década de muitas mudanças e enfrentamentos, ainda fazendo faculdade e após um mês de fundação da empresa, ainda engatinhando na atividade, descobri que estava grávida da Carolina, hoje formada em Direito, cantora, dotada de uma voz maravilhosa, eu dava os primeiros passos nos negócios enquanto tinha a primeira experiência de gestar a vida. Uma força imensurável, pois, com uma semana pós-parto de cesariana, já estava na empresa em plena atividade física. Após quatro anos, a minha segunda gravidez, estava esperando um menino, Roger, hoje estudante de Medicina, e o que não foi muito diferente, com uma semana estava novamente na empresa. Minha formatura foi logo após meu segundo parto. Lembro-me perfeitamente que, para tirar as fotos para o álbum de formatura, fui de Havaianas, pois meu filho tinha nascido recentemente, no baile de formatura estava toda enfaixada, porém muito feliz por ter a certeza de que tudo tinha valido a pena. Sempre falo que eu consegui tirar três diplomas ao mesmo tempo: Carolina, Roger e UFMT.

O local onde instalamos a empresa, embora pequeno, foi importante para iniciar ações eficientes para intermediar e gerir os negócios imobiliários, com persistência e capacidade fomos ganhando mercado. No ano de 2000, inovando o cenário mato-grossense e cuiabano, investimos no ramo de administração de condomínios, sendo a pioneira em nossa capital e no Estado, com um inovador serviço prestado à nossa comunidade, facilitando, assim, a vida de síndicos e condôminos. Por ser a pioneira na atividade, montamos a sistemática, preparamos e treinamos equipes para hoje nos orgulhar. Nosso primeiro cliente na parte de gestão condominial foi o Edifício Itararé, situado no Jardim das Américas, que permanece em nossa carteira até hoje.

Em 2001, a Emika, por meio de licitação pública, começou uma grande parceria com a Caixa Econômica Federal e assumiu a sindicância e a gestão administrativa dos condomínios do Plano PAR, atuando por mais de dez anos.

Com esses investimentos em um novo departamento e o crescimento nos negócios realizados pela empresa que marcaram a primeira década, abriram-se novas parcerias com gigantes no mercado, destacando Plaenge e Vanguard Home, essas abriram novas portas para que a empresa entrasse em outras construtoras, dentre elas Elo, Ibiza, Impar, Concremax, provando que entrou no mercado para se destacar com prestação de serviços de qualidade, profissional, ética e técnica, se instalando em sede própria no ano de 2011.

Sempre inovando em treinamentos e tecnologia, a Emika reconheceu desde sempre que o mercado imobiliário e de administração condominial é exigente, esse nicho de clientes busca qualidade de serviços, preço justo e, principalmente, bom atendimento.

A gestão imobiliária em seu todo é de suma importância para o crescimento do Estado e a Emika sempre entendeu as necessidades dos clientes de nossa Cuiabá.

A empresa viu ao longo desses 25 anos o crescimento da cidade e que, apesar das crises ocorridas em nosso país, conseguiu driblar esses momentos, mantendo o padrão de qualidade de serviços e entendendo a necessidade financeira do cliente.

A Emika, empresa filiada ao Secovi/MT, conta hoje com a maior e mais especializada equipe de Cuiabá para atender os clientes nos ramos de locação, vendas de imóveis, correspondente bancário, CAIXA AQUI, consultoria imobiliária, avaliações de imóveis, vendas de consórcios e assessoria de condomínios, sempre buscando o aperfeiçoamento dos métodos de negociações de resoluções de conflitos.

Hoje contamos com 50 colaboradores diretos, estamos sempre expandindo e procurando melhorar, de acordo com as exigências do mercado de trabalho. Por todo esse trabalho desenvolvido para a nossa cidade e Estado, recebi com muito orgulho o título de Cidadã Mato-grossense.

25 anos! E que venham muitos mais...

Capítulo 15

Na ponta dos pés. Sem medo de ser única.

Glaucia Anne Kelly Rodrigues do Amaral

Talvez minha memória mais antiga e presente seja a de minha mãe, Maria José, dizendo o quanto desejou que eu nascesse. Demorei a me conscientizar de que sou filha única. Ainda não sei, para dizer a verdade, como todos nós talvez não saibamos o que é ser irmã, filha, mãe, esposa, trabalhadora, bonita, feia, magra... ou todas as palavras com as quais nos classificam, definem ou nos reconhecemos.

Juntas brilhamos mais

Glaucia Anne Kelly Rodrigues do Amaral

Procuradora do Estado de Mato Grosso desde 5 de maio de 2002. Foi Diretora do Centro Acadêmico de Direito da UFMT, coordenadora-geral do DCE da UFMT. Advogada, membro da Comissão do Advogado Público da OAB/MT, seis vezes eleita presidente da Associação dos Procuradores do Estado de Mato Grosso, quatro vezes eleita vice-presidente da Associação Nacional de Procuradores do Estado e do Distrito Federal. Foi corregedora-geral da Procuradoria-Geral do Estado de Mato Grosso, eleita quatro vezes conselheira do Colégio de Procuradores da Procuradoria Geral do Estado de Mato Grosso, foi premiada como Mulher de Destaque da OAB/MT em 2008. Foi presidente da Comissão de Defesa dos Direitos dos Animais não-humanos do IAMAT. Integra o Conselho Estadual dos Direitos do Consumidor e o Conselho Estadual dos Direitos da Pessoa Humana. Integra a primeira Câmara Setorial Temática de Defesa dos Direitos da Mulher da Assembleia Legislativa. Atual presidente do Conselho Estadual dos Direitos da Mulher de Mato Grosso, que já integrou outras três vezes como suplente na vaga da PGE/MT. É presidente da Comissão De Defesa dos Direitos dos Animais da OAB/MT. É presidente da Associação dos Procuradores do Estado de Mato Grosso.

Contatos
glauciaamaral@pge.mt.gov.br
Instagram: glaucia_rodriguesdoamaral
(65) 98406-7095

Glaucia Anne Kelly Rodrigues do Amaral

Meus pais eram mais velhos que os pais das minhas colegas da escola. Nasci em Cáceres, Mato Grosso. Estudei no tradicional Colégio Imaculada Conceição. Meus avós paternos já eram falecidos quando nasci. Com poucas exceções, meus primos moravam em outro Estado. Os mais próximos eram mais velhos e casados.

Amado Ribeiro do Amaral, meu pai, era mineiro e cresceu no Espírito Santo. Já era mais velho que minha mãe e foi pai tardio. Gostava de ler, hábito que me passou. Único defeito, segundo minha mãe: excesso de honestidade. Minha mãe maranhense. Meus avós maternos moravam em Brasília. Minha infância foram livros, e aventuras na chácara. Sempre com adultos.

A escola teve que criar um prêmio para me dar: a criança que mais lia livros na biblioteca. Outra coisa única foi ser atacada por um formigueiro de tucandiras aos 8 anos de idade (um pouco mais nova que o ritual dos índios guerreiros, para saírem da puberdade, e se tornarem homens).

Passei no vestibular antes de terminar o segundo grau. E de nerd, pulei para ativista: causas me conquistaram. A necessidade de autoafirmação quanto a ser ou não inteligente não me pertencia.

Voltemos um pouco, antes de chegar à faculdade. Não me entendam mal: eu corria, brincava, comprava picolé todos os dias (de forma justa, comprava o mais barato, pois assim tinha dinheiro para minhas duas melhores amigas: Elaine Tortorelli e Eliane Olímpio), pendurava no pé de seriguela, andava de bicicleta de cestinha, batia papo com os cachorros, colhia goiaba, falava bom dia e corria no pé de amora, assistia à TV, lia gibi, e sempre tinha pelo menos dois gatinhos – felinos –, vivendo em casa. Era míope. Míope de fato, e para paqueras. Não percebia nenhum mocinho a fim de mim (e talvez a miopia física ajudava nisso). Mas eu, predominantemente, lia. E ler é uma atividade solitária. Exceto pelos gatos.

Para entrar na faculdade, vim morar em Cuiabá. Sozinha. Na casa da tia, com amigas, mas sem meus pais. E comecei a trabalhar cedo, quando meu pai faleceu.

Meu primeiro interesse em algum tipo de movimento coletivo foi o Centro Acadêmico de Direito da UFMT. Foi num ano em que nos reuníamos muito, todos os cursos, pois os alunos anteriores tinham desistido do DCE. E, então, quando vi, era candidata e eleita coordenadora-geral do DCE da UFMT. Sabe lá o que é isso? Aos 18 anos? Para uma aluna de colégio de freiras? E incrível: da minha turma de jardim de infância, tinha mais duas, Elaine e Yeda Regina de Souza, nessa mesma diretoria. Descobri que fui a segunda mulher na história a ocupar esse cargo de diretora geral.

Recomendo a todos que sigam pelo caminho do movimento estudantil. Acho que falta VIVER a universidade, para a maioria dos estudantes.

Mais uma vez, carrego amigos para a vida. Nessa fase, dividia a casa com várias cacerenses, inclusive minha amiga de infância, Elaine Tortorelli, que fazia Jornalismo.

Nessa fase, fiz amigos que carrego no coração para a vida. Erros e acertos. Dos acertos: a maior festa de *Rock* que já tinha ocorrido lá na faculdade. Experiência de vida: eventos. Nessa fase, na UFMT, adotei onze gatos (sim, onze).

Como me formei no tempo mínimo, e como fazer política, ainda que setorial, é desgastante, decidi que não queria mais. Cantei no coral, fiz capoeira, trilha na Chapada, natação às 5h15 da manhã (maluquices de juventude), preguei peças, descobri festivais de cinema, descobri a Marvel e a DC. Mas, especialmente, tornei-me apaixonada pelo Direito.

Terminei a faculdade, terminei um noivado, mandei os gatos para a chácara em Cáceres (erro que não recomendo) e fui advogar – passei no primeiro exame de Ordem que prestei, sem cursinho. Em pouco tempo (antes dos 24 anos) liderava a defesa de candidato a prefeito da capital, e advogava na área eleitoral pelo Estado inteiro. Um dia, uma sexta-feira, entrei no escritório às 8 horas, e saí na segunda às 8 horas. Peticionando. Prazo eleitoral conta-se em horas. Decidi seguir minha vocação. Fechei o escritório, e fui me preparar para concurso.

Durante a preparação fui trabalhar numa empresa de consultoria de previdência de servidor público. Outro mundo. Um mundo onde me vi, aos 25 anos, palestrando sobre Lei de Responsabilidade Fiscal – recém-lançada – e Regime Próprio de Previdência, em Minas Gerais. E voando de bimotor pintado de onça, pelo interior de Mato Grosso. E me tornei a única pessoa que conheço a conseguir explicar um cálculo atuarial com prazer.

Adotei duas gatinhas: Sininho e Rapunzel. Uma vira-latas, outra siamesa. Duas irmãs.

Passei no primeiro concurso de procurador do Estado que prestei. Depois de bater na trave em várias outras carreiras. Nesse tempo, a filosofia entrou na minha vida. Não de modo formal, por meio de graduação. Mas definitivo. Reconheci que minha vida só faz sentido trabalhando por um mundo bem melhor.

Cerca de quatro anos depois, tornei-me presidente da Associação de Procuradores do Estado de Mato Grosso. Sim, alguns parágrafos acima eu havia escrito que fazer política, ainda que por causas, é muito desgastante. Muito embora eu acredite nisso até hoje, encontrei uma situação com a qual não poderia me conformar. Ser eleita presidente da APROMAT foi uma das maiores honras que já tive na vida, e disse isso no discurso de posse. Passei a ser representante daqueles que admirava. De ex-professores. Dos que defendem o patrimônio do povo de Mato Grosso.

A Procuradoria-Geral do Estado de Mato Grosso não ocupava seu lugar constitucional, não tínhamos prédio adequado para trabalhar, nem servidores, nem remuneração adequada, nem material de trabalho... e víamos passar (como ainda vemos) milhares de processos judiciais e administrativos, envolvendo milhares ou milhões de reais, e a defesa dos interesses do Estado sendo tratados nessas condições.

Fui da primeira formação da Comissão de Advogado Público da OAB, voltei a ela mais uma vez alguns anos depois. Fui reeleita cinco vezes presidente da Associação dos Procuradores do Estado de Mato Grosso – a única na história, mais uma vez.

Fui por seis anos vice-presidente da Associação Nacional dos Procuradores do Estado e do Distrito Federal.

Nesse período, recusei mais dois pedidos de casamento. Adotei mais gatos, ganhei cachorros. Voltei às artes marciais, fiz Jiu-jitsu, box, e arrisquei no MMA. Fiz corrida, tinha até equipe. Fiz ioga. Cheguei à sonhada boa forma das capas de revista – sim, isso existe. Aprendi a fazer caixas, terminei minhas aulas de crochê e... fiz amigos. Especialmente os que gostam de *rock* e música eletrônica.

Enfrentei longas batalhas, públicas, na defesa desta carreira. Inclusive fazendo denúncias a governadores e secretários, processando-os, criminalmente, quando necessário.

Mas em 2012, um fato me tornou estranhamente única. Minha mãe faleceu. E percebi o que significava não ser mais filha. Não ter irmãos. Não ter filhos ainda. A gente aprende o não ser, mesmo sem saber direito ser.

Não sei se isso é da condição humana.

Sei que nesse dia, além de amigos, duas das minhas gatinhas se deitaram a meu lado, de olhinhos abertos, vigiando por horas a minha tristeza: Sininho (ela mesma, mas no auge dos seus 14 anos) e Satinne (que na época devia ter uns 10 anos). Marietta, minha cachorrinha, estava atordoada, na porta, esperando pelo retorno de sua avó. E assim ficou, até uns 15 dias depois, quando lhe contei o que havia ocorrido.

Muito embora tenha ainda voltado mais uma vez, naquele período, à presidência da APROMAT, isso me transformou profundamente. Desta vez me tornei única de novo. Pois eu era – e sou – única de mim mesma. Toda essa vida narrada é minha, de forma muito intensa, mas preciso repeti-la, pois ela deixou de ser.

Em 2013, o suicídio de minha amiga de infância, Elaine Tortorelli, levou embora alguém que esteve lá o tempo todo. Achei que fiquei única, até demais.

A vida muda em um segundo. Adeus vontade de frequentar qualquer tipo de academia. Adeus corpo sarado. Adeus paciência para essa louca construção de imagem, de bens, de status social – que nunca tive ao certo, mesmo. Acho interessante que muita gente que não sonha com um décimo da experiência de vida de outrem venha dar lições "revolucionárias". O que já se cansou de saber, de fazer... só se tornou absurdamente relativo, diante do inexorável da vida. A morte.

Dei tempo ao tempo. Vi o lado mal do ser humano. E, como minha mãe me fez guerreira, enfrentei. Descobri que se você se fragiliza, surgem anjos. Mas surgem seres sem luz própria, testando seus limites. E venci a mim mesma. Não me tornei o mal, e não perdi a fé.

Em 2015 vi um outro suicídio de uma amiga de perto. E humildemente me convenci que essa saúde mental que faz a gente prosseguir, apesar da tristeza, é física. E, quiçá, venha da nossa própria capacidade de ter se sentido amado na infância (a propósito, o nome do meu pai é Amado. E da minha mãe é Maria).

E... então... em meio a esse tornado, amigos (amigas) se aproximaram. Tornaram-se o dia a dia. Conheci outras pessoas. Confiei. E amei de verdade um rapaz.

Resolvi me dedicar à causa que tanto amo: defesa dos animais não-humanos. Que tanta companhia e amor me dão o tempo inteiro. E cujos olhos consigo enxergar.

Fui chamada a ser corregedora-geral da Procuradoria-Geral do Estado de Mato Grosso, com a árdua missão de presidir um PAD, em face de um colega acusado de corrupção.

E fui resgatada, em outubro de 2018, por mulheres. Por uma irmã. Que me elegeram presidente do Conselho Estadual dos Direitos da Mulher de Mato Grosso. Descobri, de sentir, que o que sempre me manteve feliz foi viver trabalhando pelo outro. Confiei em pessoas de novo. Suspirei de alívio por ver o bem em ação na vida dessas mulheres dedicadas a ajudar outras mulheres.

Reencontrei amigas de infância. Reencontrei colegas de faculdade. Tive certeza de que minha mãe foi a pessoa mais bondosa, incrível, e que mais me fará falta na vida. Que meu pai foi um grande homem.

E, por incrível que pareça, voltei à presidência da APROMAT. Achando impossível acumular as duas funções. Como era impossível, para duas, acrescentou-se outra: quando fui chamada a elaborar a justificativa da criação e presidir a primeira comissão de Defesa dos Direitos dos Animais da OAB/Mato Grosso (dois meses depois, Sininho, com 20 anos de idade, finalmente seguiu para o que eu gosto de chamar de céu dos gatinhos. Sim, cito como uma pessoa importantíssima na vida. Pois 20 anos de companhia não são 20 dias).

E, mais uma vez, acho que sou única de novo. Pois é a primeira vez que alguém acumula tais cargos. E ainda trabalhar regularmente todos os dias. Na ponta dos pés, é porque ainda dá tempo de pedalar e tentar fazer ioga. E foi um dia, tentando manter um ásana, que percebi que querer ser igual aos demais – cheios de irmãos, compromissos, afazeres cotidianos, é uma delícia. Mas não é a minha delícia. Que até pode vir a ser. Mas que sou única. E gosto disso.

Capítulo 16

A menina que não queria crescer!

Graziele Cabral Braga de Lima

"Diante das dificuldades da vida, ou nos tornamos vítimas, ou nos tornamos fortes. O esforço é o mesmo!"
(Aglair Grein)

Eu escolhi ser forte!

Graziele Cabral Braga de Lima

Juíza federal do Tribunal Regional do Trabalho da 23ª Região há 13 anos. Advogou na área trabalhista de 1999 a 2004. Exerceu o cargo de professora substituta no curso de Direito da UFMS e professora do curso de Direito da Universidade de Cuiabá e Unirondon. Ingressou na Justiça do Trabalho em 2006, como técnica judiciária, sendo no mesmo ano aprovada em 1º lugar no XI Concurso Público para Provimento do Cargo de Juiz do Trabalho Substituto da 23ª Região. É especialista em Direito Processual Civil e Direito Civil pela UNESA e especialista em Direito Processual do Trabalho e Direito do Trabalho pelo CEJUR-UFMS. Professora da Escola Superior da Magistratura Trabalhista de Mato Grosso. Coautora do livro *Reforma Trabalhista em 60 minutos*!

Contato
grazieletrt23@gmail.com

Graziele Cabral Braga de Lima

Oi... me chamo Graziele Cabral... só isso? Sim. Nascida no dia 22 de setembro de 1977, na cidade de Ivaiporã, interior do Paraná, filha de Haroldo Antônio Batista Cabral e Fátima Terezinha Araújo. Ele, homem de infância difícil e criação dura, ostentava os traços rudes e perfil machista, incutindo que seus filhos herdassem apenas o seu codinome. Ela, mulher bela, doce, cheia de dons, mas de traços talhados e perfil tolerante, simplesmente coadunou com aquela e tantas outras injunções, pacatamente se resignando em prol da harmonia do lar.

Então eu, a menina de nome curto, passei por toda a infância e adolescência em um cenário com um pai autoritário e sexista e uma mãe condescendente, que em grande parte da vida se anulou em prol de seu marido e filhos. Eu tinha que lavar a louça e meu irmão não, apenas porque era mulher. Tinha que ser doce, recatada, servil, conformada, obediente e exemplar, apenas por ter nascido com o sexo feminino. Aliás, por vezes cheguei a pensar que se fosse um menino, seria mais amada e compreendida.

Então a vida resolveu complicar um pouquinho. Na busca da prosperidade financeira, em 1983 meus pais decidiram se mudar para o Mato Grosso, deixando uma vida simples, mas estável, no Paraná, para se aventurar nas terras de Moreira Cabral.

Cheguei em Cuiabá com seis anos de idade. Nas aventuras empreendedoras da minha família, mudamos inúmeras vezes, alternando entre cidades do norte do Mato Grosso para algumas cidades do Mato Grosso do Sul, quando, finalmente, estando eu com 15 anos de idade, nos fixamos definitivamente na cidade verde.

A oscilação geográfica foi acompanhada pelo bambolear financeiro. Passamos por períodos medianos e períodos de muita escassez, vivendo em uma instabilidade enlouquecedora.

A falta de dinheiro fez sobrar o desequilíbrio familiar, as brigas, as discussões. Mesmo nas maiores dificuldades econômicas meu pai nunca permitiu que minha mãe trabalhasse fora de casa, convencido por sua crença limitante de que lugar de mulher era dentro de casa!

Mamãe, papai, eu não quero crescer!

Via-me repetindo essa frase típica dos acometidos pela síndrome de Peter Pan pois, na minha visão, era muito ruim e dolorido ser adulto. Era pior ainda ser uma MULHER ADULTA!

E agora? Eu cresci! Será?

Estou com 15 anos, morando em Cuiabá. Não pude ter uma festa de debutante. Mas ganhei o aparelho de som dos meus sonhos, com toca-discos, toca-fitas, rádio e, pasmem, com leitor de CD, a novidade tecnológica do momento, adquirido com muito sacrifício pelos meus pais.

Lembro-me como se fosse hoje, que naquele dia eu e meu pai dançamos a valsa ao som de "As quatro estações" de Vivaldi, na sala de casa, só nós dois, em um momento ímpar de emoção.

O início da maturidade me fez começar a enxergar que tudo que meus genitores fizeram foi buscando o melhor para mim e para o meu irmão, dentro das possibilidades e recursos que eles tinham, muitas vezes abdicando de seus sonhos e desejos em favor da prole. Dentro de suas limitações foram os melhores pais que podiam ser. Apesar de todas as dificuldades nos criaram com amor, ética, valores e respeito, e por isso são dignos de toda minha honra e agradecimento.

O autoritarismo, o machismo, a tolerância, o conformismo e a dificuldade financeira despertaram a Graziele proativa. A Graziele que, muitas vezes em meio às lágrimas e sentimento de impotência, prometeu a si mesma ser uma mulher independente, forte, dinâmica, decidida, bem-sucedida e estável.

Sempre fui muito estudiosa, dedicada e responsável. Por vezes até demais. Mas esse perfeccionismo e desvelo renderam muitos frutos. Ingressei na Faculdade de Direito com 16 anos, em janeiro de 1994. Minha primeira ideia era advogar e como a maioria dos acadêmicos de Direito no início da faculdade, me encantei pelo Direito Penal. Até me enxergava participando de um Tribunal do Júri, vestida de beca preta discursando para uma plateia atenta e hipnotizada pelas minhas palavras.

Seguia o plano da advocacia criminal até que, no sexto semestre da graduação, adentrou na sala de aula o Dr. João Carlos Ribeiro de Souza, na época juiz do trabalho, e começou a ministrar a minha primeira aula da disciplina Direito do Trabalho! Pensem na sinfonia doce e ao mesmo tempo estimulante que meus ouvidos captaram. Foi paixão à primeira vista e, já naquele momento, disse para mim mesma: é isso que eu quero para minha vida! Vou ser juíza do trabalho!

A partir de então direcionei prioritariamente minhas atividades acadêmicas para o Direito e processo do trabalho, me dedicando com maior afinco a essas disciplinas, estagiando no Ministério Público do Trabalhei nos dois últimos anos da faculdade, acompanhada e incentivada pela Dra. Eliney Bezerra Veloso, na época Procuradora do Trabalho, e escrevi minha monografia sobre o Trabalho Infantil Urbano. Lembro-me ainda, na ocasião da prática jurídica, de ir atrás dos colegas de graduação para trocar os processos de outras áreas jurídicas por reclamações trabalhistas e de passar tardes inteiras nas Juntas de Conciliação e Julgamento assistindo audiências trabalhistas.

Graziele Cabral Braga de Lima

Terminei a faculdade em 1998, com 21 anos, colando grau em fevereiro de 1999.

Sentia que precisava voar, ir atrás dos meus sonhos, ser livre. Decidi que iria fazer uma pós-graduação em outra cidade. Escolhi a cidade de Campo Grande–MS. Coincidentemente onde meu namorado da época e hoje marido estava morando. Obviamente meu pai não deixou!

Lembro-me desse momento como um divisor de águas na minha vida. Sabe quando você sente, com o coração acelerado, as pupilas dilatadas e o suor frio no rosto que chegou o momento de agir? De tomar as rédeas do seu destino?

Rompi com meu pai. Liguei para uma tia, Tânia Araújo, e pedi o valor de 1.000 reais emprestado. Na época era suficiente para me manter por três meses, com alimentação, moradia e a mensalidade da pós-graduação. Presenciei pela primeira vez minha mãe enfrentar meu pai, ainda que de forma tímida, e me apoiar. Fiz a mala e entrei no primeiro ônibus disponível em direção a minha liberdade. Fui morar em um pensionato para estudantes. Tinha 3 meses para ter como me sustentar ou então voltar para casa frustrada.

No segundo mês, estudando no quarto do pensionato, ouço uma batida na porta e a frase: telefone para você! Do outro lado da linha uma funcionária da Universidade Federal do Mato Grosso do Sul me informava que eu havia sido selecionada para o cargo de professora substituta do curso de Direito da referida universidade! Dentre 15 inscritos e uma vaga, eu havia conseguido!

Assim, com 21 anos e menos de dois meses de formada fui dar aulas para o segundo e o quarto ano do curso de Direito, ministrando as disciplinas de Direito Civil II e IV e Direito do Consumidor. Meu emprego me deu fôlego para permanecer em Campo Grande por um ano e concluir o meu curso. Concomitantemente continuava estudando para o concurso de Juiz do Trabalho, minha grande meta.

Meu namorado terminou a faculdade e voltou para sua cidade natal, no Estado de Goiás, onde conseguiu um emprego. Concluí meu curso e resolvi voltar para Cuiabá. Voltei fortalecida pela coragem de ter saído e confesso que senti ter ganhado um certo respeito do meu pai, ainda que velado.

O casamento dos meus pais passava por sérios problemas. Consegui emprego de professora em duas faculdades, Unic e Unirondon, cursos preparatórios para concurso, além de atuar como advogada. Trabalhava 15 horas por dia e com isso pude dar arrimo financeiro para minha mãe pedir a separação.

Nessa fase, praticamente não sobrava tempo para me dedicar ao concurso. Diminuí o ritmo, mas não parei de estudar.

Consegui convencer o meu goiano a virar cuiabano! Ficamos noivos em dezembro de 2001, quando ele colocou todo o seu "patrimônio" no Fiat Uno verde e se mudou para esta calorosa terra!

Prazer, Graziele Cabral "Braga de Lima"!

No dia 13 de dezembro de 2002 me tornei a senhora Graziele Cabral Braga de Lima, me casando com Geovanni Braga de Lima, o amor da minha vida! Sim, incluí os dois sobrenomes do meu marido para compensar a singularidade do sobrenome de origem. Acredito que somente Freud explica isso!

Com as despesas do casamento parceladas em muitas vezes, nos mudamos para uma casinha conjugada de dois quartos, alugada, no Jardim Guanabara, nosso primeiro lar. Era pequena, simples, mas tinha a nossa cara. Até hoje nos referimos a ela com carinho, como a nossa "casinha amarela".

Continuei exercendo o magistério, advogando e estudando sempre que possível, nas brechinhas das aulas e das audiências.

Após dois anos de casados, decidimos "engravidar". Na verdade, meu marido achava cedo, mas o desejo de ser mãe pulsava em mim de uma forma tão intensa que não conseguia pensar em outra coisa, ainda que isso pudesse postergar a minha meta de ser aprovada no concurso para juiz.

E no dia 07 de abril de 2005 nascia minha primeira filha, Maria Eduarda Cabral de Lima, minha doce e meiga Duda, que me ensinou o verdadeiro sentido do amor incondicional.

Contrariando todas as expectativas, a gestação e uma filha recém-nascida, ao invés de atrapalhar os meus estudos, me deram mais força para seguir no meu propósito. O sorriso daquele serzinho frágil, que dependia de mim, era minha inspiração diária para estudar após a mamada das 4 horas da manhã. O primeiro resultado desse esforço veio em dezembro de 2005, com a minha aprovação no concurso para técnico judiciário no TRT de Mato Grosso.

Mas a grande vitória estava mais próxima do que eu imaginava!

No dia 16 de junho de 2006 fui aprovada em 1º lugar no XI Concurso para Juiz do Trabalho do TRT da 23ª Região, com um bebê de um ano e dois meses no colo!

Vitória! Sucesso! Superação! Final Feliz!

Final feliz?

Enfim, o crescimento.

Inebriada com a conquista tão almejada, ingenuamente acreditei ter alcançado o meu apogeu.

Já como magistrada, fui lotada na cidade de Jaciara, para onde me mudei. Meu marido ficava a semana toda trabalhando em Cuiabá e ia ficar conosco nos finais de semana. Mergulhei loucamente no trabalho, relegando de certa forma os momentos em família, o lazer, a atividade física, a alimentação saudável. Ser juíza era o que eu queria, e ser juíza, achava eu, me bastava.

Nessa época uma grande bênção – com um susto, confesso – nos foi concedida. Ainda em Jaciara engravidei novamente e, para nossa surpresa, duas sementinhas cresciam no meu ventre: estava grávida de gêmeos!

No dia 20 de outubro de 2007 nasciam Emanuele Cabral de Lima e Luíza Cabral de Lima, duas flores que completaram nosso jardim familiar, consumando a overdose do amor pleno e extasiante que só a maternidade é capaz de nos conceder.

Já de volta a Cuiabá, com três crianças pequenas, a obra de nossa casa em andamento, audiências itinerantes que exigiam viagens constantes e a crença de que precisava ser a melhor em todos os meus papéis ao mesmo tempo me tiraram do eixo.

Trabalhava todos os finais de semana, queria participar intensamente dos cuidados com as crianças, da obra, da casa, afinal, ninguém fazia nada melhor do que eu. A ansiedade era descontada na comida. Não fazia exercícios físicos. Não tinha ânimo para sair. Ganhei peso e sentia dores pelo corpo todo.

Adoeci. Mas não aceitava que estava doente. Não eu. A Graziele poderosa, decidida, vencedora, independente e vivaz não tinha fraquezas nem defeitos. Como, depois de ter realizado tudo o que sonhei, eu poderia admitir que as coisas não iam bem?

Suor frio. Vista embaçada. Taquicardia. Eu vou morrer!

Após um fim de semana prolatando mais de 30 sentenças, em meio a uma audiência, o corpo mostrou, na marra, que algo estava errado por meio de uma crise desencadeada por Síndrome do Pânico.

Ali aconteceu o segundo divisor de águas na minha vida. A partir daquele momento, buscando as forças daquela Graziele jovem, aliada à maturidade da Graziele mulher, eu finalmente cresci. E cresci porque agora eu queria crescer. Tinha chegado a hora!

Comecei a trabalhar de maneira multidisciplinar a mente e o corpo. Aceitei minhas fraquezas e limitações. Trabalhei meus traumas. Despi-me da infalibilidade e aceitei que a Mulher-Maravilha só existe na ficção. Mudei a alimentação e comecei a correr. De quilômetro em quilômetro completei em 2019 minha 9ª meia-maratona e no dia 22 de setembro deste mesmo ano fiz minha primeira maratona. Corri pouco mais de 42 km no dia em que completei 42 anos de idade, celebrando a vida com superação.

Virei gente grande. Grande de alma, grande de paz, grande de gratidão e aceitação. Aprendi que o equilíbrio é a receita de todo o sucesso e o final feliz é, na verdade, a própria caminhada, com seus erros e acertos, *sprints* e tropeços.

A menina continua aqui, latente, impulsiva, curiosa, viva, mas despida das limitações e medos de outrora, encantada com as loucuras conscientes que somente a maturidade, com suas doses elegantes de confiança, pode nos trazer.

Prazer! Sou Graziele – com um ou dez sobrenomes, não importa – sou a mulher que cresceu!

Capítulo 17

Uma breve viagem à minha história de vida: minha caminhada ao longo dos anos

Jacinta Rosa Okde

Frequentei nos primórdios da minha infância o Grupo Escolar "Cesar Bastos" em Rio Verde-Go, até o final da minha adolescência estudei no Colégio Estadual Martins Borges, Colégio Estadual do Sol e Escola Técnica de Enfermagem Cruzeiro do Sul, todos em Rio Verde-GO, onde concluí minha formação básica e ensino médio. Fiz a Faculdade de Letras na Universidade Federal de Mato Grosso e Direito na Universidade de Cuiabá (UNIC).

Jacinta Rosa Okde

Formada em Letras pela Universidade Federal de Mato Grosso (UFMT) e em Direito pela Universidade de Cuiabá (UNIC). Possui várias pós-graduações "lato sensu" nas áreas de Saúde, Letras, Área Financeira e Direito, bem como participações em seminários, encontros e convenções. Trabalhou no Banco do Brasil por 27 anos. Aposentada, atualmente dedica-se à administração de seu patrimônio pessoal, na área imobiliária.

Contatos
jacinta_okde@hotmail.com
(65) 98111-8899

Jacinta Rosa Okde

Sou a filha mais nova de uma família de 13 irmãos, que ao todo, incluindo outros filhos do meu pai, somam 17 irmãos. Meus irmãos mais velhos tiveram suas facilidades, pois meu pai tinha certo patrimônio. Depois envolveu-se em maus negócios e veio a falir, restando aos filhos mais novos dificuldades naturais para suas próprias sobrevivências. Para mim, ainda criança, foi muito difícil. Minha mãe, já idosa e com saúde frágil, analfabeta, pouco podia fazer por mim e pelos mais jovens, carentes de apoio e de orientação.

Fui babá, empregada doméstica e "boia-fria". Não morei em casa própria, sempre em casa de um irmão mais velho ou de outro parente. Estudei em colégio público, sempre tirava boas notas. No ensino básico, estudava durante o dia e no período vago trabalhava como doméstica. Já no ensino médio, estudava no período noturno e trabalhava nas lavouras de algodão e milho. Levantava às quatro horas da madrugada, já deixava preparada uma marmita de arroz, às vezes feijão, ovo frito e uma fatia de mortadela. Entrava num caminhão, tipo pau de arara, ia para a lavoura que ficava a alguns quilômetros da cidade, trabalhava até às 16 horas. Retornava para a cidade, me arrumava, ia para o colégio.

Fiz um cursinho intensivo de atendente de enfermagem e descobri-me com aptidão para essa área profissional.

Em 1972, ganhei uma bolsa de estudos de missionários americanos, para fazer o curso técnico de enfermagem, na Escola de Enfermagem Cruzeiro do Sul, em Rio Verde em Goiás. O curso era muito puxado e cansativo. Eu estudava em regime de internato, era bolsista.

Nesse período não mais trabalhava na lavoura como "boia-fria", mas em período de férias eu ia para a roça na casa de uma das minhas irmãs. Fazíamos farinha de mandioca e polvilho para comercializar. Enquanto fazia o curso técnico de enfermagem, no período das férias trabalhava no hospital como atendente de enfermagem, com carteira assinada e os direitos trabalhistas recolhidos. Ganhava um salário mínimo, precioso e importante para mim!

Nos dois primeiros anos tínhamos todo o conteúdo teórico e estágios na área clínica. No último ano, estagiávamos em regime de plantão nas equipes médicas. Em urgências, cirurgias, salas de partos, pronto atendimento, enfim, todo atendimento necessário.

Em meados de abril de 1974, vim para Cuiabá pela primeira vez.

Juntas brilhamos mais

Havia resquícios da enchente de março de 1974. A Avenida XV de Novembro, a Avenida da Prainha (Coronel Escolástico), regiões do Shopping Popular e a Acrimat estavam alagadas. Havia muitas famílias desalojadas!

Lembrar disso tudo trás certo sofrimento. Meu futuro marido, na época meu noivo, já estava morando em Cuiabá.

Em setembro eu retornei para Cuiabá, inscrevendo-me para o concurso do Banco do Brasil, DASP (era um departamento que selecionava os servidores civis dos órgãos públicos federais) e também de um órgão estadual que selecionava diversos servidores nas diferentes áreas de atuação. Fiz inscrição para o Curso de Letras na Universidade Federal de Mato Grosso (FUFMT). Não era gratuita, pagávamos pequena mensalidade.

Passei em todos os concursos, optando pelo Banco do Brasil, onde trabalhei por 27 anos, que considero minha casa, e onde tive oportunidade de crescer profissionalmente. Fiz inúmeros cursos e capacitei-me profissionalmente.

Em meados de 1975, mudei-me definitivamente para Cuiabá. Comecei a Faculdade de Letras! O curso era diurno. Trabalhava das 7 às 13 horas, chegava sempre atrasada no curso, pois a aula começava às 13 horas. Sou grata ao Banco do Brasil, que mantinha política de incentivo aos seus colaboradores no crescimento profissional! Em 1975 meu marido iniciou a Faculdade de Administração.

Em 6 de setembro de 1976, casei-me com Nahzir Okde, cidadão, íntegro, trabalhador. Éramos dois jovens cheios de saúde, ideais e de planos! Tínhamos uma vida pela frente. Estávamos no começo de nossas vidas, tanto profissional, conjugal e de formação acadêmica.

Na sua curta existência, foi comerciante, professor na UFMT, diretor administrativo do Pronto Socorro Municipal de Cuiabá, diretor administrativo do Hospital Júlio Muller, fez mestrado na UFSC nos anos 1979, 1980 e 1981. Maçom por paixão e convicção. Pai dos meus três filhos Hassan Mohamad Nagib El Okde Neto, Nahzir Okde Junior e Thiago Augusto Rosa Okde, todos cidadãos cuiabanos com muito orgulho e dedicação.

Em novembro de 1978 nasceu meu filho mais velho, Hassan Neto! Motivo de grande alegria para mim e para todos! A vida caminhava para nós dois. Um casal jovem e cheio de sonhos!

Em 1978 concluímos nossos cursos universitários: ele formou-se em Administração e eu em Letras pela UFMT.

Nos anos de 1980 e 1981, mudamos para Florianópolis, onde meu marido fez mestrado. Fui transferida para uma agência do BB em Florianópolis.

Lá tive uma experiência desagradável: um aborto espontâneo, doloroso, que me marcou profundamente! Isso foi em agosto de 1980.

No segundo semestre de 1981 retornamos a Cuiabá. Estava grávida novamente, em dezembro nasceu meu segundo filho Nahzir Junior! Era difícil conciliar trabalho, casa e maternidade. Mas Deus foi, é e sempre será bondoso comigo! Em janeiro de 1982, Deus colocou na minha vida alguém importante para mim e para meus filhos! Quero agradecer de público, à Nilda Paula Campos, minha colaboradora que, por 32 anos, cuidou dos meus filhos e da minha casa enquanto eu trabalhava. Minha eterna gratidão e dos meus filhos Hassan, Nahzir, Thiago e Carolina!

Em 1982 tive a tristeza de perder minha mãe! Na minha doce ilusão infantil, associava minha mãe a um passarinho, com asas de anjo! Grata mãe! Saudades!

Apesar de não ter convivido com meu pai, senti sua morte. Ele morreu em 1981, um ano antes de minha mãe.

Continuamos nossas vidas, meu marido e eu, agora com mais responsabilidade. E para completar, em setembro de 1985, engravidei do meu terceiro filho! No meu sexto mês de gravidez a vida me enche de dor, me dá uma rasteira, pisa na minha garganta e me tira o chão!

Numa tarde de domingo, 6 de abril de 1986, com apenas 32 anos, num fatídico acidente de carro meu marido veio a óbito. Meu mundo se escureceu! Grávida de seis meses com mais duas crianças de 4 e 7 anos, eu tinha um mundo sobre minhas costas! Dia 14 de maio de 1986, um mês antes da data prevista para o parto, nasceu Thiago Augusto, perfeito, só trazia a dor de crescer sem o pai!

Eu teria responsabilidade imensa por toda minha vida! Ser provedora, educadora e exemplo para meus filhos! Foram tempos difíceis, mas sobrevivemos!

Quero homenagear meu falecido marido, Nahzir Okde, manifestar meu amor, meu respeito e minha eterna gratidão. Um ser humano iluminado!

Seguimos nossas vidas! Sem muito direcionamento. Os primeiros anos após a morte do meu marido foram desnorteados. Sabia que tinha que viver, trabalhar, ser forte, criar e educar meus filhos. Mudei de endereço por quatro vezes ao longo desses anos.

Nesses tempos tive uma união com um colega de trabalho! Foi a pessoa certa para aquele momento da minha vida! Inclusive, quero agradecer a Roberto Rodrigues dos Santos, pela passagem por minha vida e de meus filhos e por dividir comigo a existência de Carolina Rosa dos Santos, nossa querida e amada filha, que nasceu em outubro de 1994! Muito grata!

E a vida segue! Trabalho, casa, filhos (adolescentes e bebê). Emancipei o meu segundo filho, dividi com ele alguns sonhos e planos.

Até que em julho de 2000 minha vida dá uma guinada de 180°! Roberto e eu nos separamos definitivamente. Resolvi fazer Faculdade de Direito na UNIC – Universidade de Cuiabá. Nem que para isso eu tivesse que levar minha filha comigo para a sala de aula com apenas com 4 anos de idade!

Ao longo da minha vida laboral, apesar das dificuldades e muitos gastos, tive a visão negocial de comprar coisas, casas velhas, terrenos, linhas telefônicas e evidentemente poupar sempre!

Juntas brilhamos mais

Assim, em abril de 2001, aceitei participar do Programa de Aposentadoria Incentivada. Meu filho e eu começamos a construir um predinho (Residencial Carolina, em homenagem a minha filha), de três pavimentos com 15 apartamentos.

Nesse tempo morávamos na Avenida General Melo, onde fomos muito felizes. Em parte desse tempo tivemos a companhia do Roberto, depois seguimos sozinhos! Meus filhos e eu.

Os anos seguintes foram de aprendizados e de realizações pessoais. Em 2005 formei-me em Direito, com aprovação imediata no exame da OAB. Meu filho mais velho formou-se em Arquitetura, o segundo em Agronomia, o terceiro entra para a Faculdade de Administração.

Comecei a realizar meu grande sonho que era viajar! Conhecia boa parte do Brasil e da América Latina. Em 1996 fiz minha primeira e grande viagem aos Estados Unidos. Foram 28 dias, tenho boas recordações.

Depois, Europa (uma, duas, três vezes), América do Norte (EUA e Canadá, uma, duas vezes), Austrália, Indonésia, Líbano, Turquia. Em outubro de 2019 estarei de viagem para a Patagônia chilena, mais um sonho que se realizará!

Em 2013, minha filha passa no vestibular para Medicina em Teresópolis-RJ. Meu terceiro filho casa. Fiquei sozinha e mudei de endereço. Grandes mudanças!

As coisas foram se acomodando. Meu filho mais velho passou no concurso da Caixa Econômica Federal. Meu segundo filho, tão logo se formou, foi inserido no mercado de trabalho. Casou-se em 2007, hoje tem dois lindos filhos, Lucas e Luiza! Meu terceiro filho hoje dedica-se a estudar para alguns concursos, embora já tenha sido aprovado, aguardando contratação. E minha filha, recém-formada em Medicina, está aguardando as provas para residência médica no final do ano.

Hoje dedico-me a administrar meu patrimônio. Fiz e faço algumas pós-graduações em diferentes áreas para meu crescimento pessoal. Gosto de viajar, ter boa convivência nos diferentes grupos sociais que participo. Tenho minha fé inabalável em Deus.

E para finalizar gostaria de agradecer a Deus, meu Pai Celestial, por me amar, proteger e iluminar meus passos pela longa jornada da minha vida.

E dedicar este pequeno relato aos meus filhos, meus familiares, à família Okde, aos amigos que a vida me proporcionou, aos colegas do Banco do Brasil, aos colegas da Faculdade de Letras e de Direito, aos meus bons e fiéis inquilinos, aos amigos virtuais e às pessoas que passaram pela minha vida, deixando boas marcas! Vida que segue! Tudo é aprendizado!

Capítulo 18

Prazer, sou Joicy Lima!

Joicy Lima

Nasci no ano de 1985, em Rondonópolis-MT. Mas foi em Cuiabá onde cresci e construí minha história! Minha primeira certeza profissional era de que seria arquiteta. Mas o destino me conduziu a um universo que nunca imaginei. E por causa do primeiro bolo de aniversário da minha filha, o mundo da Confeitaria entrou em minha vida! Muito precoce, aos 21 anos, já era empreendedora, casada e mãe.

Juntas brilhamos mais

Joicy Lima

Empreendeu o restaurante Galery grill entre os anos de 2003 a 2007 em Tangará da serra-MT. Foi facilitadora em MT para a indústria de produtos para confeitaria Mavalério de 2010 a 2012. Fundadora e CEO do Ateliê do Açúcar desde o ano de 2009. Especializada em Confeitaria Artística, com cursos realizados no exterior com a argentina Marcela Sanches, a americana Colette Peters e o francês Alan Dunn. Participa anualmente de congressos mundiais pela *Tripforsugar*, como o *Cake International* em Birmingham/Inglaterra, o *Salon du Chocolat* em Paris/França, o *Soflo Cake* em Miami/EUA dentre outros. Em 2019, esteve no programa *Mais Você* de Ana Maria Braga no quadro *Fecha a Conta*.

Contatos
www.ateliedoacucar.com.br
joicypop@hotmail.com / contato@ateliedoacucar.com.br
Instagram: @ateliedoacucar
Facebook: @ateliedoacucar1
(65) 3621-3969

Joicy Lima

Minhas origens

Filha de Maisa Lima e Antonio Soares Filho, sou a filha do meio de três irmãos, cresci em um bairro simples da capital e vim de uma família igualmente simples, mas com uma veia empreendedora que muito me impulsionou a estar onde estou hoje.

Por volta dos meus 6 anos ocorreu a separação de meus pais, e anos depois minha mãe se casaria com meu então padrasto Everaldo, "Tio Everaldo" (como eu o chamava). Ele foi minha referência paterna na infância e grande responsável por inserir em meu *mindset* o empreendedorismo. Cresci assistindo meus pais empreenderem. Meu padrasto foi o grande exemplo nessa jornada. Ele me ensinou aos poucos e em pequenos gestos o caminho.

Empreendedorismo

Minhas primeiras experiências de empreendedorismo aconteceram quando ainda criança impulsionada pelos coleguinhas do condomínio em que morava. Meus pais tinham uma empresa de representação de uma grande marca de iogurtes do país. A empresa, por motivo de prevenção, tinha a política de recolhimento dos produtos das gôndolas do varejo com antecedência ao vencimento, assim não faltavam iogurtes em minha casa.

Como tínhamos o produto à vontade, oferecíamos com frequência aos amigos e vizinhos do condomínio em que morávamos. Mas uma hora a paciência acabou. A todo momento um coleguinha incomodava: "Você dá um iogurte para mim? Você busca um iogurte para mim? Me dá só mais um iogurte, por favor!!!". Toda hora alguém pedia um!

Um belo dia, a fim de não mais ser incomodada eu disse: "Se quiser, eu vendo!". E, para minha surpresa, eles: "Quanto? Eu quero!!! Eu quero!!! Eu quero!!! Eu quero!!!".

Foi surreal, e o que era para ser um basta, ganhou novos caminhos. Sem me dar conta, passei a fazer meus primeiros negócios, banquei meus primeiros desejos e mal sabia eu que minha vida empreendedora estava começando ali!

E assim essa experiência me transformou e eu cresci antes da hora.

Meu 1º amor

Devido aos novos rumos da economia e políticas da empresa representada por meus pais, em 1º de fevereiro de 2001 nos mudamos para Tangará da Serra-MT e lá, 17 dias depois após minha chegada, conheci o homem mais dedicado, cuidadoso e parceiro que eu poderia escolher para casar e ser o pai das minhas filhas.

Quando conheci o Nilson, eu só tinha uma certeza na vida, e era que eu não me casaria tão cedo. Já ele tinha planos bem diferentes!

Desde que o conheci, percebi que preservava a molequice de menino e ele se interessou por mim desde que me viu pela primeira vez. Acho que foi amor à primeira vista.

E foi uma sequência de intensas investidas... até que consegui.

Ele estava determinado a me conquistar. Depois de um fim de semana que nos conhecemos, ele surgiu na minha porta dizendo: "Vim visitá-la e conhecer seus pais. Posso entrar?".

Logo, e infalivelmente, ele conquistou meus pais e de quebra me levou de brinde! De caso pensado, me conquistou e mal sabia eu que era por toda vida.

A mudança

Se eu achava que a mudança da minha vida era ter mudado da capital para o interior aos 15 anos, logo depois de ter claramente distinguido meus melhores amigos em uma fase tão difícil para um adolescente, tudo veio por água abaixo de novo. Assim que nos mudamos, seis meses depois, meus pais (mãe e padrasto) se separaram e perdi meu chão.

Minha mãe, ao término do relacionamento, resolveu mudar-se de país.

A princípio foi a passeio para Galícia, na Espanha e, após três meses, voltou e resolveu que estava de malas prontas para ir morar por lá de vez. E, naquele momento, meu ainda namorado me disse para ir morar comigo. Naquela hora, mudei o rumo de uma promessa tosca que me fiz, de que eu nunca me casaria, e casei! Assim, sem véu e grinalda, sem planejamento, do jeitinho que eu "nunca" sonhei, casei. Hoje tenho certeza de que eram planos de Deus e eu não sabia.

Dez anos depois, fizemos tudo como manda a tradição... festa, assinatura em cartório, e tudo o que tínhamos direito. Mas foi ali, daquele jeitinho, que recebemos as bênçãos de Deus, quando Ele nos uniu.

O começo

Descobri que nasci para empreender cedo. Mas foi aos 17 anos, na Páscoa de 2002, que tive uma experiência mais madura de empreendedorismo. Meu primeiro incentivador e mentor, meu padrasto, me fez um empréstimo de 300 reais. Comprei o material de que precisava e fiz ovos de chocolate lindos e deliciosos para vender. E deu muito certo. Passada a Páscoa, passei a produzir cestas de café da manhã. Um mês após a data, no dia das mães, a sala do meu pequeno apartamento estava forrada de cestas de café da manhã. Eu havia vendido 48 cestas para entregar em um só dia, para mães que acordavam entre as 5 e 7 horas da manhã. Acho que nenhuma mãe dormia até às 10 horas naquela época (risos). Foi um desespero!

Mas com a ajuda do marido dei conta. Um mês depois, no dia dos namorados, outro atropelo. Mais de 30 cestas! (naquela época as estatísticas eram as mesmas dos dias atuais. Mãe, todo mundo tem! Já namorado, os números são mais tímidos, risos). Mas tudo o que eu contabilizava era que os números se mostravam incríveis para quem tinha acabado de começar a empreender. Páscoa, Dia das Mães, Dia dos Namorados... um mês após o outro eu me apaixonei por aquele negócio.

A partir dali, meu caminho foi bater na porta do Sebrae. Lá passei por vários cursos e estudei de muitas maneiras até ter visão e comportamento de uma empreendedora de sucesso. Foi uma fase incrível em minha vida!

Logo, um restaurante que eu e meu marido éramos assíduos frequentadores foi posto à venda. E, com isso, uma lembrança de infância me veio à cabeça, do período do meu primeiro ano aos seis anos. Que não expliquei muito lá atrás, mas o faço agora. Naquela época, minha mãe era proprietária de um restaurante. Cresci nos salões e cozinhas de gastronomia. Eram lembranças ainda latentes em mim. Não pensei duas vezes em propor ao marido, "vamos comprar"? E ele topou. Quantas lições aprendi ali!

Meu segundo amor

Passados três anos de uma insana tentativa de empreender ainda tão jovem, quatro anos depois do início do meu relacionamento com meu marido, achei que havia chegado a hora de ser mãe. Tinha 19 anos e acreditava que estava pronta para viver esse sonho.

Atropelando cada fase comum a todas as meninas, aos 19 eu deveria estar terminando os estudos, pensando se eu queria casar e ter filhos ou se iria me formar e almejar uma carreira de sucesso.

Mas já era casada há quatro anos, dona de casa, empresária e, nessa altura, obedeci o coração e, aos 20 anos, me tornei mãe!

Mãe da Júlia, nossa primogênita tão desejada.

Ela veio para me frear, para me deixar em casa achando que o mundo poderia acabar, que tudo que eu precisava era estar lá, só com ela nos meus braços. Ela me ensinou a amar de uma forma que eu desconhecia, me fez descobrir forças que eu não imaginava que tinha. Ela veio ao mundo com um pacote de benefícios inclusos que mudou nossas vidas.

E lá vamos nós outra vez

Com a chegada da Julia, meu interesse por empreender naquele momento foi por água abaixo. Ficar longe dela estava fora de cogitação.

Juntas brilhamos mais

E mal sabia eu que ela seria meu grande impulsionamento para uma grande paixão no futuro. Afastei-me aos poucos do restaurante, deixando para o meu marido tocar todo o negócio. E, sem mim, foi um desafio sem precedentes para ele, que não tinha ainda muita experiência com aquele tipo de negócio. Providencialmente, uma oportunidade de representação em uma empresa no Estado de Minas Gerais surgiu para ele, colocamos o restaurante à venda e nos mudamos para Juiz de Fora. Cidade linda, escolhida por mim por abrigar umas das melhores universidades de arquitetura do Brasil, curso que tanto desejava cursar. Para lá nos mudamos e fomos muito bem recebidos. Deus preparou pessoas incríveis para nos acolher e recepcionar. Logo encontramos um agradável apartamento no alto de uma montanha com vista panorâmica da cidade e lá reiniciamos nossa vida. Posso dizer que foi o melhor lugar do mundo para criar a Julia em seus primeiros anos de vida. Uma cidade sem igual, tranquila e que funciona. Lá vivemos três anos e logo no primeiro ano de nossa chegada conheci outro grande amor na minha vida. A Confeitaria.

Um amor chamado Ateliê do Açúcar!

Quando um filho nasce, a mãe ganha superpoderes e comigo não foi diferente.

Além de poderes, a maternidade ampliou meus horizontes e ainda me trouxe talentos que eu nem dava atenção e que existiam em mim. A escolha por morar em Juiz de Fora foi clara e objetiva. Mas tão logo cheguei, mudei meus planos para arquitetar bolos. Como não havia curso superior específico nessa área nas faculdades brasileiras, e nem ainda nos dias de hoje, para me embasar de forma consistente na arte, arrumei as malas e fui para o eixo Rio–São Paulo. Na época, ainda eram muito novas as técnicas e informações sobre a arte de bolos artísticos no Brasil. Mas o bolo que fiz para o aniversário da Julia fez tanto sucesso que despertou em mim o desejo de ir além. Em meados de março de 2007, na cozinha do meu apartamento nasceu em rabiscos no papel meu sonho chamado Ateliê do Açúcar. Nessa época, só pensava em fazer bolos. Mas nem comecei a sonhar por lá e o destino me trouxe de volta a minha terra natal Cuiabá. Eu e minha nova família.

Em outubro de 2009, meu marido foi transferido para assumir as operações de venda no Estado de MT e cá estávamos de volta. Saí filha e voltei mãe para minha Cuiabá.

Mais uma vez não sabia os planos de Deus para minha vida.

Assim que chegamos a Cuiabá, houve a necessidade de o Nilson realizar a troca do carro, e fomos gentilmente atendidos por uma vendedora querida e simpática. Eu, muito feliz com seu cuidado e atendimento, a presenteei com um minibolo personalizado. Ela, superfeliz, mostrou ao seu gerente comercial e ele também se apaixonou! Nunca haviam visto um bolo como aquele com cara de presente. Bolos de pasta americana não eram ainda muito comuns na época. Impressionado com a qualidade do produto, ele me fez uma proposta de criar um modelo para presentear os clientes na retirada do seu novo carro.

Após uma semana de estudo, desenvolvi um modelo que não haveria outro mais representativo ao momento. Em uma linda caixa de acetato e laço de fita, criei um delicado minibolo decorado com uma réplica de uma chave de carro e chaveiro com a logomarca da empresa, totalmente comestível e feito em açúcar.

Foi uma grande surpresa ao gerente da empresa.

Imediatamente fechamos um contrato para presentear durante três meses todos os clientes na retirada de seu carro e, como o esperado, foi um grande sucesso! Com isso, o contrato foi prorrogado por mais seis meses e lancei o Ateliê com o pé direto.

Nasceu ali o primeiro ateliê de confeitaria artística da capital do Estado.

Em pouco tempo, não foi mais possível continuar na cozinha de minha casa.

Um sonho realizado

No ano de 2013, uma linda doceria recém-construída e inaugurada fechou por motivos de mudança familiar. Um amigo em comum me levou até a empresa e ao chegar me emocionei. Era como eu havia sonhado. Parecia que enquanto eu sonhava, Deus foi lá e fez. Nos mínimos detalhes, até nos caprichos. E com a ajuda dos nossos mais que amigos, irmãos e padrinhos de casamento Gabriel e Raquel (personagens muito importantes na história do Ateliê e em nossas vidas), adquirimos o espaço e mais um sonho se realizou. E em março de 2014, já com uma clientela cativa, mudamos para o espaço que hoje abriga a nossa estrutura. Com equipamentos completos, uma decoração elegante, confortável, com estacionamento próprio e uma cozinha invejável aos padrões dos grandes centros.

Hoje, o ateliê conta com uma equipe de 12 profissionais que vai do atendimento a *chocolatier's*, confeiteiros, artistas em açúcar, doceiros, e especialistas em embalagens, e juntos transformamos doces em verdadeiras obras de arte.

Nasce meu terceiro amor

Julia sempre sonhou e desejou ter irmãos.

E, em 2015, mais um grande amor chega às nossas vidas. Helena!

Ser mãe com mais experiência é sublime. E eu que, por muito tempo achei que não queria ter mais de um filho, não poderia ter deixado de viver essa emoção. A maternidade me ensinou muito! Não tenho dúvida de que sem elas e sem seus pacotes de benefícios eu não seria quem sou. Sou melhor com elas!

Juntas brilhamos mais

Hoje
Vivo meu universo de sonhos como sonhei!
Sigo no momento mais sublime do meu trabalho. Neste ano o Ateliê completa dez anos de mercado em Cuiabá. Ano repleto de realizações e que foi coroado com o inesperado convite para estar no programa Mais você, da Rede Globo, participando do quadro Fecha a Conta. "Edição de bolos". Em fevereiro deste ano.
O quadro reuniu seis participantes selecionados pela produção da apresentadora Ana Maria Braga. Minha participação rendeu momentos sublimes, que abriram grandes portas e oportunidades que proporcionarão outros grandes episódios em minha história. Já espero pelos próximos anos. Eles serão incríveis!

Capítulo 19

Divina Cor Esmalteria: um negócio que empodera mulheres e transforma vidas!

Liliana Cavalcante

Sou Liliana Cavalcante de Moraes, 47 anos, bacharel em Turismo que adora fazer turismo, virginiana perfeccionista, mãe de três filhos, um neto de dois anos e esposa feliz. Aliás, a base familiar me oferece a força necessária para lutar pelo meu sucesso e o de minha empresa, onde idealizo cada detalhe com o intuito de transformar as clientes em divas, prontas para conquistar o mundo lá fora.

Liliana Cavalcante

Bacharel em Turismo pela Faculdade de Cambury, Goiânia (GO), onde morou com a família, entre 1999 e 2005, retornando a Cuiabá em 2006. Nascida em Guiratinga, interior de Mato Grosso, foi estudar na capital no ano de 1988. Casou jovem e foi mãe aos 19 anos. Tem três filhos, Lívio, Lindberg e Júlia, que são seu orgulho, e um netinho, Vitório, que alegra ainda mais a família. Ao longo de sua trajetória profissional, trabalhou em várias empresas, como a Unimed de Cuiabá, seu primeiro emprego. Em 2008, com seu atual esposo, Aldrey Luís, montou a empresa Refripeças, hoje a principal atividade familiar. Com o intuito de inovar, em 2014 apostou na paixão pela área da beleza e investiu no projeto Divina Cor Esmalteria. Devido ao sucesso, em 2018, a empresa teve sua primeira ampliação.

Contatos
liliana.cavalcante@gmail.com
Facebook: Liliana Cavalcante
Instagram: @lilianamoraes
(65) 99262-3679

Liliana Cavalcante

Acredito que o ser humano tem potencial para materializar tudo que deseja, basta querer. Uma frase de Walt Disney diz assim: "*If you can dream it, you can do it*" (Se você pode sonhar, você pode fazer). Cinco anos atrás, a história da Divina Cor Esmalteria aconteceu mais ou menos assim, eu dormi com aquele sonho apaixonante e acordei com o plano de ação!

Muita gente me pergunta se é uma franquia, pelo padrão de qualidade. Dizem que se parece com uma "casa de bonecas", por causa da fachada romântica e do aconchego. Ainda não, respondo sempre rindo, quem sabe no futuro. Neste momento estou mais focada na expansão, que também integra atendimento ao público masculino.

Vale ressaltar que a nossa proposta não é a mesma de um salão de beleza, embora tenhamos praticamente os mesmos serviços. A Esmalteria não busca quantidade e sim qualidade. Quer oferecer uma experiência única, exclusiva, em um espaço aconchegante e com a máxima qualidade em tudo. Afinal, aqui você encontra inclusive esmalte Louboutin!

Divina é uma palavra que remete a vários sentimentos de bem-estar: maravilhosa, excelente, sublime, grande, celestial, perfeita, primorosa, ótima e excelsa. Por isso, dispomos das melhores técnicas, com profissionais altamente qualificados e uma linha de produtos, a maioria importados, escolhidos a dedo (e por mim!).

Nascida no dia 24 de agosto, em Guiratinga, interior de Mato Grosso, sou uma virginiana exigente, que faz questão de comprar praticamente tudo o que é utilizado na empresa. Eu viajo entre duas a três vezes por ano para fora do país e costumo trazer na mala as melhores linhas para unhas, cabelos, pele, corpo e maquiagem.

Aliás, as minhas clientes sempre comentam que vêm fazer as unhas e saem com parcelamento gigante no cartão de crédito. "Os produtos são irresistíveis!", brincam. Para mim, as viagens são mais que passeio, são oportunidades de negócio. Aproveito os melhores preços e variedades, inclusive em roupas, bolsas e acessórios. Sou muito conectada e pesquiso muito.

Gosto de pensar que no meu espaço a cliente vai encontrar muito mais do que ela precisa, aqui é um lugar para realização de sonhos, de saber das últimas tendências. Então, capricho em cada detalhe, que é escolhido com carinho. Mesmo um arranjo de mesa, por exemplo, não é aleatório, pensei e ponderei sobre ele, para que seja o melhor.

Juntas brilhamos mais

Eu me sinto muito realizada em dedicar parte do meu tempo a este projeto. Porque trabalhar na área da beleza é sem dúvida algo muito especial e prazeroso. Não importa a classe social ou idade, toda mulher se sente outra depois que faz unhas, cabelo e sobrancelhas. Ela renasce, rejuvenesce, sorri e se sente pronta para ir lá fora e ganhar o mundo!

Como tudo começou? Foi no ano de 2014, quando convidei a minha manicure, uma amiga da qual eu gostava e admirava, para trabalhar na empresa da família, a Refripeças. Na época, ela precisava de uma estabilidade maior, então, como era inteligente, talentosa e dedicada, tornou-se a minha secretária.

No entanto, pouco tempo depois observei que aquele não era o melhor lugar para ela, pois o papel de escritório matava sua criatividade e seu talento! Então, um dia tive um estalo e pensei: "Por que não montar um negócio na área da beleza?". Naquela noite nem dormi direito, pensando e imaginando, e acordei com um plano de negócio.

Durante aquele período, as esmalterias estavam em alta, por isso, ao invés de um salão, apostei no conceito de um ambiente mais personalizado. Pesquisei muito e decidi que era o melhor caminho. Como eu não tinha tempo para cuidar do negócio pessoalmente, seria ideal ter uma parceira para cuidar em tempo integral e fazer o serviço que é o destaque até hoje: unhas.

O meu papel se mantém como "investidora" e não a profissional que faz o atendimento às clientes. Lembro-me com emoção de quando fiz a proposta à minha parceira, que topou embarcar no meu sonho. Em pouco tempo já estava tudo desenhado e projetado para sair do papel.

A Zaira, minha arquiteta xodó, até hoje diz que não sabe como conseguimos colocar tudo de forma tão perfeita em um espaço tão pequeno! Mas eu sabia que ela conseguiria, porque não havia outro jeito, tinha que ser exatamente assim. E o mesmo aconteceu no ano passado, com a reforma e ampliação, em que fizemos "mais um milagre arquitetônico". Posso assegurar que não existe pílula da felicidade melhor que materializar um sonho. Graças a Deus, meu esposo me apoiou 100%, vibrou comigo, apostou na minha capacidade, mesmo que tudo aquilo não fosse dar um retorno financeiro automático e rápido, além de exigir um alto capital inicial, principalmente pelo padrão de qualidade que eu queria implantar.

Como sempre fui uma mulher de negócios precavida, esforçada e sou sócia na outra empresa, usei as minhas economias pessoais para dar início à Esmalteria. Confesso que os primeiros anos não foram fáceis, porque tivemos que fazer um nome no mercado, fidelizar clientes e montar uma equipe de profissionais de confiança.

É importante destacar que mesmo oferecendo excelentes produtos importados de diferentes marcas, como Louboutin, Dior, Chanel, nossos preços são acessíveis. Só para você ter ideia, um Louboutin, que mais parece um item na nossa decoração, tem um custo aproximado de 50 dólares. Sem dúvida, é algo diferenciado que oferecemos.

Para alcançar sucesso, nossa filosofia é buscar retorno financeiro muito mais a partir de outros serviços e produtos agregados. Com persistência e disciplina, pouco a pouco tornei o negócio sustentável. Hoje não temos mais a parceira inicial, porém, consegui montar um time de primeira linha, que me dá muito orgulho.

Diva até no nome

Quase me esqueci de contar sobre o nome. Surgiu a partir de uma pesquisa, em que descobri que em Brasília havia a "Divina Beleza", como sou uma pessoa vaidosa, pensei que uma palavra que remetesse à diva (divina) que habita em mim seria ideal. Também fiz questão de dar um ar romântico e clássico à logomarca.

A maioria das pessoas não sabe. Nossa primeira sede foi uma casa a algumas quadras da galeria, aqui no bairro mesmo, onde ficamos por três meses. Sou uma pessoa intuitiva, senti que precisava da energia de outro lugar, então, quando uma amiga falou do espaço da galeria, eu bati o olho e pensei "É aqui".

Buscava naquele momento mais segurança e comodidade, porque na galeria há restaurante e estacionamento gratuito, além isso, fica em frente a uma avenida (Carmindo de Campos) movimentada e, por isso, traz mais visibilidade ao negócio.

Nosso primeiro desafio: "Vai caber", "Tem que caber". E coube, para o nosso alívio. Assim consegui criar, inicialmente, um ambiente para a esmalteria com depilação, escova expressa e podologia.

Gosto muito de lembrar de tudo isso, porque foi uma fase maravilhosa, em que escolhi cada item, me ocupei com cada detalhe, que fui comprando na internet ou pessoalmente, sempre pesquisando, para montar um grande quebra-cabeça. Era uma satisfação imensa, ficava maravilhada de ver que tudo estava maravilhosamente fluindo e o meu projeto saindo do papel para a realidade.

Como atrair clientes sem ser do ramo? (pausa para o suspiro). Mais uma vez quero enfatizar que ter uma parceira com experiência no ramo foi fundamental no nosso momento inicial, pois trouxe muitas pessoas legais entre clientes e profissionais para trabalhar conosco, inclusive algumas fazem parte do projeto desde o começo, ou seja, tem cinco anos.

A responsabilidade em ter uma empresa e não ser profissional da área da beleza é muito grande. O segredo para o sucesso sem dúvida passa por construir uma boa equipe, ser generosa e estimular o crescimento de quem está comigo. Eu, particularmente, faço questão de retribuir o esforço, a dedicação e o profissionalismo. Quem trabalha na minha empresa cresce, esse é o meu lema. Aliás, 60% da renda no atendimento ficam para elas.

> Juntas brilhamos mais

Também incentivo a aquisição de novos conhecimentos (cílios, depilação, variedades de unhas e outros), para que elas possam fazer constantemente novos cursos, atualizando-se e dispondo de mais serviços para os clientes. Ensino que é preciso ter uma atividade principal, como destaque, e ser referência nisso, porém, é importante ampliar esse leque para alcançar melhor lucratividade.

Sei que esse estilo 'mãe' não combina muito com o meio empresarial, mas eu sou assim, gosto de ser assim, porque penso que um funcionário satisfeito e valorizado oferece o melhor de si ao cliente, também é fiel e comprometido. Mais que isso, a minha equipe se tornou um time de sucesso, no qual tenho companheiras e amigas. Não sei os outros, mas eu realmente estou contribuindo com um mundo melhor e mais humano, esse é meu jeito.

Por ser uma empresária originalmente do ramo de peças para ar--condicionado de veículos (Refripeças), que é algo mais voltado ao universo masculino, encontro aqui na Esmalteria um *hobby* para extravasar minha alegria de viver e exuberância. Onde posso ser eu mesma, receber minhas clientes, às vezes até com champanhe, fazer o social, além de me manter sempre linda, claro.

Ah, eu amo trazer mimos para minha equipe, como panetone e ovos de Páscoa, mas isso não reduz meu padrão de exigência. Cobro de todas um bom desempenho, pontualidade e assiduidade. Agora, fico totalmente derretida quando leio os *feedbacks* delas sobre os presentes nas redes sociais: "*Mommy* arrasou desta vez", comentam.

Vou abrir um parêntese para falar sobre a gerência. É sem dúvida um grande desafio para qualquer empresário, em qualquer ramo de atividade, encontrar pessoas habilitadas para ocupar esse cargo, que exige uma série de competências. Como sou uma mulher de sorte, venho conseguindo agregar ótimos profissionais e sou grata a todos eles!

Quero destacar que mesmo tendo outra atividade paralela, venho todos os dias à Esmalteria, já que almoço na galeria, e estou sempre presente. Agora, é no sábado que fico mais tempo, então, aproveito para conversar e fazer o social com as clientes e a equipe.

Ampliação do espaço (e do sonho)

Parece inacreditável, mas a Esmalteria Divina Cor conseguiu se reinventar mais uma vez, em 2018, novamente com um projeto assinado pela querida Zaira, que conseguiu encaixar tudo que eu quero em um espaço pequeno, da melhor maneira: duas salas de podologia, uma de estética, uma unha de fibra, duas salas de atendimento (unha, cabelo) e uma minicopa superaconchegante. E quem sabe no futuro teremos um "Divino Homem"?.

Vou confessar que, nesses cinco anos, e mesmo com a proposta de ampliar, não obtenho alta rentabilidade. Mas também não tenho prejuízo, é um negócio equilibrado, em que o que mais pesa mesmo é a minha realização pessoal, a minha paixão. Tudo isso aqui me faz um bem enorme! Traz mais vontade de viver, estudar, pesquisar, sempre estou observando uma nova oportunidade...

Quero estar agregando algo mais, uma vez fui a uma feira em Cuiabá e vi alguém vendendo pacotes de uma banana verde. Aquilo me pareceu ser ideal para estar disponível no meu espaço e poder oferecer às clientes, que passam muitas vezes grande parte da manhã e do dia na Esmalteria. Ou seja, elas têm fome! Então, imediatamente fechei a aquisição em atacado, o que agradou a todos.

Vi oportunidade de negócio inclusive com a minha mãe. Atualmente eu coloco os produtos que ela faz em exposição no nosso espaço e isso faz muito sucesso, também é uma oportunidade de apostar e valorizar o talento dela em fazer bolos. Não é algo muito legal? Por que não investir nessa ideia? (foi o que pensei!)

Então, observe, o que era para ser apenas um espaço para serviços de beleza, hoje é algo mais. Porque eu tenho essa visão agregadora, o que ajuda a gerar maior lucratividade. Eu valorizo cada um ou dois reais a mais, o que acaba sendo uma forma criativa de ganhar dinheiro, sem explorar ninguém.

Outro ponto importante: faço questão de ter muitos parceiros, que são amigos, conhecidos, que promovem eventos no nosso espaço de beleza. Eles são de várias áreas: sapato, bijuteria, roupas e óculos. Já promovi momentos muito descontraídos aos 'sábados' com vários deles e virou uma grande festa. Mais que clientes, buscamos amigos e ampliar a *network*. Acho que fazer contatos e conhecer pessoas novas não tem preço.

Até o meu marido hoje é um cliente assíduo da Esmalteria, ele vem fazer unhas, cabelos e me dá muita força para tocar o projeto. A família toda embarcou comigo, a minha filha, de 11 anos, também adora estar aqui e sonho com o dia em que ela me ajudará, continuando o meu legado que é transformar vidas, embelezar pessoas. Mais que isso, empoderando mulheres.

Capítulo 20

De mulher para mulheres

Lindinalva Correia Rodrigues

Uma mulher lutando pelos direitos de outras mulheres, descobrindo o sofrimento e a dor ocultos pelas paredes de muitas "prisões" chamadas de "LAR", atuando de forma destemida e solidária para mostrar que vítimas em situação de vulnerabilidade não precisam se sacrificar para salvar suas relações "afetivas", pois, "no fundo, sabemos que o outro lado de todo o medo é a liberdade".

Juntas brilhamos mais

Lindinalva Correia Rodrigues

Promotora de Justiça do Estado de Mato Grosso desde 1997. Escritora e palestrante de âmbito nacional na área de direitos humanos das mulheres e violência doméstica e familiar. Primeira promotora de justiça a aplicar a Lei Maria da Penha no Brasil. Auxiliou a Comissão Provisória de Reforma do Código Penal Brasileiro, de 2012 a 2013. Auxiliou a CPMI da Violência Doméstica do Congresso Nacional. Coordenadora nacional da COPEVID - Comissão Nacional do Ministério Público no Combate à Violência Doméstica e Familiar Contra as Mulheres do Brasil, de 2001 a 2013. Criadora e coordenadora dos projetos: "Questão de Gênero"; "Lá em Casa Quem Manda é o Respeito"; "Promotoras Legais Populares - MT"; "Homens que Agradam Não Agridem". Mestranda em Direitos Humanos e Fundamentais pela Universidade Federal de Mato Grosso. Graduanda em Filosofia pela Universidade Federal de Mato Grosso. Membro da Câmara Setorial Temática de Políticas Públicas para Mulheres da Assembleia Legislativa de Mato Grosso. Ocupante da Cadeira 37 da Academia Mato-grossense de Letras.

Contatos
lindinalvacrodrigues@gmail.com
Facebook e Instagram: Lindinalva Rodrigues

Uma mulher lutando pelos direitos de outras mulheres, descobrindo o sofrimento e a dor ocultos pelas paredes de muitas "prisões" chamadas de "LAR", atuando de forma destemida e solidária para mostrar que vítimas em situação de vulnerabilidade não precisam se sacrificar para salvar suas relações "afetivas", pois, "no fundo, sabemos que o outro lado de todo o medo é a liberdade"[1].

Teórica e estatisticamente, eu tinha tudo para dar errado... mas nasci e renasci diversas vezes em busca do êxito. Será que deu certo? Vejamos:

Meus pais, Pedro e Aparecida, eram muito jovens quando se casaram, ele com 17 e ela com 16 anos.

Aos 17 anos minha mãe engravidou de mim, eles eram muito pobres e não tendo condições financeiras de alugar uma casa, alugaram uma tulha de milho, dentro de uma fazenda, no interior do Mato Grosso do Sul.

Quando minha mãe sentiu as dores do parto, uma parteira da região foi chamada em casa, mas houve complicações e o trabalho de parto de minha mãe foi tormentoso e eu demorei três dias para nascer.

Nasci em 22 de dezembro de 1970, em casa, com a pobreza como companheira constante, em um tempo em que o objetivo da vida era sobreviver, um dia de cada vez, sem preocupações com o futuro. Brotei do úbere da dificuldade, onde faltava tudo, mas sobrava amor e, de fato, o amor é capaz de salvar todas as vidas.

Das complicações do parto surgiu uma grave doença: a epilepsia, que passou a se manifestar quando tinha por volta dos 12 anos, sendo que após a primeira convulsão vieram muitas e muitas outras, marcando a ferro minha infância e adolescência, chegando as crises epiléticas a me acometer de três a quatro vezes por semana, foi e é difícil e estigmatizante conviver com a enfermidade que na idade média lançava seus portadores à fogueira, mas de alguma forma, não sem trauma e com alguma dor, passei na vida também por essa prova, convivendo com essa mazela incurável, que me acomete até os dias atuais, tendo-a relativamente sob controle por meio de muita medicação e especial cautela.

Em 1972, eu tinha dois anos quando meus pais vieram tentar melhor sorte em Cuiabá, jovens, trabalhadores e com dois filhos pequeninos,

---

1 Marilyn Ferguson.

Juntas brilhamos mais

vivi pouco mais de um ano no bairro Coxipó, em um casebre de uma peça, com pouco reboco e chão batido, de onde se podia ver as estrelas pelos buracos do telhado no meio da noite, tempo em que meu pai servia no Exército, atuando no 9º Batalhão, trabalhando na construção da Rodovia Cuiabá-Santarém, tendo deixado essa instituição em 1974.

Junto com a enchente de 1974 deixamos Cuiabá e mudamos para Tangará da Serra. Eu tinha 4 anos de idade naquele tempo, quando meu pai trabalhava como mecânico e éramos muito felizes esperando o fim de semana para andarmos, os quatro, na sua moto, para participar das quermesses e do domingo na praça com balão e pipoca. Não me recordo de nada que me faltasse naquele período.

Com seis anos, em 1976, mudei com minha família para Várzea Grande, passando a viver em um bairro periférico e carente na ocasião chamado Cristo Rei, onde morei por quase dez anos. Foi quando eu descobri que era pobre, vivendo na casinha de madeira que molhava mais dentro do que fora. Lembro-me dos dias de chuva, quando munidos de vassoura e rodo tentávamos salvar as parcas mobílias da enxurrada que varria a casa da porta da frente até a dos fundos, inundando tudo com sujeira e lama, por onde passavam sapos, ratos e até cobras sob nossos pés descalços.

No Cristo Rei nasceram meus outros dois irmãos, assim éramos agora uma grande família com meus pais e quatro filhos.

Naquele tempo meu pai conseguiu um trabalho como gerente de fazenda de uma grande construtora, onde trabalhou por quase uma década e, quando ele pediu demissão, recebeu dinheiro suficiente na rescisão para nos comprar uma casa em um dos bairros mais nobres da época, o Boa Esperança, para onde nos mudamos em 1985. A partir daí nossa vida mudou muito, meu pai começou a prosperar quando conseguiu receber uma comissão pela venda de uma grande área de terras, foi quando comprou duas máquinas de terraplenagem, nascendo daí sua empresa dessa área, com a qual trabalhou, cresceu e progrediu, sendo hoje um pecuarista bem-sucedido e com os pés firmes no chão. Separaram-se meus pais após trinta e seis anos de união e ele teve outros dois filhos.

Tenho então três irmãos do casamento do meu pai com minha mãe: Lindomar, Pedro Júnior e Renato, e outros dois irmãos de outras uniões de meu pai: Vitória e Pedro Filho, este último o caçula, com 13 anos de idade atualmente.

No início de 1990 entrei para a Faculdade de Direito, tendo me formado em 1994, na primeira turma da Universidade de Direito-UNIC, da Beira Rio, em Cuiabá.

Até a formatura tive uma trajetória diversa da maioria dos colegas, tendo em vista que com apenas 15 anos, em 1985, me casei pela primeira vez, e tive o primeiro de meus dois filhos em dezembro de 1987, ainda com 16 anos de idade.

Lindinalva Correia Rodrigues

Fui mãe na adolescência, quando em 1º de dezembro de 1987 nasce minha filha Diana. Tive um casamento precoce, que terminou rapidamente em 1988 e cursei o Magistério na época, em uma escola pública do bairro Boa Esperança, chamada Francisco Alexandre Ferreira Mendes.

Nos tempos da universidade já apresentava o desejo de seguir carreira como membro do Ministério Público e fui estagiária no Ministério Público do Trabalho e no Ministério Público Estadual.

Ao encerrar a universidade segui direto para assessorar a procuradora-chefe do Ministério Público do Trabalho da 23ª região, em Cuiabá, tendo sido aprovada dois anos depois, em primeiro lugar, em concurso nacional de nível superior do Ministério Público Federal, e no ano seguinte, em 1997, passei no concurso para Promotora de Justiça, com 26 anos, já no meu segundo casamento e grávida de meu filho João Pedro, que nasceu no dia seguinte das provas escritas do concurso, em 6 de maio de 1997.

Iniciei meu trabalho no Ministério Público em 1º de dezembro de 1997, na cidade de Água Boa, tendo depois de um ano sido promovida para Primavera do Leste, onde trabalhei por um ano e meio, depois promovida para Rondonópolis, em que morei até 2003, de onde fui promovida para Cuiabá, após atuar por quase seis anos no interior.

Em 7 de agosto de 2006, foi promulgada no Brasil a Lei 11.340, conhecida como Lei Maria da Penha, que entrou em vigor em 22 de Setembro de 2006, data em que, sob a condução e orientação da desembargadora Shelma Lombardi de Kato, Cuiabá criou as primeiras duas Varas de Combate à Violência Doméstica do Brasil e, atuando junto com a juíza Amini Haddad Campos, torno-me a primeira promotora de justiça a aplicar a Lei Maria da Penha no país e inicio minha trajetória na defesa de mulheres em situação de vulnerabilidade, decorrentes da violência doméstica e familiar.

Daquele instante em diante abri a "Caixa de Pandora"...

A violência contra as mulheres é uma chaga aberta a devorar o coração do mundo, que as submetem a atrocidades simplesmente por serem mulheres, que por tal condição são espancadas, violentadas, ameaçadas, ofendidas, casadas contra a vontade, assassinadas, enfim, têm seus direitos reiteradamente violados por uma sociedade que ainda não lhes faculta o direito de se conduzirem de acordo com a própria pretensão.

Atrás de portas fechadas e em segredo, as mulheres ainda estão sujeitas a violências terríveis e, até o advento da Lei Maria da Penha, estavam excessivamente envergonhadas e receosas de denunciarem seus algozes e expor suas agruras, pois o preceito criminal então vigente não as levava a sério, contribuindo sobremaneira para a "invisibilidade" dos casos, num sistema que as olhava mas não as via.

Naquela época, o sistema de justiça devolvia para as vítimas o "problema" para ser solucionado em casa, concedendo ainda mais poder ao agressor, que acobertado pela impunidade, evoluía em periculosidade.

Jamais se ocuparam os Juizados Especiais Criminais da defesa das mulheres enquanto sujeitas de direitos, pelo contrário, agiam como "guardiões" da família, estatuindo a nefasta tese de resgate da "harmonia familiar" a qualquer preço, onde, equivocadamente, as mulheres eram oferecidas em sacrifício.

Após o advento histórico da Lei Maria da Penha, as mulheres, finalmente, passaram a ser ouvidas e quanto mais as ouviam, mais elas falavam, e foram surgindo de todos os lados, rompendo o silêncio, a vergonha e o medo, concretizando-se um sistema de proteção agora efetivado por pessoas que reconhecem suas mazelas e sabem que seus problemas não são "pessoais", mas crimes passíveis de repreenda.

A posse, decorrente do fato de muitos homens ainda se sentirem os "donos" das mulheres e não se conformarem com o rompimento da relação afetiva/abusiva, são, sem dúvida, os grandes motes desencadeadores do maior número de casos graves de violência doméstica, inclusive o feminicídio, cometidos com bárbaros requintes de crueldade, via de regra atacadas de forma inesperada, quando se encontram indefesas, geralmente no interior da própria casa e não raras vezes na presença de seus filhos.

Após treze anos de aplicação da Lei Maria da Penha no Brasil, me chama atenção o grande número de vítimas e agressores de classe social abastada e curso superior completo, revelando que a violência doméstica está longe de ser um problema apenas social, necessariamente vinculado à falta de recursos ou informações, sendo sobretudo uma mazela cultural, advinda das diferenciações de poder presentes em relações ainda muito desiguais.

Inobstante, a Lei assinala o início de uma nova fase, conclamando que as mulheres não precisam mais se adequar a um sistema inumano e discriminatório, que têm direito de se rebelar, falando abertamente de suas dores e agruras, rompendo com relações indesejadas, ainda que muito as assombre o "fantasma" da SOLIDÃO, que as levam a relações destrutivas, por acreditarem serem as únicas pessoas capazes de ajudar os companheiros a superarem os "problemas" que os levam a bater nelas.

Nessa complexa trama do relacionamento conjugal, que comporta sentimentos ambíguos de amor e ódio, há muitas gerações, as mulheres vêm aceitando a ideia de que necessitam de um homem para legitimá-las como seres humanos, e na busca desenfreada de preenchimento desse vazio da alma, procuram amor nas pessoas erradas, reiterando comportamentos autodestrutivos e frustrantes.

Ao se jogarem em relações vazias por serem mais "fáceis" ou por estarem "disponíveis", nossas mulheres tentam integrar-se a qualquer custo, assumindo formas que não são suas, e por estarem feridas e solitárias, conscientes da impossibilidade de encontrarem os "príncipes" prometidos na infância, tendem a aceitar qualquer substituto que lhes seja oferecido, estão tentando compensar perdas anteriores, o que "poderá levá-las perto demais da porta do carrasco"[2], perdendo-se em excessos de toda ordem, resistindo a longos períodos de privações, mesmo que tenham planejado escapar inúmeras vezes, no fundo sabem do perigo que as circunda, mas não se sentem capazes de pagar sozinhas pelo preço da fuga.

Todas nós já cometemos o erro de pensar que outra pessoa poderia ser a "nossa cura" e levaremos muito tempo para descobrir que carecemos prover a cura dentro de nós mesmas, abdicando da ingenuidade que conduz à insensatez que levam mulheres magoadas a concordar em permanecer "na ignorância", seduzidas por promessas de segurança e "amor eterno" que nunca chegarão.

As mulheres não devem batalhar por seus direitos a cada cinco, dez ou vinte anos, é preciso lutar por eles todos os dias, pois o que as mulheres ainda precisam aprender é que ninguém nos dará poder, teremos simplesmente que tomá-los.

Hoje minha menina Diana é advogada e me deu outra garotinha, minha neta Helena. Meu filho João está na metade do curso de Medicina, enquanto minha filha do coração, a sobrinha Giovana, que cuido há mais de dez anos, também faz Medicina. Estou no meu quarto casamento e tem dias que romanticamente ainda penso que viverei com ele "para sempre", para no dia seguinte ansiar por uma liberdade que ainda nem conheço.

Generosa, a vida também me deu Giulia, minha adorável enteada que se tivesse saído de meu ventre não se pareceria tanto comigo. Permeando êxitos de uma existência gloriosa, fiz muitos planos que não se concretizaram, conheci a derrota de perto e tive dores profundas atormentando a minha alma. Sou hoje uma feliz aprendiz, não desejo mais ter as respostas, só quero fazer outras perguntas.

Se eu pudesse voltar no tempo creio que gostaria de ter vivido a minha vida de novo, pois minhas dificuldades me fizeram forte, minhas derrotas me tornaram humana e minhas dores me fizeram evoluir, estou em constante evolução e ebulição, consciente da singeleza da felicidade e da efemeridade da vida.

Como me saí? Penso que fui muito BEM, pois fiz o melhor que me foi possível e descobri hoje que o mundo é um pra cada um, e que a alegria transborda somente de dentro para fora. O resto é fetiche, adorno e supérfluo, que procuramos desesperadamente alcançar, pois sem eles a seriedade nos consumiria e a sisudez condenaria nossa existência a um arremedo de vida sem graça, sem plateia e sem leitores.

---

2 Clarissa Pinkola Estés.

Capítulo 21

Meu mundo sem crenças limitantes

Losinete Lopes

"Valor é o que motiva e crença é o que permite."
Sulivan França

Juntas brilhamos mais

Losinete Lopes

Sócia-proprietária do Dita Bonita Salão de Beleza e Dito Bonito Barbearia. Formação de multiplicadores, gestão do tempo, condução de reuniões, gestão comercial, financeira, *marketing* pessoal e *networking*. Atua na área da estética facial, corporal e capilar. Solucionadora de conflitos, experiência em palestras, treinamentos e com produtos do segmento de seguros, previdência, consórcios e capitalização. Experiência em assuntos regulatórios junto às seguradoras e administradoras de consórcios e previdência. Vivência em gestão de pessoas, capacitação andragógica, administração e gerenciamento, entre outras. Responsável por resultados da área comercial da Caixa Seguradora no Estado de MT (1993/2014) e pelo controle de qualidade e conformidade na área comercial da Caixa Seguradora no Estado de MT (1993/2014).

Contatos
losinete@ditabonita.com.br / losinete@terra.com.br
Instagram: Losinetells
Facebook: Losinete Lopes
Instagram e Facebook: Ditabonitacuiaba
Instagram: Ditobonitobarbearia
Facebook: Ditobonitocuiaba
(65) 98111-7709

Losinete Lopes

O nascimento - a cidade onde nasci é pequena, tem uma beleza exótica, Salto do Céu, no interior de Mato Grosso. Ali aprendi a declamar versinhos na igreja, meu primeiro palco. Desde muito cedo na minha vida tive de enfrentar meus medos. Medo de não andar, pois tive paralisia infantil. Medo de correr e cair, face ao mesmo problema. Ainda assim, sempre tive incentivadores, o meu pai Lorem Lopes da Silva e a minha mãe Marlene de Sousa Lopes a "ser normal" e a me comportar como tal, sem limitações, travas e crenças limitantes.

A minha infância foi de artes, peripécias, castigos, surras, alegrias e muitas brincadeiras, sem jamais ouvir "não faça isso, você não pode"; "você é doente, incapaz", frases que muitas crianças com o mesmo problema ouviam na época. Então eu corri (no sentido figurado da palavra, pois correr mesmo, nunca corri) e assumi que meu livre-arbítrio era meu grande aliado.

O primário estudei na Escola Barão de Melgaço, situada na Praça da República, a Biblioteca Estadual Estevão de Mendonça, a Igreja Matriz, onde fazíamos apresentações, também importantes cenários na minha interação com o público.

O Colégio Liceu Cuiabano foi o ambiente de aprendizado no ginásio, com um quadro docente de primeira linha, seu anfiteatro nos permitiu grandes emoções, ali também me defrontei com minhas crenças limitantes, pois um público grandioso era sempre o que nos esperava naquele espaço, também cumpri trabalhos ora ensaiados.

Segundo grau na Escola Técnica Federal de Mato Grosso, bons tempos e duros idem, pois sob a direção de um militar a disciplina, regras e pontualidade se faziam presentes em nossas rotinas, por muitas vezes com horários integrais de aula.

UFMT, além da formação acadêmica, a ginástica rítmica era minha preferida, desenvolvi meus reflexos, flexibilidade, coordenação motora e a dança, que sempre gostei, tomou um sentido maior na minha vida, pois muito me ajudava no processo de encurtamento de membro, atrofiamento do pé, era uma fisioterapia dançante.

Aos 16 anos me encontrei com novos medos, pois aqui minhas escolhas refletiam diretamente no meu ventre e no futuro do meu filho Rodrigo Lopes Lima. Sim, estava grávida. Casei, chorei, sorri, cantei, continuei meus estudos e me fortalecia em Deus, em meu filho e minha família;

Juntas brilhamos mais

o quão importante são os pais na vida da gente. Frente a tudo isso tinha uma certeza: eu e meu filho éramos uma realidade. Aos 19, outra gestação, dessa vez de uma menina, Suelen Lopes Lima. Eu e Jorge Amádio Fernandes Lima, meu marido, ficamos felizes e assustados, novos temores e inseguranças. Porém, minha fé me direcionava a Deus, me agarrava e pedia: "Tu és grande Senhor, me leve contigo sempre".

Sempre gostei de músicas e de cantar, então eu cantava, entoava hinos de louvores para meus filhos, ou talvez para acalmar a minha alma. Aos 23 anos tinha uma casa, marido, dois filhos, estudos, os pais em processo de separação, eu e meus irmãos Laurenice Lopes, Lorinete Lopes e Lorem Lopes Filho nos sentindo totalmente órfãos e também um trabalho que muito me ocupava.

A oração é a minha força que me coloca nos braços do Pai, eu creio porque o Pai diz: " Porque és precioso a meus olhos, porque eu te aprecio e te amo, permuto reinos por ti, entrego nações em troca de ti". (Is 43: 4-5). O livro de Isaías ainda diz: "Fica tranquilo pois estou contigo". Diante de tão ricas palavras e cuidados, como não ser destemida, como não vencer as limitações.

Os filhos sempre eu e Jorge os incentivamos a participarem de atividades nas escolas, na igreja, a falar em público, se expressarem. Aqui relato o concurso de palhacinhos que meu filho participou com seis aninhos. A princípio não queria participar, todavia, na véspera do evento, manifestou o desejo, sem preparação de roupa, improvisei e agregamos algo mais, ensaiamos então uma fala, no dia quando chegamos, me assustei com as crianças todas lindamente fantasiadas, pensei em desistir, contudo respirei e fomos. Conforme as crianças iam entrando mudas e caladas, meu coração saltava, ele foi o penúltimo, entrou todo faceiro gritando: "Sou o palhaço tremendão, escorrego na banana e machuco meu bundão, ai, ai, ai...". Foi muito aplaudido. Ganhou o concurso, que vitória, minha crença limitante foi vencida pela coragem e bravura do meu filho Rodrigo.

Hoje vejo que a fruta não cai longe do pé, muito nos orgulha a postura e comportamento de nossos filhos. Os netos vão, com a Graça do Pai, ter as mesmas vivências, já praticamos com nossa neta do coração, a Lívia, ela já faz orações antes das refeições, ora e agradece a Deus por sua família lindamente.

O que me impulsiona: Deus, minha família, fazer o que gosto, amizades verdadeiras, minhas orações e minha fé. Jesus diz: "Venham comigo que eu os ensinarei a serem pescadores de homens". (Mt 4:19)

Em mais de três décadas de união, costumo dizer que fomos unidos pelo grande e infinito amor de Deus. As afinidades são muitas (festas, amigos, dançar, músicas, viagens, reunir famílias, estar juntos fazendo um monte de coisas ou não fazendo nada). A música sempre nos aproximou, até hoje temos nossas preferidas que nos remetem a momentos de muita cumplicidade, comunhão com Deus, carinho, desejos e amor. Sempre ouvi: Te amo! Portanto amo estar casada, amo namorar meu marido, amo ser dele e ele meu. Posse? Não, Amor!

Terapias já fiz muitas, sem problemas de buscar o que preciso para melhorar, o que tenho que evoluir, desenvolver, assim foi uma grande descoberta na minha vida, tenho TOC de limpeza (sim, tenho, pois é uma vigilância eterna para não recair), estou bem há anos, mas às vezes dá uma crisezinha leve.

Minha relação com o dinheiro sempre foi saudável, o laborar nunca me assustou, tomei gosto desde menina pelo trabalho e por suas recompensas. O planejamento financeiro foi meu grande aliado em muitas realizações de sonhos, mas um fato muito me marcou, a festa de 15 anos da minha filha. Fiz uma boa reserva, entretanto eu e Jorge precisávamos do valor e o aniversário estava a dois meses de acontecer. Enfim, o evento saiu com muito menos do que havia poupado, anjos surgiram e minha filha teve uma linda e abençoada festa. Tudo calculado, na ponta do lápis, vontade, grandes desejos, boas pessoas com você e o universo conspira a seu favor.

Com 13 anos tive meu primeiro trabalho remunerado, fui vendedora temporária na Daniela Enxovais, na antiga galeria GG, amei receber meus proventos (comprei presente para a família toda no Natal). Depois fui trabalhar com minha mãe, que tinha um salão de beleza que funcionava como estética e boutique, um espaço à frente de seu tempo, minha mãe, minha inspiração, meu pai, meu exemplo. Na Sasse Seguradora fui vistoriadora de veículos, com minha máquina Polaroid, meu lápis de pedreiro, minha prancheta e etiquetas adesivas. Exerci a função de perita de processos e assim foi minha formação, meu desenvolvimento e de minhas habilidades, de observação sistêmica, operacional e crítica.

Eu era incansável em minhas buscas constantes. Cursei Administração em 1995; MBA em 1999; Espanhol em 2002; Instrutoria em 2005; Coaching em 2010 e Estética em 2016. Atualmente, sou empresária, sócia-proprietária desde 2015 do Dita Bonita salão de beleza e do Dito Bonito barbearia, uma empresa com 32 colaboradores em média. Em meu trabalho na Caixa Seguradora, precisei fazer a Certificação Profissional (CPA 10 e 20) da Associação Brasileira das Entidades dos Mercados Financeiro e de Capitais (ANBIMA) e outras certificações. Refiz monitoria e capacitação para instrutoria andragógica, ministrar palestras, treinamentos, preparar meu mundo na arena com meus expectadores.

Tudo isso em uma época em que as mulheres ainda eram pouco vistas em ambientes de negócios, assim por muitas vezes me vi tomando café sozinha em um hotel e em voos, pois viajava muito. Meu marido Jorge estava sempre comigo, me incentivando e motivando, entendendo meu

Juntas brilhamos mais

mundo um tanto quanto masculino. Assédios? Sim, sofri muitos, porém meus valores, crenças na família em Deus e respeito para comigo mesma fez sentir-me protegida.

A passividade nunca foi meu forte, não sou de esperar, procrastinar e postergar, sou de fazer. Sim, eu tenho medo, entretanto a confiança de que sou capaz de realizar, na maioria das vezes, me proporciona vitórias. E as derrotas, como são tratadas? Como modelos de aprendizagem para bem lidar com elas. Novos planos, estratégias e cuidados para não repetir o que foi avaliado e analisado que pode não ter dado certo no primeiro momento e assim buscar resultados exitosos.

Ao longo da minha vida profissional tive pessoas nas quais me inspirei e que as tive como mentoras. Sempre busquei extrair das pessoas o que elas poderiam me ofertar de melhor, para crescer profissionalmente. Fui assumindo funções e responsabilidades, comecei a pensar, organizar, resolver e a realizar, o que foi muito gratificante. Muitas pessoas acreditavam em minhas habilidades e, assim como meus pais, marido e filhos, essas pessoas me falavam "você é capaz" e me confiavam metas, tarefas e grandes missões. E quanto mais fazia, mais queria realizar e deixar meu legado. Também me favoreci, tendo em vista que desenvolvi muitas habilidades.

O que dizem sobre o ponto a desenvolver: paciência.

Pontos fortes: criatividade, bom humor, positividade, lealdade, liderança, comunicação, controle emocional, proatividade, diferenciação, dinamismo, empolgação, alegria, companheirismo, praticidade, objetividade, responsabilidade.

"Sempre muito atenciosa na missão de ensinar! Você vai além do que pode e deve fazer, mas seu coração bondoso falava que aquilo era o melhor a ser feito. Tudo que aprendi foi graças a você! Não tenho palavras para descrever a minha admiração pela profissional que é. Eu ia trabalhar feliz porque sabia que era ao seu lado! Losi, você transforma as pessoas!" (Deborah Vilalba).

"Uma mulher e tanto. Admirável por seu companheirismo. Busca interagir de forma positiva com as pessoas, cultivando as relações, trabalha com afinco. Sempre apresenta ideias criativas. Com lealdade, compromisso e zelo pela imagem da empresa, cumprindo os compromissos firmados. Sou grata a Deus por sua vida e pela oportunidade que me deu." (Mariangela Javarotti)

"Losinete sempre esteve à frente em busca de informação, conhecimento e gostava de ajudar, ensinar, agregar, séria, ponderada, leve e com excelência em atitudes positivas, sempre madura e com um termômetro emocional bacana, amiga confiável, divertida, com simplicidade e de grande caráter, bom coração." (Sandra Helena - DF).

Também ouvi muitas coisas negativas, como "você é mandona, aparecida, altiva, orgulhosa, briguenta, impositiva". E minhas crenças me permitiam seguir, pois quem não tem liderança, não é avaliado, exposto. Passa despercebido e é "bonzinho", não se impõe, não se expõe e o muro é seu melhor *status quo*.

Eu posso afirmar que a mim foi conferida e outorgada muitas vezes a liderança, seja na escola, igreja, trabalho e na família. Tive muitas pessoas que me inspiravam e motivavam a realizar por meio de organização, planejamento e entrega de resultados.

Tudo isso você faz quando tem uma equipe com você, quando você é verdadeiro, autêntico e dá *feedbacks* verdadeiros, aqueles que as pessoas não gostam. Por vezes nos fazem parecer sem alma, entretanto você encoraja e ajuda na tomada de decisões e no crescimento pessoal.

Hoje com 51 anos, com os filhos casados, formados, e os meus tesouros mirins Henrique Lima Torres, nascido em 15 de abril de 2019, filho de Suelen, e Lucas Lopes Figueiredo, filho do meu primogênito Rodrigo, que nasceu no dia 4 de maio de 2019. A minha família cresceu. Meus medos ainda estão comigo, mas as minhas certezas também. Analiso sempre as áreas da minha vida: pessoal, profissional, lazer e relacionamento. Quero continuar vencendo minhas limitações, saber usar e abusar das minhas habilidades, desenvolvidas com sucessos e fracassos. Aproveitar meu marido, meus pais, netos, filhos, família e amigos, enfim, a vida, colocar em prática meus conhecimentos à disposição das pessoas e principalmente da igreja, pois muito se percebe a necessidade de aprendizagem e desenvolvimento para a construção de mundo melhor.

O meu crescimento pessoal e profissional me faz protagonista de um case de sucesso. Modéstia para quê? Sou grata a Deus pela permissão da vida, do enfrentamento, das crenças na capacidade de realizar e fazer o meu melhor.

Capítulo 22

Olhar sensível e engajamento social

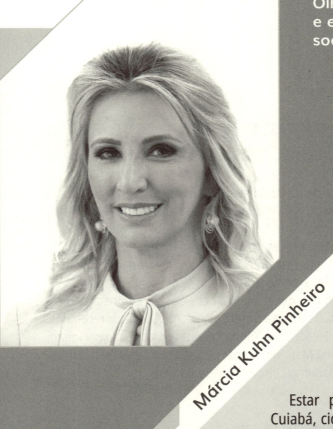

Márcia Kuhn Pinheiro

Estar primeira-dama de Cuiabá, cidade de 300 anos, é motivo de orgulho para Márcia Kuhn Pinheiro. Mulher inteligente, influente, determinada, líder atuante e carismática, ela vem maximizando o que sempre colocou em prática durante toda a sua vida, ajudar as pessoas, sobretudo do ponto de vista social. Ela reconhece que títulos são passageiros e que legado é o melhor que uma pessoa pública pode deixar.

Márcia Kuhn Pinheiro

Atual primeira-dama de Cuiabá; popularmente conhecida como "Mãe de Cuiabá", em virtude da grande atuação na área social. Ex-membro fundadora do Partido da República Mulher (2011). Empresária atuante nas empresas da família até 1995. Administradora de empresas formada pela Universidade de Várzea Grande (Univag) e pós-graduada em Gestão Pública pelo Instituto Cuiabano de Educação. MBA em Gestão Empresarial pela Fundação Getúlio Vargas. Dentre os reconhecimentos recebidos: Embaixadora Estadual da Virada Feminina (expressão nacional); Título de Cidadã Mato-grossense (Assembleia Legislativa); Título de Cidadã Cuiabana (Câmara de Vereadores).

Contatos
marciakpinheiro@hotmail.com
Facebook: Marcia Pinheiro
Instagram: marciakpinheiro
(65) 99966-6450

Márcia Kuhn Pinheiro

O engajamento às atividades sociais de Márcia Pinheiro tem se legitimado por seu trabalho, pautado pelo compromisso com a comunidade, atuando diuturnamente, ao lado do marido, o prefeito Emanuel Pinheiro, de forma diferenciada, inclusive escrevendo, ou propondo projetos de grande impacto, alinhados com o Plano do Governo Municipal. Com desenvoltura e peculiar simpatia, ela tem bom trânsito junto às lideranças comunitárias e empresariais, articulando parcerias estratégicas e contribuindo para a imagem positiva da gestão pública, retribuindo sempre, com amor, a forma com que a cidade a abraçou, pois é paranaense.

Márcia Pinheiro é a caçula dos quatro filhos de José Darci Kuhn e Beatriz Rocha, natural de Santa Izabel do Oeste, município do Paraná, com cerca de 15 mil habitantes. Para quem está influindo com seu trabalho, não remunerado, nos destinos de uma cidade de mais de 607 mil habitantes, isso no mínimo é fascinante. Cuiabá foi fundada há 300 anos, a sua cidade natal teve emancipação nos anos 60. A cidadezinha paranaense fica a 496 quilômetros da capital, Curitiba, onde Márcia estudou e morou até se mudar com os familiares para Mato Grosso, em meados dos anos 80, para se dedicar ao ramo empresarial, iniciado na cidade de Várzea Grande, vizinha da capital. Quis o destino, entretanto, que no elevador do Palácio Alencastro, sede da Prefeitura de Cuiabá, viesse a conhecer o seu marido, Emanuel Pinheiro, que tornou-se um dos nomes mais expressivos da política mato-grossense. Tiveram dois filhos, Emanuel Pinheiro da Silva Primo, deputado federal, e Elvis Kuhn Pinheiro, estudante de Medicina. Graduada em Administração e pós-graduada em Gestão Pública, por muito tempo ela conciliou suas atividades empresariais, com a dedicação à família e ao seu engajamento no meio político, seja à frente das campanhas eleitorais de sucesso do seu marido, até atuando nos bastidores do gabinete, dos 30 anos de mandato parlamentar, quando Emanuel Pinheiro era deputado estadual. Mais recentemente, esteve envolvida diretamente na coordenação da vitoriosa campanha eleitoral de seu filho, Emanuelzinho, eleito o deputado federal mais novo da história mato-grossense e entre os mais jovens do país.

Foi colocado publicamente na mídia que ela é considerada pelo filho Emanuelzinho "o cérebro da casa", mas Márcia Pinheiro não assume que é, sempre com peculiar modéstia. Ela, apesar da liderança, e de abrir caminhos exitosos junto à comunidade, tem deixado patente que não tem pretensões de ingressar na política partidária. Por outro lado, entretanto, tem sido uma defensora da maior participação feminina nas disputas eleitorais.

Falando especificamente sobre projetos, está dentre seus maiores desejos pessoais assistir o sucesso do programa Qualifica Cuiabá 300 anos, que tem sido um dos mais marcantes para sua vida pública, sendo uma de suas proposituras à área social, e que tem se destacado entre os diversos programas que escreveu e sugeriu ao prefeito e ao secretário municipal de assistência social e desenvolvimento humano.

Trata-se de uma ação que visa levar cursos de qualificação profissional totalmente gratuitos diretamente aos bairros de Cuiabá. Vale destacar que 80% de participação, no projeto, é feminina, que oferece oportunidades às pessoas, para que elas se tornem mais independentes, e isso é considerado por Márcia Pinheiro como algo primordial nas políticas públicas de bandeira social, sendo que a tônica ainda é maior quando os olhos são voltados ao público feminino, principalmente para as mulheres que ainda convivem com a cultura de uma sociedade machista, onde muitas não têm oportunidades no mercado, sobretudo as das classes sociais mais baixas, que ficam na dependência maior de seus parceiros, mesmo convivendo com a violência doméstica, seja psicológica, verbal ou física, que muitas vezes resulta em feminicídio, por não terem outra opção de vida ou como sustentar seus filhos e familiares.

O Qualifica tem sido cuidado, com atenção especial, por Márcia Pinheiro, em seu primeiro ano atendeu quase mil alunos em diversos cursos profissionalizantes, oportunizando postos de trabalho e empreendedorismo em seu próprio bairro, perto de sua casa ou, muitas vezes, em sua própria residência.

Cases de sucesso não faltam para legitimar o quanto Márcia Pinheiro foi feliz em propor o projeto Qualifica. Um deles que é lembrado pela primeira dama é o de Dona Terezinha, moradora do bairro São Gonçalo Beira Rio, região do Coxipó, uma senhora que descobriu a oportunidade de qualificação durante uma ida ao Centro de Referência em Assistência Social (CRAS) para retirar o espelho de seu número de identificação social. O curso de panificação sempre foi o desejo da cuiabana, de 55 anos, que classificou a conclusão das quase 100 horas de capacitação técnica, de forma gratuita, como "um sonho realizado". Hoje, ela vende pães e salgados em sua residência e complementa a renda familiar. Com o programa, Márcia Pinheiro acredita que, seja por necessidade ou sonho, as mulheres estão sendo estimuladas a empreenderem, pois ela percebe que não lhes faltam garra, coragem e determinação, e no programa tem sido detectadas novas empreendedoras, e ela espera que futuramente as mesmas estejam contribuindo para melhorar os índices brasileiros, que segundo o Serviço Brasileiro de Apoio às Micro e Pequenas Empresas (Sebrae) possui mais de 7,3 milhões de mulheres empreendedoras, o que representa 31,1% do total de 23,5 milhões daqueles que geram empregos no País. Comprovadamente, pela pesquisa Global Entrepreneurship Monitor (GEM), o número de mulheres que abrem empresa motivadas por uma necessidade é maior do que os homens.

A preocupação dela em desenvolver ações impulsionadoras para a autonomia das pessoas tem gerado algumas propostas de forma segmentada para determinados públicos, e estão em suas prioridades, além das mulheres, os idosos e as crianças. As suas proposituras são feitas como forma de sugestão, dado o papel voluntário e contributivo da primeira-dama para com as ações municipais do prefeito. Uma das últimas indicações apresentadas à gestão também está relacionada à violência doméstica e aos índices alarmantes de feminicídio. Durante o lançamento do programa Bem Morar, política pública de habitação que beneficia famílias de baixa renda com recursos voltados à reforma de seus imóveis, foi proposto uma parcela de cartões reforma a serem destinados a mulheres vítimas de violência. A ideia é que para as próximas edições sejam filtrados, em cada bairro contemplado, os casos de mulheres vítimas de violência doméstica, os quais possuem a sentença transitada em julgado, e averiguar entre esses casos aqueles com maiores graus de vulnerabilidade social, desse modo o número servirá como base para definir a proporcionalidade de cartões reforma destinados a esse público. A primeira-dama tem se colocado, inclusive, à disposição da Secretaria Municipal de Assistência Social e Desenvolvimento Humano para acompanhar as visitas técnicas dos profissionais de assistência social que irão efetuar uma análise das condições de vida "in loco" de cada uma das mulheres alvos.

A medida fornecerá um parâmetro inédito ao município de onde há a maior incidência de violência doméstica, propiciando a atuação preventiva mais contundente e eficaz em cada bairro. Outra ação específica para mulheres vítimas de violência é a construção de 40 residências, no bairro Brasil 21, que serão destinadas especificamente a esse grupo de risco. O projeto também de indicação da primeira-dama está sendo desenvolvido na Secretaria Municipal de Habitação e Regularização Fundiária, que está a cargo da elaboração do Chamamento Público para as empresas se habilitarem. O terreno será doado pela prefeitura à Caixa Econômica Federal, instituição responsável pela alocação dos recursos para construção.

Assim como há uma preocupação com a autonomia econômica da mulher e a garantia de seus direitos, muito clara nas ações propositivas da primeira-dama, existe também um olhar sensível de mulher para uma das grandes prioridades na gestão de Emanuel Pinheiro, constante em seu Plano de Governo: são os idosos. O carinho e toda atenção demonstrada pela primeira-dama em todos os eventos dedicados à terceira idade traduz o espírito humanizado do Programa Viva a Vida na Melhor Idade, também de sua proposição. Em suas constantes visitas aos Centros de Convivência do Idoso, Márcia Pinheiro viu a necessidade de disponibilizar uma gama de serviços para dentro desse espaço de socialização. A ideia, basicamente, foi de levar a prefeitura até essas pessoas que já contribuíram tanto para sociedade e hoje precisam de facilidade ao acesso dos serviços públicos. Ela listou uma série de ações e serviços a serem realizados nesses centros, próximos das casas dessas pessoas, e garantindo o fácil acesso aos serviços como o do Procon, da Secretaria Municipal de Fazenda, que oferece a isenção de IPTU à pessoa idosa; além da área de saúde com a geriatria e atendimentos de Odontologia.

Hoje, devido ao tratamento humanizado, muitos beneficiados consideram o Centro de Convivência do Idoso a sua segunda casa, e comemoram o fato de não precisar acessar uma gama de serviços longe de suas residências. A proposta também estabelece uma relação mais próxima com os idosos e mostra uma gestão mais participativa, em que as secretarias do município trabalham em conjunto, desenvolvendo ações complementares aos serviços já oferecidos, gerando mais dignidade e bem-estar aos cidadãos idosos de Cuiabá.

De todas as ações direcionadas ao cuidado das pessoas, os pertinentes à fase inicial da criança também têm lugar no elenco das prioridades e são de grande relevância na avaliação da primeira-dama. Ela inclusive participou do Seminário Internacional da Primeira Infância, em Brasília, em evento promovido pelo Governo Federal para importantes compartilhamentos. As reflexões desenvolvidas nessa oportunidade geraram uma grande disposição na busca de fortalecer as políticas públicas voltadas às crianças entre zero e 6 anos. Na capital federal, Márcia Pinheiro falou sobre os diversos projetos sociais direcionados para as crianças, dentre eles os programas Bom de Bola, Bom de Escola, que envolve esporte e educação, e que foi resgatado pela administração municipal e ampliado para quatro regiões envolvendo 800 alunos, de 6 a 14 anos, e Siminina, considerado o maior conjunto de ações da história de seus 25 anos de implantação, pois nos últimos dois anos alcançou mais de mil meninas em dezesseis pontos da cidade. Ambos os projetos estão sob a ótica social da primeira-dama, que acompanha de perto, oferecendo sugestões para o melhor desempenho das atividades como, por exemplo, a criação do Siminina Jovem. O projeto inserido dentro do Siminina estende em 1 ano a mais o atendimento, pois o tradicional é dos 6 aos 14 anos, e nesse tempo é oferecido cursos de capacitação como informática básica e intermediária. Diante dessas ações relatadas, o Governo Federal pode verificar o quanto têm sido positivas às políticas públicas de Cuiabá, com foco no público infanto-juvenil.

Márcia Kuhn Pinheiro

Em síntese, os avanços sociais na capital que completou seus 300 anos têm avançado significativamente não só na esfera pública, mas no engajamento popular, como mostra as duas grandes ações de arrecadação da primeira-dama, o Aquece Cuiabá e o Natal Sem Fome, campanhas que juntas beneficiam em torno de 10 a 12 mil famílias em vulnerabilidade social, em apenas um ano de arrecadação. O espírito de solidariedade e voluntarismo têm fortificado suas raízes e levado à tona a responsabilidade do cidadão, como um todo, para quem uma sociedade mais justa dependente de todos.

Diferente das mulheres que ainda buscam seu empoderamento e não têm voz e vez, Márcia Pinheiro é atuante e procura dar a sua opinião em relação ao que tem conhecimento, não só no que se refere ao desenvolvimento social, como também em relação aos diversos assuntos que visam trazer benefícios comunitários, e para a cidade como um todo, que passa inclusive pela infraestrutura, pois viveu em Curitiba vários anos e sabe a razão da cidade ser uma das mais inovadoras do país, e ela quer o melhor para que Cuiabá brilhe mais.

Quando a capital se preparava para seu tricentenário, há quase um mês, antes de 8 de abril, Márcia Pinheiro foi uma das homenageadas da Mostra Cultural 300 Mulheres: Letras, Histórias e Equidade, realizada pela Academia Mato-Grossense de Letras. Foi um motivo de grande honra ela ter a sua própria história em fusão com a da cidade, dentro de uma perspectiva que ultrapassa os feitos individuais, numa dimensão que envolve o coletivo, a sociedade em várias dimensões. A primeira-dama deixou registrado de forma indelével, na oportunidade, o quanto as representantes da ala feminina contribuíram para uma sociedade mais justa, de respeito, de direitos iguais, sobretudo para com a mulher. É indiscutível, portanto, um olhar sensível e o engajamento de uma mulher, que está na esfera do poder, mas pode, sim, fazer a diferença.

Capítulo 23

Minha trajetória e história de vida

Maria Alice Meirelles

Falar de Maria Alice Meirelles é falar sem medo de errar: é das que quando cai, volta por cima, como sua atual Presidência no Instituto Brasileiro de Estudos Estratégicos, é a que traz o empreendedorismo na alma, onde estiver a chance de organizar e dirigir turmas, sempre trará como líder nata e carismática o crescimento das instituições que disseminam a cultura, é falar de alegria e companheirismo.

Juntas brilhamos mais

Maria Alice Meirelles

Graduada em Odontologia (Universidade Federal de Juiz de Fora - UFJF, MG - 1969-1972). Curso CAEPE-Escola Superior de Guerra-RJ-1998. Pós-graduações: Gestão em Saúde Pública, Políticas Públicas em Serviços de Saúde e Auditoria para o Sistema Público de Saúde (Faculdade Afirmativo – 2011-2012 e 2013). ADESG/Faculdade Poliensino (2016-2017 e 2018). Criou e é presidente do Instituto Brasileiro de Estudos Estratégicos - IBEE-BR/MT. Primeira mulher delegada da ADESG-MT.

Contatos
alice-meirelles13@hotmail.com
(65) 98151-5257

Maria Alice Meirelles

Maria Alice Meirelles, uma das homenageadas no *Livro 300 Anos de Cuiabá*, e também nesta obra, veio para esta cidade em 1963, acompanhando seu pai, que chegava à capital mato-grossense na condição de gerente para instalar o Banco Nacional de Minas Gerais.

Em 1998, depois de rigorosa seleção, foi a primeira mulher de Mato Grosso a ser matriculada na Escola Superior de Guerra (ESG).

Após a conclusão desse curso, outra importante missão a aguardava: a convite do General de Exército José Luiz Lopes da Silva, então comandante militar do Leste, Maria Alice exerceu o cargo de diretora de projetos especiais do Programa Rio Criança Cidadã do Comando Militar do Leste.

Por meio desse trabalho, foi agraciada com a Medalha O Rio Não Combina com Drogas, outorgada a mesma pela Assembleia Legislativa do Rio de Janeiro-RJ.

Quando sua indicação como sendo uma das mulheres de destaque da sociedade mato-grossense chegou ao conhecimento do público, pessoas influentes e amigas enviaram-lhe mensagens de apoio e carinho reconhecendo e destacando algumas de suas muitas qualidades. Dentre as mensagens recebidas, destacam-se as seguintes:

Edineiy Conceição de Pinho Macedo, pós-graduada em Gestão Estratégica e Sustentabilidade e em Inteligência Estratégica (ambos os cursos pela ADESG/MT), e pós-graduanda em Curso de Defesa, Geopolítica e Relações Internacionais pelo Instituto Brasileiro de Estudos Estratégicos, que referiu-se à amiga Maria Alice da seguinte forma:

"Nesses quatro anos que tenho convivido com a Dra. Maria Alice Meirelles, percebi que jamais conheci alguém igual. Uma mulher forte, determinada, corajosa, ousada, perseverante e, acima de tudo, com um coração enorme disposta a ajudar a todos. Bondade essa que às vezes ultrapassa o limite ao ponto de se tornar vítima daqueles que a mesma ajuda. Seu lema de vida é 'caráter', como ela sempre diz: quem tem caráter tem tudo.

Ao longo de sua carreira, trabalhando no meio militar e até mesmo nos presídios onde desenvolveu projetos sociais, ela trouxe uma história de mulher GUERREIRA."

Outro depoimento que merece destaque é o do Ten. Edwaldo Costa, da Marinha do Brasil, pós-doutorando na Universidade de São Paulo (USP):

"Muito além do dever de justiça, é com enorme satisfação que louvo o trabalho da Maria Alice que, com sua experiência, sabe muito bem promover e transmitir conhecimentos, seja pela vivência em instituições renomadas ou pelos cursos de nível que coordena.

Conheci-a durante uma palestra sobre Amazônia Azul, na 13ª Brigada de Infantaria Motorizada, em Cuiabá. Depois juntos organizamos uma visita técnica e estudos nos maiores núcleos de Pesquisa e Desenvolvimento de Energia Nuclear da América Latina (IPEN-USP e ARAMAR).

Possuidora de fino trato pessoal, discrição e modos, Maria Alice nunca mediu esforços para colaborar com seus amigos, docentes, companheiros de sala e outros, sempre com otimismo e espírito de corpo, a qualquer hora, local ou condição.

Agradeço à incansável Maria Alice, principalmente por acreditar na educação. Após um brilhante trabalho à frente da ADESG/MT, acaba de criar o Instituto Brasileiro de Estudos Estratégicos (IBEE).

Maria Alice Meirelles atualmente é a mentora da criação do Instituto Brasileiro de Estudos Estratégicos em Mato Grosso (IBEE-BR-MT) O Instituto está sendo criado em outros Estados tais como: Mato Grosso do Sul, Amazonas, São Paulo, Rio de Janeiro, Minas Gerais, Alagoas, Sergipe e outros".

Outro depoimento importante foi de Onofre Ribeiro da Silva, nascido em Campos Altos/MG, graduou-se em Jornalismo pela Universidade de Brasília (UNB), participando de diversas especializações posteriormente. Em 1976, mudou-se para Mato Grosso, onde exerceu funções públicas e privadas na Imprensa, destacando-se a Revista Contato, Rádios Vila Real AM e Vila Real FM. Professor em disciplinas do curso de Jornalismo desde 1992 em Cuiabá e renomado palestrante sobre temas ligados à economia, política e cultura de Mato Grosso. É membro do Instituto Histórico e Geográfico de Mato Grosso e da Academia Mato-grossense Maçônica de Letras. Presta serviços de consultoria em comunicação e estratégia. Sobre Maria Alice disse o seguinte:

"Eu conheci a Maria Alice ainda atuando na área da saúde, há alguns anos; eu moro em Cuiabá há 43 anos. Então nos cruzamos profissionalmente algumas vezes, embora fôssemos de áreas diferentes, ela da área de saúde e eu da imprensa. Nosso contato foi retomado, pois sempre estive acompanhando a atuação dela. Ela é muito luminosa, ela vai passando e vai iluminando, não dá para deixar despercebida. Nosso contato retomou em 2015, quando abriu uma turma da ADESG, que estava paralisada há algum tempo, ela me convidou para falar sobre os cenários de Mato Grosso frente ao mundo, frente ao Brasil, o Brasil frente ao mundo.

Eu estive lá, uma plateia muito boa, muito qualificada, discussões de muito bom nível, e nós, a partir dali, ficamos próximos de novo. Em seguida, um ano ou dois depois, ela ainda me convidou para dar um módulo no curso de Inteligência para falar sobre os cenários de Mato Grosso também frente ao mundo, frente ao Brasil, o Brasil frente ao mundo. Foi muito importante porque o tipo de aluno é um aluno mais maduro, que está buscando um complemento de informação, porque ele não fica só cobrindo essa coisa da mídia cotidiana, a coisa da leitura de jornais, de noticiário de TV, não se satisfaz e parte em busca mais profunda porque ele procura compreender a realidade em que vive. Em seguida, ela me convidou de novo para um outro módulo igual e mais um sobre o Brasil frente ao mundo, no cenário internacional. Daí foi muito bom porque uma plateia de alunos de Inteligência, muito educados, muito qualificados, muito interessados. Aí, quando é assim, o debate enriquece. A gente faz as colocações e eles procuram destrinchar com perguntas com boas reflexões. Depois de novo para um outro na área de Inteligência para falar do cenário de Mato Grosso frente ao mundo. E cada vez mais os cenários mudam, eles são muito voláteis. Depois, também, veio um general da ESG, para um debate sobre Venezuela. Fui convidado junto com o Prof. Luis Antônio Peixoto do Vale e o general. Uma discussão muito boa, com um debate muito bom e ficamos próximos. Sempre refletindo, conversando, refletindo, trocando ideias por telefone, por WhatsApp, pessoalmente. Mas me chamou muito a atenção quando ela agora começa a se movimentar para a criação do Instituto Brasileiro de Estudos Estratégicos-IBEE MT.

Vem num momento muito importante e ela tem essa capacidade de provocar essa mudança, de ir lá e provocar e não perguntar se vai dar certo, 'não vamos perguntar isso agora, depois a gente vê se dá certo". "O importante é a gente fazer'... Isso é uma coisa meio que de missão, ela tem um guia muito missionário. De ir atrás das coisas e se vai dar ou não, não importa.

A sociedade brasileira e o que o país está passando uma grande transição, acompanha o que está vivendo o mundo: uma grande transição das ideologias, das mudanças econômicas, tecnológicas, sociais, comportamentais e estamos vivendo as nossas próprias contradições dentro das mudanças mundiais e as nossas mudanças estruturais, comportamentais, políticas, econômicas... Então, tem faltado interlocutores. As universidades se tornaram reféns de si mesmas, corporativas e até certo ponto muito ideológicas. O que não dá para disfarçar é essa questão da universalidade. A universidade tem sua missão. Os governos perderam o compasso da história; o legislativo, também; o Judiciário perdeu-se na sua complexidade de liturgia de normas; o Ministério Público adota condições de militância; as instituições tipo federações, confederações da agricultura, do comércio, tornaram-se defensoras de interesses corporativos privados. Enfim, a sociedade aqui fica vivendo a angústia e está angustiada diante desse cenário que ela não compreende. Aqui entra o papel que eu vejo do Instituto e essa coisa de visão, de missão que a Maria Alice tem que é a de inspirar pessoas adultas, com formação, e traz-lhes um verniz para que sejam capazes de conhecer ali, aqui e ali. A influência da opinião pública já não se faz mais por meio da mídia de massa. Se faz por mídias de inserções, seja em redes sociais, seja em aulas. Então, a coisa está ficando mais íntima e eu fico pensando que esse país que vai emergir nesse momento de transição, agora precisará de pessoas maduras e amadurecidas com informações suficientes para influenciar aqui e ali.

O Instituto tem essa função geopolítica, política, econômica, nacionalista, de criar e ir consolidando gradualmente uma corrente de pensamento para contaminar outras áreas que estão precisando de uma nova opinião pública brasileira. Desse modo, a Maria Alice, talvez, não tenha nem a consciência do tamanho do que ela está produzindo, porque quando temos muito serviço, estamos atribulados, nem prestamos muita atenção ao que fazemos e só depois nos damos conta do resultado.

Então, a vejo como uma pessoa visionária e missionária, alguém que executa missões. Nós devemos muito a ela, a essa luta, essa luz, essa força, essa luminosidade, determinação. Isso não é comum, é coisa realmente de líderes, de missionários".

Maria Alice Meirelles atualmente está aposentada como odontóloga pelo município de Cuiabá/MT e é a mentora da criação do Instituto Brasileiro de Estudos Estratégicos em Mato Grosso (IBEE-BR-MT).

Texto redigido por Jarbas Marcílio Leventi.

Capítulo 24

A década dos anos dourados

Marilza Moreira de Figueiredo

Não me deixo levar por ventos ruins. Quando esses sopram, desvio e busco outro lugar.

Marilza Moreira de Figueiredo

Advogada, inscrita na OAB/MT sob nº 10.590, graduada pela Universidade de Cuiabá (2006). Graduada em Geografia pela Universidade Federal de Mato Grosso e em Jornalismo pelo Instituto Várzea-Grandense de Educação. Pós-graduada em Direito Público, Direito do Trabalho, Processo do Trabalho e em Direito Previdenciário. Fez parte da Comissão do Direito da Mulher da OAB/MT, por sete anos. Foi funcionária pública federal dos Correios, onde prestou serviços por 37 anos como analista de correios (aposentada). Associada da BPW-Associação de Mulheres de Negócios e Profissionais-BPW Cuiabá, sendo sócia-fundadora da organização. Hoje está como 2ª Diretora Jurídica. Dedica-se, ainda, a vários trabalhos sociais, tais como na Capela Santa Rita Centro e no projeto Mãos que Acolhem do Condomínio Alphaville 1 Cuiabá, dentre outros. Especialista em Consultoria de Imagem e Personal Welcome.

Contatos
marilzamoreira22@gmail.com
(65) 99962-6762

O ano de 1959, inserido na década dos anos dourados, foi muito importante e, ao mesmo tempo, tenso, pois nele muitas coisas mudaram, fatos se sobressaíram. Foi o ano em que houve o ganho de forças dos conflitos entre blocos capitalistas e socialistas (Guerra Fria); nele também ocorreu a Revolução Cubana, quando Fidel Castro tornou-se presidente de Cuba; e, ainda, começou a Guerra do Vietnã, que perdurou por dezesseis anos.

Porém, nem tudo estava perdido. Muitos feitos positivos surgiram. Por exemplo, a Assembleia das Nações Unidas de 20/11/1959 criou a Declaração dos Direitos da Criança, ratificada pelo Brasil, por meio do artigo 84, inciso XXI da Constituição; foram lançados para a Lua os satélites soviéticos Luna 1, Luna 2 e Luna 3, os quais se tornaram os primeiros objetos construídos pelo homem a conseguir escapar do campo de atração terrestre e transmitir as primeiras imagens vistas pelo homem da face oculta da Lua.

E, ainda, a boneca Barbie é apresentada oficialmente na Feira do Brinquedo de Nova York. Lançada pela Mattel norte-americana, uma fábrica de brinquedos e casas de bonecas, ela sempre acompanhou as mudanças de comportamento e da moda. A ideia de sua criadora, Ruth Handler, era mostrar que, por meio da boneca, a menina poderia ser o que quisesse, ela tem escolhas, sempre se reinventando. Hoje, a cada três segundos, uma boneca é vendida. Portanto, é a mais vendida no mundo atualmente. Coincidência ou não, ela tem a minha idade.

Foi no contexto desses acontecimentos marcantes e de muitos outros que cheguei ao mundo, no dia 7 de junho daquele ano, com apenas dois quilos e meio, sou a primeira filha do total de cinco. Nasci na minha querida cidade de Corumbá, antes Mato Grosso, hoje, após a divisão do Estado, em 1979, passou a pertencer ao Estado de Mato Grosso do Sul. Na época da divisão, os corumbaenses, por se identificarem mais com o povo cuiabano, queriam pertencer ao Estado de Mato Grosso. Por questões geográficas, isso não foi possível.

A família

Meu pai, Waldomiro Moreira de Castilho, nasceu em berço pobre, na região ribeirinha de Santo Antônio de Leverger/MT, Engenho Velho, que vivia da pesca no Rio Cuiabá. Minha Mãe, Paulina de Souza Castilho, nasceu em Bocaina, na mesma região, porém no cerrado. Meus avós maternos eram de posses. Em sua propriedade criavam cavalos e gado leiteiro. Possuíam mini-indústria de farinha, rapadura, doce de leite e comercializavam esses produtos. Minhas férias eram sempre inesquecíveis, pois o destino era sempre a Bocaina. A baixa condição financeira da família de meu pai foi o motivo pelo qual meus tios maternos, de início, não aceitavam a união de meus pais. No entanto, o amor falou mais alto. Eles se casaram e foram morar em Corumbá.

Logo no início, a vida deles não foi muito fácil. Meu pai não tinha um emprego fixo, vivendo de bicos em pequenas empresas de navegação enquanto minha mãe era considerada do lar. Com muito esforço, meu pai pleiteou uma vaga no Serviço de Navegação da Bacia do Prata, empresa pública de economia mista. Prestou a prova e passou para o cargo de marinheiro. Papai não possuía nível superior, porém tinha uma garra, uma vontade de vencer na vida e, como estudou muito, passou em todos os concursos internos da empresa até chegar ao último cargo da carreira, o de comandante.

Até pela profissão de meu pai, muito ausente pela vida de viajante, mamãe assumiu a direção da casa e a educação dos cinco filhos. Logo que chegou a Corumbá, ela tratou de fazer um curso de corte e costura, pois pretendia trabalhar para ajudar no sustento da casa. Deu-se tão bem no curso que quando eu nasci ela queria fazer uma homenagem à professora, colocando o mesmo nome em mim: Lucrécia. Minha tia e madrinha Maria Leite, que também foi morar em Corumbá, sugeriu Marilza, nome aceito por todos.

Quando tinha quatro anos de idade, mudamos para Quebracho, uma cidade na fronteira do Paraguai com o Brasil, para onde meu pai havia sido transferido. Lá ficamos por dois anos. Ao retornar para Corumbá, minha mãe, que estudou até o 3º ano primário, iniciou sua profissão de costureira. Devido a seu capricho nos trabalhos, ela foi convidada para ministrar o curso de corte e costura no SESI. Tempos depois, ao concluir o curso de culinária, também ministrou cursos nessa área.

Minha infância e adolescência em Corumbá foram maravilhosas. Estudei o primário em uma escola municipal próxima a minha casa. Ao ingressar no primeiro grau, fui para o Colégio Salesiano Santa Tereza, até porque minha família era de muita fé e achava que esse colégio me proporcionaria uma formação mais aprofundada na religião adotada pelos meus pais: a católica. É essa religião que eu sigo e me dedico fervorosamente até hoje.

Os estudos e o trabalho

Assim que terminei o 2º ano, do 2º grau, vim para Cuiabá, pois queria fazer Direito e na minha cidade havia apenas uma Faculdade de Pedagogia. Deixei a minha querida Corumbá, onde cultivei muitos colegas e amigos, com os quais ainda tenho contato. Em Cuiabá, fui estudar no Colégio São Gonçalo, onde terminei o colegial, em 1977. Não obtive sucesso no primeiro vestibular. Fui fazer cursinho e logo pensei em trabalhar, pois deixei para trás mais quatro irmãos menores que precisavam do sustento. Uma amiga de minha tia Clarinda, com a qual eu morava, a Dra. Yeda Marcondes Alves, advogada dos Correios na época, ficou sabendo de meu interesse em trabalhar e informou minha tia que os Correios estavam recrutando. Não pensei duas vezes, fui fazer a prova e passei. Foi o meu primeiro e único emprego, em que trabalhei por 37 anos. Entrei como auxiliar de escritório. Assim como meu pai, fiz carreira e cheguei ao último cargo de carreira de nível superior.

Minha mãe obrou praticamente sozinha nos afazeres da casa, educação dos filhos e ainda no seu trabalho: posso dizer que ela foi uma grande batalhadora vitoriosa. Todos os seus cinco filhos se formaram em nível superior: Eu (geógrafa, jornalista, advogada, pós-graduada em vários cursos jurídicos, funcionária pública federal de carreira, consultora de imagem, *personal welcome*...); Marilei (contadora); Marilene (historiadora); Amarildo (bacharel em direito) e Eliza (enfermeira). Meu pai, um caráter invejável, disciplinado que, embora pouco presente em casa por causa do trabalho, tudo acompanhava, e nunca nos deixou faltar nada, principalmente amor. Amo infinitamente meus pais, exemplos de vida para todos nós filhos e para toda a família. Na minha concepção, juntos superaram todas as expectativas.

O casamento

Nesse período de cursinho, conheci meu primeiro namorado em Cuiabá: Pedro Paulo. Foram quase três anos de namoro. Em 1980, nos casamos e, um ano e meio depois, nasceu nossa querida filha que a chamamos de Fabiola. Em 1983, com apenas 23 anos, Pedro Paulo sofre um trágico acidente de moto e vem a falecer em consequência de um traumatismo craniano. Naquele momento, com 22 anos e uma filha de 1 ano e meio, parecia que tudo havia chegado ao fim. Fiquei totalmente sem chão. Não aceitava a morte dele. E, logo em seguida, veio a depressão. Perguntava-me: "Por que comigo?".

Com esses acontecimentos meu pai, já aposentado, mudou-se para Cuiabá, pois nesse momento eu precisava muito de minha família ao meu lado. No meu emprego, meus amigos como a Zunete, hoje residente na Alemanha, a quem sou muita grata pela solidariedade, ajudaram-me a superar todo esse processo de perda. Foi uma pausa por aproximadamente quatro anos, quando conheci Edison Luiz Borges Francisco, meu atual esposo. Entrou em minha vida e a transformou. Incentivou-me a voltar a estudar, me dando aulas de português, matemática e outros para o vestibular e concursos internos nos Correios.

Novos rumos

Algumas vezes na vida a única coisa que se precisa é de um pequeno empurrão, um ombro amigo, palavras de otimismo e, assim, a coragem para retomar o rumo da vida e corrermos atrás daquilo que sonhamos. Passei a compreender que tudo é uma questão de escolha. Busquei incansavelmente minha ascensão profissional, por meio de cursos universitários e concursos internos nos Correios, dando sempre o melhor de mim em meu trabalho.

Hoje estou com sessenta anos de idade, já aposentada, sigo curtindo a vida e ainda buscando novos projetos. A minha filha Fabiola, formada em educação física pela Universidade Federal de Mato Grosso, está casada com Hely e mora em Santiago do Norte, distrito de Paranatinga-MT, localizado a aproximadamente 600 km de Cuiabá. Desempenha atividade profissional na Prefeitura de Paranatinga, tendo sido aprovada em concurso público. Um lugar muito especial, próspero no segmento da agricultura. Minha filha proporcionou-me a maior felicidade do mundo, dando-me dois netinhos lindos e adorados: João Paulo (7 anos) e Antônio Pedro (1 ano e 8 meses).

Embora eles morem distantes, eu e Edison procuramos sempre estar presentes, sem muita intromissão, mas ajudando, apoiando, acompanhando a vida deles no que for preciso. Queremos demonstrar aos nossos netinhos o amor de avós, buscando preencher esse espaço da melhor forma possível. Muitas vezes já adiei meus planos pessoais para estar junto a eles, pois a vida é um momento, um sopro. Tudo é tão rápido que, em milésimos de segundos, se desintegra sem que se perceba. Não há prazer maior do que conviver com pessoas que amamos!

Homenagens e referências recebidas

A Revista Magazine Ilustre, de Cuiabá-MT, prestou-me duas homenagens: na sua edição de março de 2018, no mês em que se comemora o Dia Internacional da Mulher, trouxe um artigo com o título: "Marilza Moreira, mulher de sonho grande, sempre à frente do seu tempo" e, recentemente, em março de 2019, na mesma publicação, um outro artigo com título de "Marilza Moreira, uma mulher versátil e de muitas facetas". No primeiro artigo é feita referência a mim como uma mulher à frente do meu tempo, procurando sempre me reinventar, sendo possuidora de um vasto currículo profissional, e buscando motivação para dar continuidade à vida. É feita também alusão ao fato de eu estar na diretoria da Business Professional Women–BPW – Associação de Mulheres de Negócios e Profissionais de Cuiabá, como uma das sócio-fundadoras, e tendo devotado parte da minha vida a trabalhos na área social. A reportagem traz parte da entrevista por mim concedida à época, em que afirmei que "meu ingresso na BPW foi um presente, e fazer parte da instituição é motivo de muita alegria; ver mulheres crescendo, se tornando empreendedoras e saber que faço parte dessa história me enche de alegria e satisfação". Na área jurídica, a matéria destaca minha participação na Comissão do Direito da Mulher da OAB por sete anos, com trabalhos direcionados para a violência doméstica, fazendo chegar aos bairros as palestras orientadoras, em parceria com entidades e governo. Também é mencionada minha participação na coordenação da Capela Santa Rita Centro, com a realização de projetos sociais junto à comunidade, trabalho que pretendo continuar a executar.

Na edição de março de 2019, a Revista Magazine faz referência a minha busca permanente por novos horizontes, citando, por exemplo, o período de quatro meses que passei em Curitiba buscando qualificação em Consultoria de Imagem, em uma das melhores escolas do país (Senac). Diz a matéria: "A empreendedora explica que consultoria de imagem é um processo de autoconhecimento, com o objetivo de alcançar aquela imagem que tem a ver com cada um de nós, com a nossa aparência, vivências e forma de encarar a vida. É traduzir para aquilo que vestimos e para a forma como nos comportamos aquilo que cada um de nós queremos aprimorar do nosso estilo e engloba: *personal stylist*, visagismo e, principalmente, a etiqueta".

Já em São Paulo, participei de curso completo em uma das melhores escolas, na Escola Brasileira de Etiqueta, especializando-me em etiqueta social, etiqueta para negócios, etiqueta para casamentos e *personal welcome*. A matéria traz outro comentário feito por mim: "Saber etiqueta faz com que você se torne uma pessoa mais confiante, capaz de transitar bem em qualquer situação, se portar de forma adequada, cumprimentar, o que falar, como se vestir, sentar-se à mesa e, principalmente, se relacionar de forma mais profunda, criando vínculos verdadeiros com as pessoas a sua volta, o torna a pessoa que todos querem estar por perto. Esse é o diferencial do curso". Outros periódicos e jornais locais, como o "Rosa Choque", trouxeram matéria alusiva a minha caminhada profissional e pessoal, além de trabalhos na área social. Por exemplo, no tempo em que fui funcionária pública federal dos Correios, por 37 anos, estive, durante 13 anos, dedicando-me à assessoria de imprensa, quando pude assumir vários projetos na área social como Aleitamento Materno, Fome Zero e Papai Noel dos Correios. E eu teria declarado, na oportunidade, em relação ao tempo em que estive coordenando a imprensa nos Correios: "Foi um período marcante e gratificante. Lembro com alegria das criações dos selos que homenagearam a cultura e a história de Cuiabá, tais como a festa de São Benedito, a Viola de Cocho e a Corrida de Reis".

Capítulo 25

Beleza, saúde e plenitude

Natasha Pinheiro Crepaldi

A percepção de harmonia sempre me acompanhou e a possibilidade de transformar, de captar detalhes e daí aprimorar traços e formas estava latente em mim desde menina.

Juntas brilhamos mais

Natasha Pinheiro Crepaldi

Graduada em Medicina pela Universidade Federal de Mato Grosso-UFMT, cursou Residência em Clínica Médica também na UFMT, fez pós-graduação em Dermatologia pelo Instituto Superior de Medicina em Niterói, no Rio de Janeiro, e em Medicina Estética pelo International Association of Aesthetic Medicine IAAM/ASIME. É mestre pela Faculdade de Ciências Médicas da UFMT, na qual realizou pesquisa sobre os efeitos das medicações imunobiológicas usadas no tratamento da Psoríase. Atuou como professora concursada do Departamento de Dermatologia da Faculdade de Ciências Médicas-UFMT/EBSERH e foi responsável pelo setor de Cosmiatria do Serviço de Dermatologia. Foi também a médica que implantou e foi responsável pela Teleconsultoria em Dermatologia do premiado Programa de Teleconsultoria de Mato Grosso. É membro efetivo da Sociedade Brasileira de Dermatologia (SBD), da Sociedade Brasileira de Cirurgia Dermatológica (SBCD), da American Academy of Dermatology (AAD) e da Academia Europeia de Dermatologia e Venereologia (EADV).

Contato
Instagram: dranatashacrepaldi

Natasha Pinheiro Crepaldi

Nasci em Presidente Prudente, interior de São Paulo, em 1981, e logo, em 1983, me mudei para Cuiabá com meus pais e meus dois irmãos. Lembro-me dos meus tempos de infância observando a minha tia Cida – Irmã Aparecida, que sempre estava envolta com os bordados e com a costura. Fascinava-me a pintura, os desenhos, as artes, e com o passar do tempo a sensibilidade para o belo se intensificou, quando na adolescência também me envolvi fazendo bordados para uma vizinha vender, e fui presenteada pela minha querida tia com minha primeira máquina de costura. Nem sabia que ainda ia "costurar" muito. Detalhista, buscava maneiras de deixar tudo a minha volta mais acolhedor de se ver e de sentir.

Aos 8 anos, perdi meu pai e viver essa despedida tão cedo me colocou diante de dois sentimentos: a dor da ausência e a coragem para prosseguir. Para muitos, a morte estagna, paralisa. Para minha família, especialmente para minha mãe, a morte de alguém tão importante em nossas vidas nos deu força para continuar e nos manter unidos. Minha mãe, servidora pública estadual, encontrou um lugar na memória para acomodar cuidadosamente seu sentimento, ergueu a cabeça e recomeçou, conciliando o trabalho e os cuidados comigo e com meus irmãos.

Naquele momento, ela tivera de aumentar sua ocupação para até três períodos a fim de sustentar o lar. Além de atuar na rede estadual de educação, passou a dar aulas em universidade na disciplina de didática em ensino superior. Eu, ainda pequena, sempre estava a tiracolo e minha conexão com minha mãe ficou ainda mais forte: o meu exemplo de figura feminina forte, determinada e batalhadora. Mais tarde, lá estava eu em sala de aula como professora seguindo os passos dela.

Na minha adolescência, meu irmão mais velho, que passou a ser um dos meus referenciais de figura masculina, decidiu cursar Medicina. A escolha dele me fez sentido e, a partir de então, me senti inspirada a seguir aquela profissão que tem o cuidado com o ser humano como sua principal missão. Do meu outro irmão, que escolheu a carreira jurídica, captei a serenidade, a perspicácia para observar e alcançar meus objetivos.

Amor pela Medicina

Ao ser aprovada para Medicina na Universidade Federal de Mato Grosso, uma nova trajetória se construiu em minha vida. A cada etapa, muitos desafios e aprendizados. Naquela época, estar em Cuiabá oportunizou a graduação, pois em minha cidade de origem não havia faculdade federal pública de Medicina. Cuiabá nos recebeu com acolhimento e também me ofereceu a chance de realizar meus sonhos. Aqui cresci, fiz amigos, estudei, me formei e posso dizer que a cidade fixou suas raízes em minha essência.

Estudar Medicina exigiu dedicação, compromisso, responsabilidade, segurança e sensibilidade. Acredito que requer, sobretudo, gostar de pessoas, reconhecer na vida humana a magnitude da existência. Logo no segundo ano de faculdade comecei estágio no Pronto Socorro de Cuiabá, quando convivi com o médico Geraldo Messias, um grande mestre de vida por muitos plantões, aprendi com ele a ter calma, paciência e amor no olhar, vivenciando intensivamente a Medicina para além dos livros. Nesse percurso, fui amadurecendo e percebendo que a dermatologia era o meu caminho, o mais familiar ao universo lúdico da minha infância em apreciar o belo, valorizar detalhes, buscando equilíbrio e bem-estar.

Nesse arcabouço de especialidades, a anatomia da face sempre me intrigou, o efeito do tempo, a transformação das expressões, a interligação entre pele e músculos. Além do aspecto visual, observava a personalidade das pessoas expressas em suas fisionomias. Ficava horas pesquisando referências em dermatologia pelo Brasil e pelo Mundo. Assim, passei a acompanhar o trabalho do cirurgião plástico Mauricio de Maio, muito antes de criar a técnica MD Codes – pontos de injeções criados para realizar os pilares da face, para rejuvenescer e melhorar os resultados da pele de acordo com cada caso. Em congressos internacionais o seguia e não desanimava diante dos obstáculos, ao contrário, perseguia com determinação meus planos de praticar uma dermatologia aliada à saúde, à autoestima, ao autoamor, na prevenção de doenças físicas e também para reafirmar que todos nós temos nossa particularidade e nossa beleza.

Na faculdade, seja na graduação ou no mestrado, alguns professores se firmaram como exemplo, como o saudoso médico dermatologista Edson Virgílio, um verdadeiro pai dermatológico, com o qual trabalhei no início da minha carreira; e a médica dermatologista Elisabeth Vaz, minha grande professora, co-orientadora de mestrado e hoje tenho o prazer de tê-la como minha colega de trabalho em uma mesma clínica. Nas ciências médicas, tive a oportunidade de ser orientada no meu mestrado sobre os efeitos das medicações imunobiológicas usadas no tratamento da Psoríase pelo doutor Cor Jesus Fernandes Fontes, meu mentor científico. Médicos admiráveis que contribuíram para a minha evolução pessoal e profissional.

Natasha Pinheiro Crepaldi

As participações em congressos nacionais e internacionais sempre estiveram entre minhas prioridades e idealizava o dia em que estaria no palco palestrando sobre dermatologia. Hoje, viajo o país e por diversos países compartilhando conhecimento sobre rejuvenescimento facial, harmonização da face, tecnologias, procedimentos, ministrando aulas teóricas e práticas e incentivando os profissionais da saúde em buscar a excelência atrelada à responsabilidade.

Meus estudos também continuam, afinal a medicina avança e reverbera em tecnologias que trazem novas maneiras de tratar a pele, os cabelos ou as unhas, nosso território de atuação. No entanto, o olhar e as mãos dos médicos ao apresentar diagnóstico e tratamento jamais serão substituídos. Nesse caminhar contínuo pelo aprimoramento, voltei às artes, resgatando a paixão do tempo de menina. Ao desenhar uma face no papel, percebo que fiz minha melhor escolha, a de esculpir a beleza a partir da valorização dos traços reais de cada um, corrigindo imperfeições, trazendo harmonia com naturalidade.

Empreendedorismo e a Clínica Crepaldi de Dermatologia

Empreender para mim foi, até uns dez anos atrás, algo inédito. Filha de servidora pública, tinha a compreensão de que seguiria carreira pública, tanto assim que busquei e passei no concurso para o Departamento de Dermatologia da Faculdade de Ciências Médicas-UFMT/ EBSERH, em Cuiabá, e fui responsável pelo Setor de Cosmiatria do Serviço de Dermatologia. No entanto, algo adormecido e fervente se juntou ao incentivo e à orientação do empresário e escritor Renato Pereira e me trouxeram novas perspectivas, descortinando a possibilidade de empreender, de ter a minha própria clínica, imprimir o meu jeito de ser, receber e traçar um novo caminho com mais autonomia.

Com esse objetivo, há dez anos abri a primeira Clínica Crepaldi de Dermatologia na capital mato-grossense. Com o tempo, muitos plantões em pronto atendimentos, enfermarias e UTIs, muito trabalho mesmo, consegui reunir recursos para investir em tecnologias de ponta e montar uma equipe multidisciplinar com esteticistas e técnicas de enfermagem. O espaço ficou pequeno para acomodar os aparelhos e ampliar a equipe para atender meus pacientes, que se tornaram incentivadores do meu trabalho. Eis que neste ano de 2019, quando Cuiabá completou 300 anos, vivenciei uma conquista importante: a Clínica Crepaldi de Dermatologia ganhou novas instalações no bairro Goiabeiras, instalada na avenida Isaac Póvoas, trajeto entre os mais charmosos da capital.

Pensada para ser confortável, elegante e funcional, busquei o talento da premiada arquiteta Erika Queiroz para materializar o projeto, afinal o novo espaço teria a vocação de proporcionar tranquilidade, bem-estar e segurança, além de belo e repleto de detalhes. Ao pensar em atendimento ao paciente, penso em uma experiência integral, em que a saúde é o primeiro objetivo, compreendendo-a como essencial para o desenvolvimento humano. E estar à vontade no consultório de seu médico é o primeiro passo para a construção dessa relação de confiança. E quando falo em compromisso com o paciente também incluo o cuidado com a cidade, com o planeta. Nessa nova clínica, utilizamos o conceito de sustentabilidade por meio do aquecimento solar, horta orgânica, entre outros.

Nessa nova fase de clínica nova, ampliação dos projetos profissionais, recebi o apoio e a orientação do consultor de empresas Glaydson Rufino Ribeiro, cuja competência me fez compreender o empreendedorismo com maturidade, percebendo o papel que desempenho para além da promoção da saúde, mas também na promoção de empregos, contribuindo para o desenvolvimento da cidade. Implantamos uma metodologia personalizada de gerenciamento de equipe com foco na excelência de atendimento. Com a agenda atribulada por consultas, aulas e palestras, teve papel fundamental nesse avanço e está presente no meu crescimento pessoal e profissional.

Investi ainda mais em tecnologias do segmento da beleza facial e corporal, por meio de lasers, ultrassons, aparelhos de radiofrequência, sistemas de imagem e procedimentos individualizados, estabelecendo a clínica como referência em pioneirismo em diversos tratamentos. Porém o que trago na essência, o cuidado com o ser humano, permanece de maneira persistente: é a receita do *cappuccino* preparado pela minha mãe Mariná que acolhe com todo carinho meus pacientes.

No ambiente digital, por meio das redes sociais, encontrei uma maneira de compartilhar informações com todos que desejam saber mais sobre a dermatologia de uma forma descomplicada, no sentido de destacar a prevenção de doenças e reafirmar a importância dos cuidados com o maior órgão do nosso corpo que é a pele. Assim, reúno diversos propósitos: orientar, prevenir, alertar.

A medicina me oportuniza conhecer pessoas, cuidar delas, devolver a autoestima, valorizar a plenitude de se sentir bem, saudável, bonito. A dermatologia me trouxe a realização de auxiliar na transformação do olhar de cada um para sua particularidade, reconhecendo-a e buscando um equilíbrio que se traduz em felicidade. A beleza? Ela está em todos nós, basta ter a generosidade de se enxergar em sua complexidade e saber que existem médicos comprometidos com sua história.

Capítulo 26

Um olhar sistêmico para a vida e para o trabalho

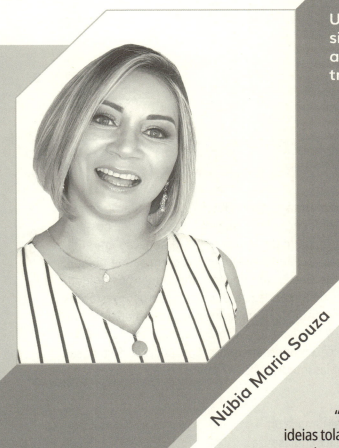

Núbia Maria Souza

"A maioria de nós tem ideias tolas sobre quem somos e muitas, muitas regras rígidas sobre como a vida deve ser vivida."
Louize L. Hay

Núbia Maria Souza

Graduação em Enfermagem em Obstetrícia; graduação em Licenciatura; pós-graduação em Pediatria e Puericultura; pós-graduação em Enfermagem do Trabalho; pós-graduação em Auditoria de Sistemas de Saúde; pós-graduação em saúde mental; pós-graduação de Gestão em Políticas de Saúde; pós-graduação nos Serviços de Dependência Química e outros Transtornos Compulsivos; pós-graduação em saúde e segurança do trabalho. *Professional & Self Coaching*/PSC; *Coach* Sistêmico Humanizado e analista Sistêmico Comportamental e Constelações Sistêmicas Familiares; terapias integrativas.

Contatos
nub.mariasouza@gmail.com
Instagram: @coachnubiasouza
Facebook: Nubia Souza
(65) 99202-2933

Ao vir ao mundo no seio de uma família, não herdamos somente um patrimônio genético, herdamos as crenças e os comportamentos que são válidos neste sistema familiar. Há muitas pesquisas em andamento buscando a comprovação científica de que essas crenças e comportamentos possam ter influências no próprio genoma, ou seja, elas modificam inclusive as nossas células. Nossa família é um sistema, um campo de energia no interior do qual nós evoluímos e crescemos. Cada um, desde seu nascimento, vai ser uma parte desse todo e precisa ter o seu lugar, independente de quem seja e como seja. Todos fazem parte. A Constelação Familiar não é uma invenção, mas uma descoberta, a partir de observações feitas por Bert Hellinger na década de 1970. Ele percebeu que um indivíduo pode manifestar algo que não funciona bem no grupo. E, a partir de algumas propostas simples, em sua abordagem, representava-se as relações, conseguia-se modificar as sensações e se obtinha *insights* para os envolvidos. Bert Hellinger é o psicoterapeuta alemão que descobriu a Constelação Familiar há mais de 40 anos. Por meio de suas experiências e estudos ligados à psicologia e sistemas familiares, ele observou que é possível ver as dinâmicas que atuam em um determinado sistema por meio da utilização de representantes e atribuição de papel para cada participante. Pelos movimentos e sensações corporais, que essas pessoas acessam ao participar de um atendimento, é possível observar o que age em uma determinada questão. Segundo Peter Senge: "Quanto maior a consciência do todo, mais a nossa ação beneficia esse todo". Dessa forma, passamos a ver a organização como um sistema vivo, composto de elementos que interagem e buscam um equilíbrio produtivo. Um sistema que está em movimento contínuo e se recria o tempo todo – em uma grande teia de relacionamento.

Principais termos utilizados

Os principais termos e explicações objetivas serão brevemente abordados em seguida, para ajudar na compreensão desse conhecimento por mais pessoas, para que dessa forma seja possível que essa nova postura chegue a todas as pessoas, pois é um trabalho que leva a vida adiante, que ajuda a melhorar e curar relacionamentos, que fortalece a pessoa em seu lugar dentro da família e do trabalho, que auxilia nas conciliações judiciais e também tem se mostrado como um grande apoio para o trabalho de médicos e profissionais da saúde quando o assunto é olhar e encontrar caminhos para curar e lidar melhor com as doenças.

1. Constelação Sistêmica: é o nome dado ao método criado por Bert Hellinger para verificar dinâmicas que ocorrem dentro de um sistema. Por sistema compreende-se tudo aquilo formado por mais de uma pessoa e que se influenciam mutuamente. A Constelação Sistêmica é o nome geral que inclui Constelação Familiar, Direito Sistêmico, Saúde Sistêmica, Pedagogia Sistêmica, Constelação Organizacional, etc.

2. Direito Sistêmico: é o nome dado para a utilização da Constelação Sistêmica de Bert Hellinger no Judiciário. Muito utilizado na fase conciliatória, onde é possível reverter a ação em um acordo, encerrando o processo.

3. Saúde Sistêmica: é o nome dado para a utilização da Constelação Sistêmica de Bert Hellinger na área da saúde, com a utilização dessa ferramenta para observar as conexões ocultas e inconscientes de um problema de saúde ou de um sintoma em uma pessoa.

4. Pedagogia Sistêmica: é o nome dado para a utilização da Constelação Sistêmica de Bert Hellinger na área da educação. Consiste principalmente na postura do educador alinhada com os preceitos de Hellinger de respeito aos pais e respeito à história familiar do aluno. Resgata a força do aluno por meio do seu sistema familiar.

5. Constelação Organizacional: é o nome dado para a utilização da Constelação Sistêmica de Bert Hellinger na área da Administração de Empresas. Pode ser utilizado para verificar dificuldades com o andamento da empresa, atrito entre equipes e até mesmo no planejamento de novas estratégias.

6. Constelação Familiar: é a aplicação da Constelação Sistêmica de Bert Hellinger em casos familiares e pessoais, onde é possível olhar as três leis da vida e como elas impactam o nosso viver. É numa constelação familiar que se observa as dinâmicas difíceis que agem em nossa vida e, desta forma, podemos assumir nosso lugar correto e de força para caminhar adiante.

7. Representantes: numa constelação em grupo, o cliente conta com a ajuda dos representantes na constelação do seu tema. Representantes são todos aqueles que estão disponíveis para entrar na colocação familiar do cliente que está constelando, somente durante

o atendimento. Numa constelação individual (somente o terapeuta e o cliente) são utilizados figuras e bonecos como representantes.

8. Campo: chamamos de campo o lugar onde se realiza o atendimento em constelação. Às vezes delimitado por um tapete, o arranjo das cadeiras ou o espaço físico onde o encontro ocorre. Muitas vezes é chamado também de campo de informação, pois o que é trabalhado na Constelação provém desse lugar.

9. *Workshop* de Constelação: é o atendimento da Constelação Sistêmica na prática. Um grupo de clientes se forma, com temas e representantes, facilitados por um Constelador.

10. Sistema familiar: são todos aqueles que fazem parte da sua família. Você, seus irmãos, seus pais, seus avós, suas bisavós e assim por diante. Toda essa rede de pessoas antes e depois de você compõe o seu sistema familiar.

11. As três leis da vida: foram descobertas por Bert Hellinger três leis universais que agem sobre todos os sistemas: a lei da ordem, do equilíbrio e do pertencimento. Elas agem mesmo quando desconhecemos sua existência e seu conteúdo.

12. Emaranhamentos: são fatos difíceis e por vezes não resolvidos de nossa história familiar. Quando algo acontece e não é completamente processado dentro de um sistema, há a possibilidade de que outra pessoa dessa família reviva a situação de forma a trazer para um movimento de solução. Essa identificação geralmente ocorre de forma inconsciente, o que ocasiona dificuldades para a pessoa que revive o problema e para todo o sistema.

13. Tomar: a constelação traz a importância de tomar o que flui da nossa rede familiar, como os pais, por exemplo. Tomar aqui significa aceitar tudo o que compõe a história familiar, com as dificuldades e os recursos que estão contidos nela. O tomar é ativo, parte de uma decisão tomada por nós.

14. Honrar: a honra a outras pessoas do sistema está em reconhecer o papel de cada um para que a vida seja passada adiante. Respeitosamente nos curvamos, mostrando nosso tamanho menor e agradecimento ante aquele que nos precedeu.

15. Aceitação: a aceitação consiste em ver a realidade e lidar com ela. Aquele que aceita abre mão do jogo do "e se" e vive em linha com o que acontece e é concreto. Não haveria outras possibilidades diferentes daquelas que realmente aconteceram.

16. Amar à beira do precipício: por amor ao nosso sistema, muitas vezes repetimos dificuldades e histórias de nossa família. Isso acontece em uma tentativa inconsciente de reviver e resolver o problema de outros integrantes de nosso sistema. Esse amor infantil, que não percebe a diferença entre o "eu" e o "outro", muitas vezes nos coloca em perigo pela simples identificação do amor.

O Trabalho Sistêmico e as Constelações Organizacionais atuam para revelar essas dinâmicas, encontrar forças e recursos não utilizados até o momento. Fornecem *insights* sobre as condições sob as quais pessoas e empresas podem prosperar, conduzindo para o encontro de opções, definição de novos passos e mudanças que podem ser implementadas imediatamente. Como manter organizações saudáveis em um mundo tão complexo? O que fazer quando soluções e métodos consagrados não trazem mais o resultado esperado? Que outras ferramentas inovadoras poderiam maximizar os resultados? Afinal, o que percebemos e o que não percebemos? Se nosso nível de consciência é baixo, nossa ação tende a ser instintiva, repetindo padrões antigos que muitas vezes já não nos servem mais. Qual seria o ganho de ampliar a visão para considerar a dimensão sistêmica das organizações e da vida pessoal e profissional e utilizá-la como um ponto de partida para a solução e prevenção de várias situações e resultados indesejados? São diversas e numerosas as aplicações do Trabalho Sistêmico e das Constelações Organizacionais. Abaixo, estão listadas algumas delas.

Para a empresa/organização:
- Desenho de cenários estratégicos;
- Investigação de disfunção na estrutura da empresa;
- Construção e reestruturação de organizações e áreas;
- Diagnóstico em várias dimensões (estratégica, tática, operacional);
- Estudo de fusão e aquisição (decisão e integração);
- Análise de mercado e avaliação de marcas e produtos;
- Busca de soluções;
- Análise e planejamento de sucessão;
- Gestão de projetos e equipes;
- Gestão de conflitos;
- Processos de *coaching* e de desenvolvimento de equipes e líderes;
- Identificação e readequação da cultura organizacional;
- Diagnóstico de problemas de liderança;
- Processos de recrutamento e seleção.

Para os indivíduos:
- Tomada de decisões de diversas naturezas;
- Gestão de carreira;
- Definição de formas de atuação;
- Solução de conflitos nos relacionamentos;
- Definição de papel e lugar mais adequados a uma determinada atuação;
- Busca de equilíbrio entre a vida privada e profissional;
- Desenvolvimento do auto liderança;
- Identificação de interferências e obstáculos internos e externos;
- Identificação e utilização de forças e recursos;
- Processos de *Coaching*;
- Identificação de propósito de vida.

Um... Dois... Três... Ação! Vamos à prática!

Espero que você faça o melhor proveito destas perguntas. Elas conduzem à reflexão de como os princípios sistêmicos fazem parte de seu processo decisório. O simples fato de responder a essas perguntas, o mais completamente possível, contribui para ampliar sua perspectiva sobre sua liderança e o quanto ela já inclui o pensamento sistêmico. Para isso, é necessário realizar o autoconhecimento positivo para responder aos questionamentos abaixo.

Antes de prosseguir, responda:

Passo a listar abaixo perguntas para que você possa refletir sobre os aspectos sistêmicos da liderança. Lembro que não há uma resposta certa, mas, sim, o benefício que se obtém ao responder a essas perguntas, que é ampliar sua perspectiva, incluindo aspectos úteis para aprimorar a tomada de decisão.

Primeira posição ou perspectiva do eu:
- Em que medida me aproprio da posição que ocupo em meu trabalho?
- Qual a minha contribuição para o grupo?
- Como incluo os diferentes pontos de vista?

Segunda posição ou perspectiva do outro:
- Como reconheço e valorizo cada um da equipe?
- Como oriento e dou *feedback*?

- Qual a contribuição mais importante de cada um para o todo?
- Como estimulo a colaboração na equipe?

Terceira posição ou perspectiva do observador:
- Como sou percebido enquanto ocupo minha posição atual?
- Como são percebidas a minha contribuição e a de minha equipe conjuntamente?
- Como nos desenvolvemos enquanto equipe?

Quarta posição ou perspectiva sistêmica:
- Como minha equipe se apropria de sua posição na empresa?
- Qual nossa contribuição para o todo?
- Como somos percebidos e reconhecidos como grupo na empresa?
- Como colaboramos com as outras equipes e grupos dentro e fora da empresa?

Capítulo 27

Dedicação e carinho pelas mulheres hipossuficientes e vulneráveis

Rosana Leite Antunes de Barros

Nasci no interior sul mato-grossense, na cidade de Aquidauana. No meu seio familiar, os resquícios do machismo, como em quase toda boa família, sempre existiram. Talvez, por essa razão, luto tanto pelos direitos da mulher, buscando por meio da representatividade como defensora pública ser porta-voz das que, assim como eu, almejam o equilíbrio nas relações de gênero.

Rosana Leite Antunes de Barros

Nascida em 28 de junho. Idade: 46 anos. É defensora pública estadual, Coordenadora da Comissão Nacional de Promoção de Defesa dos Direitos da Mulher do CONDEGE, coordenadora do Núcleo de Defesa da Mulher da Defensoria do Estado de Mato Grosso, conselheira e ex-presidente do Conselho Estadual dos Direitos da Mulher do Estado de Mato Grosso, vice-presidente da Associação Mato-grossense de Defensores e Defensoras Públicas do Estado de Mato Grosso (biênio 2017-2019), membro da Câmara Técnica da Secretaria de Segurança Pública do Estado de Mato Grosso, membro da Câmara Setorial Temática da Assembleia Legislativa do Estado de Mato Grosso, articulista semanal do jornal A Gazeta.

Contatos
(65) 99811-2806
(65) 3613-8204

Venho de família convencional, com a criação seguida pela tradição, sou filha de Sebastião Ribeiro Leite, procurador aposentado, e de Marlei dos Santos Leite, dona de casa. O natural é a vivência patriarcal, principalmente, tempos atrás. Convivi com o androcentrismo, como se normal fosse. Ouvi, também, como é comum, que a "menina" deve ser reservada. Foi-me ensinado que o homem é o chefe e provedor da família. Aos homens não é dado qualquer resguardo, mas as mulheres precisam se cuidar. Na infância, lembro-me de tios que traíam e maltratavam as mulheres... Tive um parente próximo que deixava a esposa em casa e costumava se "esbaldar" em boates e bailes. Vi muito, o que outras pessoas também viram. Era comum e esperado, tudo tranquilo. Presenciei mulheres cozinhando, limpando casa, lavando roupas e louças, pois esses eram serviços delas.

Lembro-me de que o meu irmão possuía algumas regalias que não pude desfrutar. As tarefas domésticas, quando apareciam, eram divididas entre minha mãe e eu, apesar de o meu genitor as compartilhar também, principalmente, pelo gosto de cozinhar. Assisti a um pai que trabalhava fora, e repartia parte do trabalho doméstico com a companheira. Presenciei muito respeito e cuidado entre o casal. Tive boas referências e não posso mencionar sobre qualquer trauma a enfrentar nesse sentido.

Na infância, algumas situações de violência doméstica e familiar foram marcantes em minha família, apesar de não as vislumbrar entre meu progenitor e progenitora. Escutei, mais ou menos aos 4 anos de idade, que um tio estava autorizado a assassinar a esposa, já que ela o havia traído. A tragédia não aconteceu por pouco. Todavia, a minha mente a processou, mesmo na tenra idade.

Aos 14 anos, quando meu pai ainda advogava, sendo época de "vacas magras", ele humildemente me pediu para ser a sua secretária no escritório de advocacia, até que estivesse em condições financeiras de contratar uma. Justamente por essa temporada o ajudando, comecei a perceber o amor ao Direito. Devo ao meu pai o gosto pela leitura. Ele conseguia me fazer sentir vontade de ler jornais e livros, ao contar o que havia lido. Fazia questão de deixar bem próximos os livros, gibis e jornais. Quando chegou a minha vez de buscar uma faculdade, não tive dúvidas, cursaria Direito. Desde o primeiro dia de aula a paixão foi visível. Não havia disciplina pela qual não me interessasse. Inclusive, pude ser monitora da disciplina de prática forense.

Desde a formatura, passei a estudar para concurso público. Fui assessora técnica jurídica do Tribunal de Justiça do Estado de Mato Grosso por aproximadamente dois anos. Poucos concursos públicos aconteceram naquela ocasião. Entretanto, em 22 de janeiro de 2001, contraí núpcias com o grande amor de minha vida – Gonçalo Antunes de Barros Neto. Ele, Juiz de Direito, estava no interior do Estado de Mato Grosso, já que havia sido aprovado no concurso há menos de dois anos. Seu pai e mãe, Gilson Duarte de Barros e Leuby Correa da Costa Barros, se tornaram pessoas de grande importância em minha vida, aos quais sou eternamente grata. Tiveram passamentos prematuros.

Com o casamento, além do "grande amor", ganhei duas filhas, Michelle e Amanda, amores incondicionais. Em 08 de agosto de 2001 vem ao mundo outro amor, Gabriella. Como estávamos em Canarana-MT, ela por lá preferiu nascer, de parto normal. No ano de 2009, dia 24 de janeiro, o "amor caçula", Gilson Neto, também de parto normal, passa a fazer parte da família. Gosto de mencionar que consegui realizar partos humanizados, como sempre desejei.

A Defensoria Pública como viés de enfrentamento

Em 04 de junho de 2007 tomei posse como defensora pública do Estado de Mato Grosso. À época da preparação para carreiras jurídicas as minhas reflexões eram de estar em cargo público onde pudesse ter a população bem próxima. A Defensoria Pública proporcionou a possibilidade de só fazer o bem. Também, de aproximação com a camada menos favorecida socialmente. Os vulneráveis também são nossos e nossas assistidas, onde é possível vislumbrar além da hipossuficiência. Exercia as minhas funções no interior de Mato Grosso: Sapezal, Juscimeira, Rosário Oeste, Nobres e Campo Verde, até ser promovida para atuar na capital.

Ao longo da minha jornada o meu engajamento pelos direitos humanos e das mulheres foi visível. Quando atuei em Rosário Oeste\MT, por exemplo, comandei um programa na Rádio Alvorada, denominado *Conversa com a Defensora Pública*. Foi um momento muito rico, tendo em vista a possibilidade de esclarecimento à sociedade sobre os seus direitos. A cada programa um tema jurídico específico era tratado, para que a comunidade pudesse saber como e onde buscar ajuda quando os seus direitos eram vilipendiados. Todos os dias em que o programa foi ao ar, a Defensoria Pública ficava assoberbada com tantos assistidos e assistidas. Pude perceber a carência de informações, em conversas francas no programa de rádio.

Assumi a defesa da mulher na Defensoria Pública em 18 de fevereiro de 2011. O Núcleo de Defesa da Mulher atua na defesa das mulheres vítimas de violência dentro e fora de casa, sendo abrangente a atribuição, não ficando restrito apenas à violência doméstica e familiar. Desde agosto de 2012 fui indicada pela Defensoria Pública para ser a representante no Conselho Estadual dos Direitos da Mulher do Estado de Mato Grosso. Em 13 de agosto de 2012 realizou-se a eleição para a presidência do mencionado conselho, quando me sagrei vencedora, ao apresentar candidatura. Estive por dois mandatos consecutivos, já que a recondução aconteceu em 2014. O Conselho Estadual dos Direitos da Mulher é paritário, com representantes das entidades civis organizadas e poder público. Foi e sempre será um imenso aprendizado o CEDM-MT. Em Mato Grosso é instituição de extremo respeito. Estive como presidenta até 05 de dezembro de 2016. Uma das ações do CEDM-MT, na época em que estive na presidência, e que merece destaque, é a elaboração do 1º Plano Estadual de Política para as Mulheres do Estado de Mato Grosso. Esse também o é o primeiro plano de direitos humanos do estado. Além das conselheiras, a sociedade foi convidada a participar da criação e elaboração do aludido plano. O plano foi muito bem recebido pelo governo, tendo sido aprovado, homologado e publicado. Na atualidade, dentre uma das lutas do CEDM-MT está o enfrentamento para que o plano seja aplicado na integralidade, e incluído no orçamento estadual, se transformando em realidade.

Em janeiro de 2015 fui uma das defensoras públicas convidadas para a discussão sobre a capitulação do delito de feminicídio. Houve pedido geral para que mencionado crime tão grave – em que as mulheres são assassinadas por serem mulheres – incluísse o gênero feminino. A bancada evangélica apresentou veto ao pedido, tendo sido mantido o vernáculo "mulher" como vítima. Claro que a jurisprudência, com o passar do tempo incluiria o gênero feminino, como o fez. Todavia, por justiça, o gênero deveria ter sido contemplado, mas, não o foi.

A partir de 2016, o Núcleo de Defesa da Mulher da Defensoria Pública (NUDEM), que foi criado em 2014 em Cuiabá-MT, tem como um dos seus primordiais objetivos, por meio da "Campanha Chega de FiuFiu", o enfrentamento e combate às violências sexuais e abusos sofridos pelas mulheres nas ruas, por meio das cantadas e delitos mais graves.

Apresentei projeto à Secretaria de Segurança Pública de Mato Grosso, para que seja confeccionado um cadastro das medidas protetivas de urgência. Em caso de descumprimento pelos homens/agressores das respectivas medidas, o atendente do CIOSP (Centro Integrado de Operações da Secretaria de Segurança Pública) poderá ter a informação de que não é o primeiro fato, deixando evidente a periculosidade, com a vontade de praticar algo pior contra a vítima. Assim, havendo descumprimento das medidas protetivas de urgência, configura-se a necessidade de prisão imediata do agressor, devendo o CIOSP ter ciência dessas informações. Por outro norte, a polícia entenderá a necessidade da celeridade no atendimento da ocorrência, já que a mulher pode estar correndo sério risco de morte.

Faço parte da Câmara de Enfrentamento à Violência Doméstica e Familiar da SESP (Secretaria de Segurança Pública do Estado de Mato Grosso), que, dentre uma das ações, criou a Patrulha Maria da Penha. Essa câmara técnica possui a função de tratar das demandas dos direitos das mulheres dentro da segurança pública. Faz parte de uma das ações a tentativa de mudar dados obrigatórios a serem preenchidos no ato da ocorrência, no boletim de ocorrências. Essa mudança trará a possibilidade de melhor análise quanto aos feminicídios e demais delitos praticados contra as mulheres. No meu entender, a maioria dos assassinatos de mulheres são feminicídios. As mulheres estão sendo mortas por serem mulheres. Enquanto homens morrem fora de casa, grande parte do gênero feminino tem sido assassinado dentro de casa.

Em estudo, quando estive em Brasília cuidando da capitulação do crime de feminicídio, foi possível a conversa entre agentes do sistema de justiça, sendo voz corrente de que a peça de informação, inquérito policial, deve guardar muito mais do que apurar autoria e materialidade delitiva. Como os feminicídios são delitos que podem ser prevenidos, conhecendo sobre a vida da vítima, como vivia, com quais pessoas se relacionava e outros dados, é plausível trabalhar a prevenção.

Atuei na capacitação de servidores e servidoras do Poder Público para o trabalho e aplicação da Lei Maria da Penha. Esse é um labor, em cumprimento ao artigo 8º da LMP. A apresentação de projetos de lei para a Assembleia Legislativa do Estado de Mato Grosso e em nível nacional, na defesa dos direitos humanos das mulheres, é um viés importante de atuação desempenhada. Acompanhando e atendendo mulheres vítimas, vê-se a obrigação de proposição de algumas leis e alteração de outras, para o melhor amparo delas. Participo, desde 2012, como representante da Defensoria Pública do Estado de Mato Grosso na Comissão Nacional de Promoção e Defesa dos Direitos da Mulher do CONDEGE. Essa comissão reúne todas as defensoras e defensores públicos do Brasil que atuam nos Núcleos de Defesa da Mulher Brasil afora. Desde maio de 2018 coordeno essa comissão para o biênio 2018-2020. As ações são extremamente proveitosas, porquanto é possível ter a dimensão do trabalho dos NUDEMs (Núcleos de Defesa da Mulher) em todo o território nacional.

Desde a criação do NUDEM-MT, em 2014, atuo como coordenadora. Esse núcleo foi muito bem recepcionado pela sociedade, que entendeu perfeitamente as atribuições. Com o advento da Lei Maria da Penha os NUDEMs se espalharam pelo Brasil, se perfazendo em núcleo obrigatório em todas as Defensorias Pública do país. Em 2018 atuei junto a SETAS (Secretaria de Estado de Trabalho e Assistência Social) no Projeto Cidadania na Escola, realizando palestras sobre os Direitos Humanos das Mulheres aos alunos e alunas do ensino médio. Nesses momentos de contato com as pessoas, principalmente com aquelas em formação, a prevenção fica mais evidente.

No mês de novembro de 2018, em audiência pública, sugeri ao deputado estadual Wilson Santos a revisão de todas as leis estaduais que tratam dos direitos humanos das mulheres em Mato Grosso. A professora Jacy Proença, em fevereiro do corrente ano, sugeriu a criação da câmara setorial temática da mulher, com a finalidade de revisão das leis e proposição de políticas públicas, em conversa com o mencionado deputado. Pela união de esforços entre o deputado Wilson Santos e a deputada Janaína Riva, na época presidente em exercício da Assembleia Legislativa do Estado de Mato Grosso, foi instalada citada câmara, da qual estou como relatora. Participo também de um projeto junto à Câmara Municipal de Cuiabá-MT, idealizado pelo Núcleo da Mulher daquele Poder, onde realizo palestras em bairros mais distantes sobre violência doméstica e familiar contra a mulher, levando informação e conhecimento às pessoas.

Se conclusão houvesse

Não consigo falar em conclusão. O trabalho pelos direitos humanos das mulheres não é possível terminar, e a história que carrego comigo se funde neste contexto. Todos os dias, quer no Núcleo de Defesa da Mulher da Defensoria Pública, ou em qualquer outro lugar, sinto que o enfrentamento à violência contra as mulheres ainda caminha. O labor de "formiguinha", combatendo as adversidades em todos os lugares, já que somos vilipendiadas cotidianamente, é baliza perseguida. É estranho o tratamento dispensado ao gênero feminino, com discriminações, preconceitos, piadas, assédios e abusos. Dizer que alcançamos a tão sonhada igualdade material é desconhecer a realidade dura e maldosa, com a necessidade de normas a acalentar sofrimentos expostos ou velados. Compartilho, para finalizar, que só conseguiremos, nós mulheres, concluir algo quando não precisarmos de leis afirmativas que venham a garantir a tão almejada equidade, que nos trará liberdade...

Capítulo 28

Com fé e ação os sonhos acontecem

Rosimeri Ribeiro

O segredo para crescer como empreendedora é nunca deixar de investir em conhecimentos, ser sempre criativa, inovar sempre.

Rosimeri Ribeiro

Graduada em administração de empresas, corretora de seguros, corretora de imóveis, empreendedora desde 1999.

Contatos
rosimeri66@icloud.com
(65) 99241-7433

Rosimeri Ribeiro

Filha de Idézio Ribeiro (falecido) e Marleine Martha Ribeiro, nasci no dia 21 de março de 1966 em um barraco de lona, na beira do rio Paraná, na cidade de Icaraíma, minha mãe comia a mandioca que plantava na beira do rio para não passar fome. Com 1 ano de idade, minha família se mudou para Dourados–MS, junto aos meus avós maternos e depois, já com 5 anos, e meu irmão com 3 anos, nos mudamos novamente para Três Lagos–MS, onde meu pai, após um ano, abandonou nossa família, a qual começou a passar necessidade. Minha mãe teve que começar a trabalhar e me deixar com meu irmão Kleber em um quarto trancado no hotel no qual iniciou seu trabalho. Mas como chorávamos muito a vizinha do hotel começou a perguntar sobre o choro e o gerente disse que havia duas crianças da funcionária Marleine, que precisa trabalhar para pagar a mudança de volta à casa de seus pais em Dourados–MS, por ter sido abandonada pelo seu esposo Idézio. Voltando para Dourados, eu completei 8 anos e vi a necessidade de trabalhar e ajudar minha mãe, até porque já sabia ler e conhecia matemática, que ajudaria a pagar e receber. Falei com minha mãe e avô que vendiam salgados e me ofereci para vender na rua. Depois de alguns meses mesmo estudando, percebi que ainda sobrava tempo para mais outros trabalhos, foi aí que decidi ser babá nos finais de semana e ainda trabalhar de lavar banheiros de um posto de gasolina às 3 horas da manhã. Eu desde criança sempre sonhava em ser alguém na vida, sempre fui muito estudiosa e queria realizar grandes sonhos e ajudar minha família. Eu sempre fui uma criança de muita fé em Deus, tudo que eu fazia entregava nas mãos de Deus. Mas sempre tive muita iniciativa e criatividade.

Quando completei meus 10 anos de idade minha mãe casou novamente. Eu acreditava que, por ter ganho um segundo pai, as coisas seriam mais fáceis, mas pelo contrário, meu padrasto exigia que ambos os filhos da sua esposa ajudassem em seu restaurante, não recebiam nada em troca. E eu tinha alguns sonhos a serem conquistados, mesmo com a pouca idade eu sonhava em ter uma bicicleta: "Monark com marcha, cor prata, cestinha jeans azul"; comprar uma enceradeira para minha mãe, que era muito sofrido usar escovão. As minhas amiguinhas, quando ouviram meus sonhos, começaram a rir e diziam: Você é filha de doméstica e muito pobre, nunca

Juntas brilhamos mais

vai ter uma bicicleta dessa, nem enceradeira, mal vai conseguir uma caixa de engraxar para seu irmão, você não tem nem bonecas. Mas eu, com muita atitude positiva e fé, sempre acreditei em mim mesma e em Deus, que sempre foi meu protetor e orientador em minhas decisões. Eu jamais desistiria de meus sonhos, porque acreditava sempre que Jesus estava presente na minha vida desde meu nascimento. Mas para todo sonho tem que haver um planejamento, estratégias de vendas e foi aí que dei meu primeiro passo: ir até as lojas para orçar o preço da bicicleta, da enceradeira e da caixa de engraxar. Logo comecei a fazer meu planejamento financeiro salário da limpeza dos banheiros, quanto eu tinha que repassar para minha mãe e quanto ficaria para mim, comissão dos salgados. E assim comecei a dividir por anos quanto deveria guardar. Após um ano, eu já tinha presenteado minha mãe com uma linda enceradeira amarela e, após três anos, comprei minha linda e tão sonhada bicicleta.

    Mas meus sonhos não pararam por aí, sonhava em fazer uma faculdade, sempre fui apaixonada por leituras e ganhava muitos livros de minhas professoras por não ter condições de comprar. Nunca li menos que oito livros por ano. Mas quando completei meus 11 anos, tive uma surpresa muito desagradável em minha vida. Meu padrasto começou a abusar de mim, me ameaçava de morte com um revolver, assim como minha família, caso eu contasse para minha mãe. Mas depois de dois anos eu decidi tomar coragem e contar a minha mãe, mas para minha surpresa ela não acreditava na minha história. Fiquei totalmente chateada com minha mãe e fui procurar a Sra. Catarina, dona do posto para o qual eu trabalhava, e ela acreditou, e disse que ela já desconfiava de todo final de tarde, quando ele me levava para casa para tomar banho. A dona Catarina me levou ao ginecologista de sua confiança, mas graças a deus nada grave tinha acontecido. Eu resolvi morar com meus avós, após esse fato, que deixou muitíssima chateada e com muito medo que meu padrasto fizesse o que havia prometido: me matar. Nessa mesma semana, essa senhora me arrumou um outro emprego em um consultório médico de um parente. Esse episódio me deixou tão revoltada que a cada dia mais eu queria crescer financeiramente e comecei a me dedicar muito mais aos meus estudos, comecei a me desenvolver no trabalho, querer sempre aprender coisas novas e logo fui convidada para gerenciar uma loja de roupas com apenas 14 anos de idade. Em seguida, uma outra empresa de grãos também me convidou para trabalhar na administração para ganhar muito mais. Quando completei 16 anos, fui obrigada a me casar contra minha vontade com o Valdir, por ter engravidado do meu primeiro filho Cleison, e depois de dois anos veio o segundo filho. Anderson. Quando engravidei do segundo filho minha mãe já tinha se mudado para Cuiabá-MT. Mas eu não era feliz com meu casamento, porque tive que abandonar meus estudos e meu trabalho, devido à família do meu esposo não aceitar que as esposas trabalhassem e estudassem. Mas eu, como sempre fui muito independente financeiramente desde criança e muito sonhadora, e estava muito infeliz com a vida muito humilde e com a falta de uma alimentação adequada para mim e meus filhos. No ano de 1985, toda a minha família já estava morando em Cuiabá-MT. Quando meu segundo filho Anderson completou 15 dias de nascido, eu liguei para minha mãe em Cuiabá e perguntei se ela aceitaria me receber com meus dois filhos na casa dela, até conseguir me estabilizar e alugar uma outra casa e mobiliar, por meio de venda de salgados, com o qual eu iria começar minha vida em Cuiabá. Imediatamente minha mãe aceitou, porém eu não tinha dinheiro para a viagem. Mas descobri um casal que queria conhecer Cuiabá, e logo pedi uma carona e disse que ambos poderiam se hospedar na casa da minha mãe naquela cidade. Depois de tudo combinado com o casal que daria a carona e com minha mãe, eu avisei meu esposo que estaria indo embora para Cuiabá e que não era para ele ir atrás de mim. Logo comecei a vender salgados, e entregar nas escolas e com carro emprestado, morando na casa da mãe com as duas crianças. Foram dois anos de muita luta, mas eu, que nunca desisti de conquistar grandes sonhos, voltei a estudar em 1987 e logo consegui um estágio na Caixa Econômica, aluguei e mobiliei minha casa, comprei um carro. Estudava à noite, cursava Técnico de Contabilidade, e consegui realizar mais um dos meus sonhos: trabalhar em um banco. Depois passei em um concurso da Telemat, mas o salário era menor que a somatória dos ganhos com a venda de salgados e o estágio, preferi não assumir. Eu preferia trabalhar mais, ganhando mais, do que ter apenas *status* e ganhar menos. Até porque meus objetivos eram altos. Logo fui destaque como a melhor estagiária da Caixa Econômica, em comprometimento, ética, muita qualidade no resultado. Como comecei a ser todo mês a melhor estagiaria da Caixa Econômica, comecei a chamar a atenção dos diretores, e a esposa de um deles trabalhava no Banco do Brasil, e o mesmo comentou do meu trabalho a ela e falou um pouco da minha história. A mesma disse: precisamos ajudá-la. Depois de alguns meses, ele me chamou na mesa dele e disse: "Você quer ganhar vinte vezes mais que aqui?". Perguntei: "Como assim?". Ele disse: "Minha esposa comentou comigo que o Banco do Brasil está abrindo vagas e ela quer entrevistar você. Sei que vou perder uma excelente estagiária, mas pela sua história queremos proporcionar a você e seus filhos uma vida digna. Você é merecedora de uma dessas vagas". Em 1988, comecei

Juntas brilhamos mais

meu grande emprego no BB, deixei meus salgados, passei meus clientes para meu avô. Agradeci muito ao meu ex-diretor e sua esposa. Comecei meu trabalho com muita dedicação, outros setores brigavam para ficar comigo, a confiança foi tanta que, em poucos meses, até dentro do cofre eu estava trabalhando. Depois de uns três anos, eu já estava comprando minha casa própria, meu carro novo, muitas linhas telefônicas, ajudando minha família, poupança. Mas tinha um empecilho em minha vida, meu marido resolveu vir atrás de mim e o mesmo vendia tudo o que eu comprava para minha casa: televisão, piano, aparelho de som. Pedi meu divórcio, não suportava mais trabalhar e sustentar homem dentro de casa e ainda vendia minhas coisas. Antes de sair o divórcio fiz uma viagem para o Paraná, para realizar um sonho, conhecer meus familiares. Mas para minha surpresa, quando retornei da viagem, meu marido tinha vendido minha casa, falsificado minha assinatura e sacado todo meu dinheiro. Eu quase enfartei, estava indo à delegacia denunciar, minha mãe não deixou. Perguntei: "Mãe, onde vou morar com meus filhos?" Ele me roubou tudo, só tinha algumas coisas para vender, para piorar, o contrato do Banco do Brasil estava acabando. Consegui sobressair mais uma vez, comecei a fazer curso de Alta Costura, para uso próprio, mas assim que o contrato do banco acabou, comecei a trabalhar com Alta Costura, atendia até juíza, empresárias, advogadas, foi um sucesso. Mas em 1994 resolvi procurar serviço em banco novamente, entrei no Banco Real, procurei o gerente e o mesmo disse que ali não havia vaga, mas que tinha na Seguradora. Ele agendou uma entrevista para mim com o gerente da seguradora. Quando ele leu meu currículo, disse: "Você só tem experiência bancária... Como vou contratá-la para gerente de seguros?". Respondi: "Eu prometo aprender o mais rápido possível". Ele novamente suspirou e disse: "Você não tem faculdade". Eu disse: "Eu entro se você me contratar. Como vou fazer faculdade sem dinheiro?" Ele disse: "Não posso. A seguradora exige". Retruquei: "Eu trabalho por 30 dias de graça. Se eu aprender, você me contrata, caso contrário, agradeço pela oportunidade". O gerente falou: "Você realmente não me deixa outra saída". O gerente explicou que poderia permitir os 30 dias de trabalho, mas haveria outro agravante: não tinha ninguém em Cuiabá para treinamento e a meta daquela agência não fechava há três anos. Seria um grande desafio para mim. Peguei os contatos dele. Na primeira semana, comecei a destrinchar um monte de papéis, para ligar e saber o que fazer, eu queria aprender a calcular, vender, estudei sobre seguros, comecei a treinar os caixas e os gerentes, para ajudar a cumprir a meta. Depois de 30 dias fui contratada e entrei na minha sonhada faculdade. Em seis meses de trabalho, fechamos a meta que não fechava há três anos. Ganhei uma viagem para a Ilha de Comandatuba no Hotel Transamérica com tudo pago, com direito a acompanhante, levei meu namorado Paulo. Depois tive os cursos dos produtos em Monte Sião. Mas como o sucesso foi tanto na regional centro-oeste, fiquei muito conhecida e todos os outros gerentes queriam saber o segredo, eu apenas respondi: "A meta é da agencia, então é de nossa responsabilidade treinar os funcionários do banco, inclusive o gerente. Apresentei a meta de cada produto, fiz um planejamento semanal, elaborei campanhas com prêmios, para incentivar a vender cada vez mais. Mas tem um detalhe, todos devem ser reconhecidos e aplaudidos, esse é o segredo do sucesso de cumprimento de meta". Eu distribuía meus prêmios para as pessoas que contribuíram. Foram anos de muitas premiações. Em 1997 eu me casei com o Paulo e tive meu terceiro filho, Thiago, e depois de seis anos nasceu o Arthur. E nesse ano concluí meu curso de Administração. Mas depois a companhia foi tirando nossos prêmios e outros benefícios. Foi quando eu pensei em montar minha corretora de seguros. Cheguei no meu diretor e pedi para fazer acordo, porque eu queria montar minha corretora de seguros. Ele me deu maior apoio e disse que até me ajudaria em que fosse preciso. No dia 11 de março de 1997 abri a Corretora Alfagarves em uma humilde sala de 25 m². Trabalhava sozinha, saia para visitas, chegava e eu mesma emitia e cadastrava os clientes em uma simples planilha de Excel. Durante uns quatro meses pagava o aluguel do meu bolso, porque ainda era pequena a quantidade de clientes.

Depois de uns cinco anos, meu filho Anderson veio somar conosco e o treinei para vendas, e ele se especializou em Garantia Contratual, Grandes Riscos e Seguro de Vida em Grupo.

E hoje estamos dentro do Goiabeiras Shopping.

Experiência, solidez, responsabilidade, comprometimento e ética são os princípios que regem a Alfagarves.

O segredo do sucesso é nunca desistir nos primeiros obstáculos, os tombos nos tornam pessoas mais fortes, inovadoras. Porém, não basta ter a ideias, sem planejamento e sem ação.

Todo sonho tem que ser: escrito, ilustrado, visível, sem isso será apenas um sonho.

Após onze anos de experiência como empreendedora, resolvi, investir em outro segmento: na Sono & Cia, uma loja de colchões que hoje é referência de qualidade em Mato Grosso.

E em dezembro de 2018 abri uma terceira empresa em outro segmento, que é a Alfagarves Negócios Imobiliários Nacional e Internacional, também a única hoje em Mato Grosso com produtos diferenciados.

Juntas brilhamos mais

Se dissesse que ser empreendedora no Brasil é fácil, estaria mentindo. Hoje eu digo que empreender no Brasil é você se formar na melhor faculdade de empreendedorismo do mundo. Diariamente somos surpreendidas com as mudanças de políticas, impostos, taxas, leis. A mão de obra é o maior desafio em nosso Estado.

E o segredo da realização dos sonhos é você não ficar presa ao passado e nunca se fazer de vítima, as pessoas que não alcançam seus sonhos costumam culpar pai, mãe, avôs. Isso se chama crença imitantes e mimimi.... ou melhor, desculpa para não agir.

Saia do mimimi e se dedique a estudar, aprender algo novo sempre, faça por você, se ame, se valorize, todos podem realizar sonhos!

O segredo para crescer como empreendedora é nunca deixar de investir em conhecimentos, ser sempre criativa, inovar sempre. E o mais importante é ter um ciclo de amizade de pessoas influenciadoras no mercado, ter boas parcerias. Valorizar seus colaboradores sempre, seus clientes, seus fornecedores, seus parceiros.

Empreender nos dias de hoje com o mundo digital no qual vivemos em parte nos ajuda muito, mas em parte disputamos mercado com ele. Mas o seu diferencial está na sua criatividade, sua inovação, no seu pós-vendas, no que o mundo digital nem sempre oferece.

Seu espaço físico, seu cafezinho e seu bom dia podem fazer muita diferença na decisão de compra do seu cliente. Você precisa se preparar para atender em alta escala.

Para você se diferenciar do mercado, sua empresa precisa vender valores e não preço. A sua marca tem que ter uma mensagem positiva para o mercado.

Para mim, o maior segredo de tudo que conquistei foi a minha fé, humildade e minha atitude, porque tive motivos de sobra para desistir até mesmo de viver, de chegar alguns dias e dizer para Deus: "Senhor, não estou mais suportando esta cruz, me dê a sua mão, me socorre".

Mas quando você chega ao fundo do poço, vem uma força tão grande, que você depois diz: "Como eu sou forte, guerreira, poderosa, inteligente". E isso a cada dia faz você crescer e aprender com os erros, porém nunca cometa o mesmo erro.

Se eu posso, ela pode, você também pode!
Juntas brilhamos mais!

Capítulo 29

Uma trajetória de sucesso!

Rozane Montana

O sucesso nasce naqueles que nunca desistem. Foi assim que tudo começou e é partir dessa afirmação que construí a minha carreira como empreendedora de sucesso. A minha trajetória é pautada em grandes desafios, muitos altos e baixos, mas acima de qualquer coisa, perseverança, dedicação e coragem.

Juntas brilhamos mais

Rozane Montana

Empresária, CEO e proprietária da empresa Mont'Anne Parfums. Mais de 25 anos de experiência no segmento de perfumes e cosméticos. Comendadora Internacional, título recebido em Solenidade no Clube do Congresso em Brasília, pelo crescimento socioeconômico do país e pela criatividade e desenvolvimento de sua marca. Ganhadora do Prêmio Winner em Nova York. Recebeu o Brasil Quality Certification, por ter tido um rendimento excepcional em todas as áreas de gestão, com eficaz enfoque nas 40+10 ações, tornando-se uma empresa modelo (Latin American Quality Institute). Prêmio Empresário do Ano e Empresa Brasileira do Ano (Latin American Quality Institute). Prêmio Excellence In Quality (EBA – Oxford). Prêmio Excellence In Quality, Cannes, França. Prêmio Gran Awards de Excelência de Qualidade. Prêmio À *Qualidade Brasileira* (Intercontinental Union For Quality - INUQ). Ao longo da carreira recebeu mais de 20 prêmios de reconhecimento.

Contatos
www.montanne.com.br
rozane@montanne.com.br / montanne@montanne.com.br
(65) 3624-0808 / 3622-3500

O sucesso nasce naqueles que nunca desistem. Foi assim que tudo começou e é a partir dessa afirmação que construí a minha carreira como empreendedora de sucesso. Empreender é ter paixão pelo que faz. É estar no mercado para resolver problemas e entregar soluções para os seus clientes. É seguir as tendências, mas agregar diferenciação. A minha trajetória é pautada por grandes desafios, muitos altos e baixos, mas acima de qualquer coisa, pela perseverança, dedicação e coragem.

Acima de construir um sonho pessoal, ainda me pairava o pensamento sobre o que poderia ser uma empresa e sua contribuição para a sociedade brasileira, almejando a partir de uma ideia simples ser a fundadora de umas das principais marcas de perfume do país, permitindo inclusive que esse sonho se perpetuasse, refletindo a capacidade de um simples brasileiro construir algo grande, passível inclusive de atingir outros países e de fazer com que o Brasil, como um todo, pudesse ser muito mais do que uma nação, mas um símbolo contemporâneo, que por algum motivo, mesmo diante de uma marca que fosse talvez pequena comparada às maiores do mundo, pudesse ser como uma semente que inspirasse pessoas a acreditarem em si mesmas.

Assim, ao nascer a Mont'Anne Parfums, em sete anos de trabalho muito árduo, pude ter orgulho do que estava fazendo, não porque poderia então empregar pessoas e criar oportunidades, mas por reconhecer que a espirituosidade de um brasileiro com sonho estava ali, ressaltado nos seus rótulos e representado em elos que fariam brasileiros no futuro trocarem ensejos de amor, utilizando o meu produto e fazendo com que um simples perfume fosse de fato algo com sensibilidade que pudesse consolidar as relações humanas por meio da fragrância que representa a síntese do amor entre as pessoas.

Onde tudo começou...

Como a flor de lótus, que revela sua beleza em cenários extremos, aos 12 anos eu vendia geladinho em campeonatos de futebol. Ali vivi capítulos que revelavam um pouco a probabilidade de um dia ter um futuro melhor. Foram dias difíceis, quando o sol ardia e o orvalho descia

Juntas brilhamos mais

na testa em forma de suor, não como representação de tristeza, mas como símbolo de alguém com personalidade forte. A infância se esvaía naqueles segundos e era trocada por um instinto de vitória que me elevava a uma condição que nem mesmo eu me reconhecia. Entardecia naqueles dias, muitas vezes a lua se apresentava novamente. Quando o instinto humano tomava meu corpo e a minha sensibilidade lavava minha alma, eu pensava o quanto tive medo muitas vezes, mas jamais aceitaria voltar para casa sem vender cada um daqueles geladinhos, pois eu sabia exatamente onde eu queria chegar.

Já aos 15 anos, ao deixar para trás a infância e engajar na adolescência, as pressões, a necessidade de vencer e a vontade de mudar, construíam diante de mim um capítulo em que eu precisava protagonizar em uma nova fase. Nesse tempo, comecei a trabalhar em uma loja de noiva e decoração. Ali pude aprender que o detalhe era extremamente importante para o sucesso. Esse ambiente começou a me fazer propostas porque me fez interpretar o sorriso da noiva e seus sonhos como uma grande janela de oportunidade em direção ao coração das pessoas. Nascia dentro de mim, refletido pela oportunidade daquele momento, um instinto empreendedor, que mesmo diante dos desafios que eu enfrentaria dali para frente, quando tomei essa decisão, eu me sentia forte.

Aos 17 anos de idade, passei a vender perfume. Nascia ali uma paixão tão intensa que fez o mundo parecer pequeno e o universo ser atingível. Esse sentimento tomou um tamanho que redimensionou a minha vontade de tal forma que eu desejei aprender profundamente tudo sobre perfume. A ansiedade tomava minha mente e latejava no meu corpo, fazendo gerar impulsos que muitas vezes nem eu mesma controlava, porque nesse momento já me sentia dona, dirigente e protagonista da minha própria vida.

Ensurdeci diante das negativas que se apresentavam na minha frente. Reconheci o quanto precisaria aprender mais sobre o tema e fui buscar conhecimento. Queria entender muito mais porque reconheço até hoje o quanto o conhecimento é importante para se fazer sucesso em qualquer empreendimento. Além de ter que admitir o quanto conhecimento contemporâneo é dinâmico. Fiz, então, diversas viagens internacionais que deram sustância a esse sonho empreendedor e confirmaram o caminho e fizeram revelar na minha vida dias completamente novos, nos quais a minha vontade superava qualquer que fosse a tempestade e a minha persistência nascia apenas do regar dos meus desejos, sem se fazer necessário nenhum minuto de descanso, porque era sobre-humana a minha determinação.

Vale lembrar que apesar da essência do sonho ser minha, jamais deixarei de reconhecer que um sonho sonhado sozinho é apenas um sonho sonhado sozinho, mas um sonho sonhado com a minha família é uma realização. Ao pensar sobre a origem dessa determinação, enxerguei minha mãe, que todo esse tempo, mesmo nos momentos mais difíceis, me apoiou. Todos os dias da minha vida, apesar de alcançar o auge na minha carreira e ter forte representação de sucesso pessoal, ainda tenho lá nos meus ouvidos a sua voz me dizendo o quanto eu era capaz e me inspirando a encontrar belas manhãs de verão após escuras noites de tempestades.

O caminho...

Admito que muitos pensamentos fluíram na minha mente e às vezes me pararam diante do medo, mas jamais construíram o vocabulário de desistência.

No legado empreendedor, os desafios são constantes e cada estação traz um novo obstáculo. Em um país escasso de recursos financeiros, buscar apoio a custos viáveis ou alcançar as escalas necessárias para tornar um negócio fluido, ou até se enganar quando muitas vezes acreditamos que a bonança está associada ao empreendimento, é um contratempo constante.

De fato, todos os momentos do negócio exigem fatores diferentes, muitos deles estão além de recursos econômicos, ligados diretamente a conhecimento, o que exige constante preparação frente a um universo de informações dinâmico e que torna imperecível não o conhecimento de ontem.

Uma das grandes controvérsias dos empreendedores é de que um empreendimento pode se constituir rapidamente. Minha experiência mostra que precisei aplicar 25 anos de mercado para a construção do meu legado, em que durante 18 anos trabalhei com multimarcas, captando experiência prática e recolhendo frutos e sementes que dariam subsídio ao meu legado empreendedor a partir de uma marca própria, essa que leva meu nome.

Considero todo esse tempo um ensaio que me propôs treinamentos intensos e testes nos quais eu mesma jamais admitira errar. Outro grande engano do empreendedor. A história de que o erro faz parte, mas o que diferencia um empreendedor do outro é o seu olhar para o erro com um aprendizado que deixa uma marca tão profunda que você, além de crescer e conquistar mais consistência e maturidade, ainda não se permite novamente cometer os mesmos erros, mas aprende de fato a utilizá-lo como uma escada segura em direção àquilo que você deseja.

O legado...

Minha experiência com o modelo de negócio de multimarcas imprimiu na minha carreira condições para que eu pudesse interpretar os

> Juntas brilhamos mais

processos de construção das maiores marcas de perfumes do mundo, partindo, inclusive, de onde elas nasciam. Sendo assim, nossos perfumes são desenvolvidos a partir de fragrâncias criadas em laboratórios franceses onde surgem marcas milenares que fazem parte da vida e da história de pessoas em todo o mundo. O grande legado foi fazer a Mont'Anne Parfums nascer desse mesmo berço e crescer seguindo os mesmos passos.

Assim nasceu a Mont'Anne Parfums uma marca de perfumes importados que foi lançada no mercado nacional em 2012. Com foco em uma detalhada pesquisa de mercado, planejamento e inovação, a marca foi conquistando seu espaço, superando as expectativas de vendas já no seu 1º semestre de existência no Brasil.

A marca Mont'Anne Parfums, atribui esse sucesso ao planejamento estratégico e de marketing, além, é claro, de fatores como a qualidade e a apresentação dos produtos, com embalagens inovadoras e preços competitivos. Isso a levou a alcançar um grande reconhecimento e enorme satisfação por parte dos clientes. Nessa constante evolução, a marca sabe o poder de uma fragrância, por isso cria aromas inesquecíveis, aromas que fazem a gente se lembrar de alguma coisa, de uma pessoa ou até de um momento especial. Mas o poder dos perfumes vai além do aroma que exala. Os estímulos aromáticos incitam emoções ou recordações, podem ser uma arma na sedução, além de ajudar a potencializar a personalidade. A postura ética, transparente e socialmente responsável que norteia todos os seus valores tem feito da Mont´Anne Parfums uma marca e uma empresa premiada e reconhecida no mercado em que atua.

Muito mais que um símbolo representado pelo amor por meio de um simples produto é ter alcançado milhares de pessoas com meus perfumes. São 6 milhões de peças vendidas nesse tempo e que de alguma forma serviram de ponte de transição para aqueles que presenteiam quem amam.

A Mont'Anne Parfums tem uma trajetória de repercussão social consistente, já que emprega mais de 5 mil pessoas direta e indiretamente, fazendo presença em todo território nacional e com impactos internacionais, tornando-se uma das mais importantes marcas do país e com um percurso de crescimento que torna a marca única em termos de história.

Conquistas...

Fazer parte da vida das pessoas é muito importante para uma marca, mas, para uma empresa, mais importante são suas razões sociais, quando a permitem empregar pais de família e construir uma economia forte para um país seguro. O momento em que se percebe os verdadeiros alcances estão refletidos em treze premiações nacionais e quatro internacionais, além do prêmio como mulher empreendedora, o que cria um status de instituição relevante para a sociedade brasileira, alçando nossa marca a praticamente um bem social, capaz de produzir de fato um país com potencial de participar de qualquer desafio em qualquer lugar do mundo, com honra e orgulho dos nossos cidadãos e nossos feitos.

O Brasil é um país que demanda muita habilidade para empreender porque sua estrutura fiscal e econômica tem nuances extremas e condição de operação com hostilidade constante. Nesse ambiente, só crescem aqueles que estão preparados ou são capazes de se transformar de acordo com as propostas e mudanças voláteis de temperatura governamental, fiscal e econômica.

Tudo isso torna o Brasil não uma simples plataforma para empreender no segmento de perfumes como a construção de um prédio fria e gélida, mas um ambiente de troca constante entre consumidores, que repercutem seus sentimentos em redes e estabelecem, por meio de inteligência coletiva, seus ideais, fazendo crescer a reputação das marcas espontaneamente e estabelecendo, por meio de um patriotismo quase ocasional, relações de longo prazo com produtos em que acreditam. Isso certamente é que faz valer a pena, todo o resto é consequência.

O futuro...

O Brasil é um país para o futuro e isso se demonstra na evolução das lideranças, no empreendedorismo feminino. As mulheres têm muita sensibilidade para os negócios. Suas visões são abrangentes e todas elas afeiçoadas aos detalhes. Parte importante do nosso consumidor são mulheres, o que me permite projetar a empresa para se transformar em uma das cinco principais marcas do país em cinco anos, já que cada vez mais a economia feminina detém o poder de compra, e nós estamos no auge dessa conversão.

Parece que o meu otimismo é sonho subjetivo, mas estou falando de fato embasada em um trajeto de sucesso e que me permite, ver, por meio dos trilhos que percorri, todas as conquistas da marca Mont'Anne Parfums e isso faz de mim alguém com um otimismo fatídico, não apenas espirituoso.

A persistência é parte da vida do empreendedor e está tatuada na minha alma, como a parte mais importante de uma pessoa que deseja vencer todos os dias na vida. É preciso lembrar que persistência não é teimosia. É reconhecer que se é capaz de fazer algo, se transformar constantemente no aspecto de inovação, para atender aos anseios da sociedade, papel essencial dos produtos, que se modificam de acordo com os novos movimentos do mundo, por meio da comunicação.

Juntas brilhamos mais

O caminho segue diante da constante necessidade de aprender, que lá na minha consciência tem que ser admitida. É por isso que a minha característica perfeccionista me mantém muitas noites acordadas para buscar o que preciso aprender todos os dias para ser melhor ainda ao amanhecer. A transformação continuada é parte da minha vida para fazer da Mont'Anne Parfums uma marca jovem, moderna e inserida na contemporaneidade de forma homogênea. Aprender é um lema estabelecido na cultura organizacional da empresa e na minha vida como pessoa. E, por isso, eu sempre vou lutar, acreditar e continuar seguindo em frente, com fé, foco e determinação.

Capítulo 30

O nome da sorte é trabalho

Sandra Cordeiro

"Nossa! Fantástica a sua história! Como você teve sorte!", me dizem. A sorte que me atribuem chamo de trabalho, de aproveitar oportunidades, de se preparar. E, de novo, de trabalho, de muito trabalho. E de atitude! Essa é a receita que me trouxe até aqui. É a minha história! Construída com proatividade, otimismo, humildade, disciplina, solidariedade, resiliência e confiança. Meus 7 predicados capitais.

Juntas brilhamos mais

Sandra Cordeiro

Graduada em Recursos Humanos, Foco e Gestão de Pessoas – UNOPAR (2013) com MBA em Liderança e *Coaching* (UNIC). Cursos de Saúde das Emoções e Saúde das Relações, pelo Instituto Brasileiro de Plenitude Humana; Como Organizar e Dirigir uma Empresa, pela Corpo RH Desenvolvimento; O Poder do Marketing Pessoal do PEPC – Network, e A Arte de Negociar, Gestão Eficaz do Tempo, pela Universidade Corporativa IT; Comunicação para Resultados e Comunicação e *Feedback*, Gestão do Tempo, Planejamento Pessoal e Financeiro, Crenças e Modelos Mentais, Os 7 Hábitos das Pessoas Altamente Eficazes, pela SR Capacitação; Desenvolvimento de Equipes, pelo Sebrae; Curso Prático de Negociação e Liderança – O Fator Resultado, pela Business Center; *Practitioner* em PNL (Arte e Técnicas da Programação Neurolinguística), pelo Instituto Elo. Tem paixão pelo trabalho, determinação e boa vontade, sempre!

Contatos
sandracordeiro@distribuicaotropical.com.br
www.facebook.com/sandra.marciacordeiro
www.facebook.com/DistribuicaoTropicalMatoGrosso
(65) 99243-0113

Sandra Cordeiro

De mãos de fada à fada madrinha

Botões, fita métrica, tecidos, linhas, tesoura, moldes, clientes, aperta aqui, aperta ali, tira aqui, coloca ali... Foi nesse emaranhado, entre costuras e medidas, que eu ajudei a sustentar a família por muitos anos. Em meio aos arremates, me vi às voltas com outra atividade, ligada a uma multinacional, que foi me envolvendo aos poucos até se tornar minha única ocupação profissional. Hoje, após inúmeros troféus conquistados e mais de doze países visitados, me tornei alguém consciente do quanto você pode fazer diferença com o seu trabalho.

Mesmo que a costura não seja mais o meu sustento, ainda

[..] sou feita de retalhos... Pedacinhos coloridos de cada vida que passa pela minha e que vou costurando na alma. Nem sempre bonitos, nem sempre felizes, mas que me acrescentam e me fazem ser quem eu sou.

Em cada encontro, em cada contato, vou ficando maior... Em cada retalho, uma vida, uma lição, um carinho, uma saudade... Que me tornam mais pessoa, mais humana, mais completa.

E penso que é assim mesmo que a vida se faz: de pedaços de outras gentes que vão se tornando parte da gente também. E a melhor parte é que nunca estaremos prontos, finalizados.

Haverá sempre um retalho novo para adicionar à alma.

Portanto, a cada um de vocês que faz parte da minha vida e permite engrandecer minha história com os retalhos deixados por mim, que eu também possa deixar pedacinhos de mim pelos caminhos e que eles possam ser parte das suas histórias.

E que assim, de retalho em retalho, possamos nos tornar, um dia, um imenso bordado.[1]

---

1   "Sou feita de retalhos", poema de Cris Pizziment.

Juntas brilhamos mais

De como nasce uma costureira

Nasci em Presidente Prudente, região oeste de São Paulo, a 500 quilômetros da capital. Perdi minha mãe aos 8 anos durante o parto do meu irmão caçula, que também veio a falecer.

Meu pai, sozinho para cuidar de quatro filhos, teve que ir para uma pensão. Aos 11 anos fomos morar em Dourados - Mato Grosso do Sul, onde ele conheceu a minha "boadrasta", que tenho como mãe.

A trajetória escolar foi interrompida pelo sonho do casamento. Para fazer meu enxoval, trabalhei por um tempo em um hospital como recepcionista e aos 18 anos me casei.

Com um ano de casados, meu esposo recebeu uma proposta de emprego e viemos para Cuiabá, em 1979. Os filhos vieram logo em seguida.

Permaneci casada durante 26 anos. Somos separados, mas bons amigos. Ele me ajudou a criar os filhos e me deu muita força quando resolvi abraçar a missão na empresa que mudou a minha vida.

Sempre fui uma pessoa determinada. Com três filhos pequenos, ainda encontrava tempo para, além de ser mãe e dona de casa, fazer trabalhos manuais que me garantiam uma renda extra. Era uma longa jornada que começava às 6 horas da manhã e por vezes terminava entre meia-noite e 2 horas da madrugada. Só assim conseguia dar conta de honrar meus compromissos.

Fazia tapetes e participava de feiras, mas o resultado das vendas não era suficiente para adquirir o que desejava. Por acaso, descobri que levava jeito para costurar fraldas e roupinhas de bebê. Daí a me transformar em uma costureira de mão cheia foi um pulo.

Quando solidariedade combina com trabalho

Foram 18 anos dedicados à costura. Costurava dia e noite e quase não dava conta de tantas clientes. Era uma loucura! Abri um ateliê. Sucesso total! Eu disse sucesso? Bom, sucesso mesmo foi quando conheci a Tupperware e foi aí que minha vida mudou! Quer saber como?

Por meio de uma amiga, também cliente do ateliê, fui apresentada à Tupperware e minha casa virou palco, nos fins de semana, de reuniões que serviam para demonstrar os produtos. Quase todas as minhas clientes de costura participavam. Eram encontros muito alegres e que me faziam muito bem.

Nessa época, minha amiga tinha um bebê de 8 meses que começou a ter sérios problemas de saúde. A família procurou tratamento em vários hospitais de diferentes cidades. Como não tinham dinheiro para o tratamento, a saúde do bebê se agravou e ela teve que se afastar das atividades junto à Tupperware para se dedicar inteiramente ao filho.

Sandra Cordeiro

O afastamento dela provocou a suspensão dos encontros. E minhas clientes queriam de volta as reuniões alegres dos fins de semana. Enxerguei aí uma oportunidade de ajudar na cura do bebê.

Comecei, então, a revender os produtos, enviando a ela todo o dinheiro, o que permitiu oferecer ao seu filho um bom tratamento que, ao final de onze meses, teve pleno êxito.

Ao longo desse período, me vi louca para atender tudo a minha volta, o ateliê, as costuras, as clientes, os produtos...

No retorno da minha amiga, eu tinha uma lista de clientes interessadas em promover reunião de apresentação de produtos Tupperware em suas casas, mas eu não queria continuar com esse trabalho, pois achava que não sabia vender e muito menos cobrar.

Nem por isso deixei de participar. Porém, um tempo depois, me afastei por oito meses. Estava tão envolvida com a Tupperware que durante esse período entrei em depressão.

Às vezes a gente precisa de ajuda para se descobrir

Até então, não sabia o que era depressão, achava que era coisa de gente rica. Comecei a sentir umas sensações estranhas, uma tristeza que não tinha explicação. Fui ao médico e ele confirmou a doença.

Durante o tratamento, a psicóloga me perguntou como era minha vida. Contei que vendia os produtos da Tupperware para ajudar uma amiga, porém, estava afastada. Quando ela me questionou sobre os motivos de gostar dessa atividade, respondi: "É porque quando vou para as reuniões eu me arrumo".

Sempre gostei de me arrumar, sou vaidosa e para as reuniões eu me arrumava e fazia maquiagem. Isso levantava minha autoestima.

Depois disso, segui o conselho da psicóloga e pedi para minha amiga me apresentar a empresa para entender melhor o sistema de vendas.

Em 1996, tornei-me consultora. Andei muito a pé, pois muitas vezes não tinha dinheiro nem para pagar a passagem de ônibus. Nem por isso perdia o ânimo e, aos poucos, fui crescendo profissionalmente.

Com o passar do tempo, os resultados foram aparecendo e o meu encantamento só aumentou de tamanho. Hoje posso afirmar, com certeza: nunca foi sorte, sempre foi trabalho! E mais: para sermos abençoados, precisamos estar bem suados.

Sacolas também guardam memórias

Meus filhos, que na época tinham 13, 15 e 17 anos de idade, me ajudavam a carregar as sacolas dentro do ônibus. Isso contribuiu para deixar gravado nos corações deles um pedaço da minha trajetória.

Juntas brilhamos mais

Certo dia, fui jogar no lixo uma sacola velha por tantas vezes usada e minha filha caçula, com indignação, disse: "Mãe! Essa sacola tem sua história! Eu me enroscava nas roletas dos ônibus com ela, você não vai jogar fora! Vou guardar essa sacola!". Esse foi um dos momentos emocionantes que guardo comigo e que me asseguram de que tudo que fiz valeu a pena.

Comecei a me dedicar mais à Tupperware, participar dos treinamentos, e logo formei minha equipe e me tornei líder.

Fiquei com medo de não dar conta de cuidar de um grupo inteiro, mas, mesmo assim, encarei a função. Passei um tempo entre as costuras e a Tupperware, até perceber que com a Tupperware me sentia mais realizada e deixei o ateliê.

Esse momento da minha vida foi uma mistura de oportunidade e muita disposição para trabalhar. Carregava sacolas abarrotadas de produtos para cima e para baixo, não me importando com o sol nem como o excesso de calor. Usava chinelos de dedo para não gastar meus sapatinhos de fazer reunião. Amigos e parentes me chamavam de louca até perceberem o meu crescimento financeiro.

Em 1998 conquistei minha primeira viagem e fui à Disney. Que sonho! Logo eu, que nunca havia voado de avião!

No Natal do ano 2000, tive uma grande surpresa: fui convidada a assumir a distribuição nos Estados de Mato Grosso, Rondônia e Acre. Independentemente dos meus receios, aceitei o que se tratava, na verdade, de uma conquista. Afinal, sou movida a desafios!

Fiz treinamentos e me dediquei muito. Trabalhava praticamente 14 horas por dia. Lembro-me de que vivia dez dias por mês em cada Estado, viajando de carro, muitas vezes sozinha, às vezes na companhia da minha filha caçula e da minha nora. Chegávamos a dirigir cerca de 5.000 quilômetros em uma semana. Fazíamos, em um único dia, treinamento pela manhã, à tarde e à noite em cidades diferentes. E sem GPS e Waze. Apenas com o Guia 4 Rodas e a confiança na informação de pessoas da região.

Para ser distribuidora da Tupperware, em primeiro lugar é preciso inspiração. É necessário dar atenção especial às consultoras. Uma pessoa só vende bem se tiver confiança e autoestima.

Em meus treinamentos, presto atenção em todas elas e quando reclamam de algo chamo para conversar. Procuro saber o que está acontecendo e se posso ajudar. Não deixo as pessoas desistirem tão facilmente dos seus sonhos. Sempre digo que quando tenho medo, finjo coragem e vou, mesmo com medo, acreditando que tudo vai dar certo. Essa confiança faz toda a diferença!

Quando você quer crescer precisa mudar, acreditar em você e ter em quem se espelhar. O meu espelho foi a distribuidora que me escolheu para substituí-la quando foi convidada para assumir a Tupperware em outro Estado. Essa mesma oportunidade estendi a onze distribuidoras que saíram daqui e estão liderando em outros Estados. Mato Grosso é um "celeiro" de novos distribuidores.

Enquanto uns dão flores, eu dou livros

Estava financeiramente realizada, porém sentia que estava faltando alguma coisa. Foi então que, aos 50 anos, resolvi terminar o ensino médio para cursar a faculdade de Recursos Humanos e, na sequência, fiz MBA em Liderança e *Coaching*.

Peguei gosto pelos estudos e não larguei mais. Participei de mais ou menos 80 cursos e palestras. Entre eles posso destacar: Como Organizar e Dirigir uma Empresa; Desenvolvimento de Equipes; Saúde das Emoções; A Arte de Negociar do PECP; Comunicação e *Feedback*; O Poder no *Marketing* Pessoal; Chefia de Liderança; Departamento Pessoal, *Practitioner* em PNL... E não pretendo parar por aí.

Como forma de valorização e motivação, convido palestrantes e *coaching* para reconhecimento do trabalho dos meus liderados. Orgulha-me dizer que muitas mulheres já mudaram sua vida por meio da Tupperware. Adoro contribuir para o empoderamento delas.

É uma história de lutas e desafios, de perseverança e vitórias. Levo a vida com esforço, honestidade e, especialmente, com sabedoria, traduzida em frase: "Fale com prazer do que você faz, e assim estará fazendo cada vez melhor".

De todo esse conhecimento adquirido, tiro muitos treinamentos para repassar para minha equipe. Pois não é só formar novas líderes e recrutar, mas trabalhar com o intelectual delas, sua autoestima e outros pontos necessários. Sinto necessidade de ajudá-las.

Além de incentivar "minhas meninas", como as chamo carinhosamente, levo descontração para o grupo. E sempre digo que tem que estudar. Enquanto uns dão flores de presente, eu dou livros.

Quando é preciso desacelerar

Em 2005, passei por uma fase muito difícil. Tive dois princípios de infarto. Não estava mais aguentando trabalhar tanto. Eram três Estados para gerenciar. Resolvi desacelerar e fiquei somente em Mato Grosso. Precisava me cuidar. Atuando apenas em um Estado, sobrou tempo para relaxar. Hoje tenho três netinhos e deixo um tempo livre para curti-los.

A dedicação exclusiva me permitiu montar uma equipe com dezoito empresárias, que me ajudam a seguir em frente. Elas estão espalhadas pelo Estado, representando a Distribuição Tropical e cuidando da nossa força de vendas. Assim, consegui planejar a vida e realizar meus planos. E para dizer a verdade, nunca imaginei que chegaria tão longe!

Atualmente, dois filhos são meus sócios e trabalham comigo. Maurício, o mais velho, cuida da parte financeira da empresa, e Letícia, a mais nova, divide comigo a área de treinamento. Patrícia, minha filha do meio, é arquiteta, mas está sempre presente nos eventos e acontecimentos da Distribuição. Além dos filhos, conto também com o trabalho dos meus genros e nora.

A Distribuição Tropical, que começou com quatro colaboradores, hoje tem 34, e todos atendem com carinho as pessoas que buscam nossos serviços. Alguns deles somam mais de treze anos de empresa. Isso me enche de orgulho!

Em 2016, fomos tricampeões mundiais de vendas, em anos consecutivos. Nossa força de vendas externa (consultores) aumentou muito desde que me tornei distribuidora em 2000. De 1200 para mais de 30 mil consultores.

Vivi e vivo muitas experiências marcantes com a Tupperware, me transformei como pessoa e conheci lugares incríveis: Chicago, Nova York, Las Vegas, Los Angeles, Miami, Orlando, São Francisco, Buenos Aires, Santiago, Barcelona, Madri, Cidade do Cabo, Joanesburgo, Paris, Veneza, Roma, Lisboa, Berlim, Amsterdã, Jerusalém, Londres...

Sempre digo: "Nós estamos onde escolhemos estar. Vá à luta, desafie-se. Se der medo, finja que sente coragem e vá com medo mesmo. Porque nem o céu é o limite".

Agradeço a Deus, a minha família que sempre me apoiou em todos os momentos, aos meus colaboradores e a minha força de vendas que é destaque no mundo!

Parabéns, Distribuição Tropical! Orgulho-me e sou feliz em sempre estar junto e misturada com todos vocês!

Abraços da Mainha Sandra.

Capítulo 31

O segredo

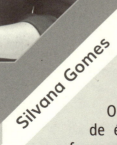

Silvana Gomes

O *coaching* na atualidade é visto como uma das ferramentas de melhor custo-benefício, posto que, com ele, obtém-se uma melhora no desempenho dos profissionais tidos como fundamentais à organização, bem como das equipes de trabalho. O estabelecimento de estratégias competitivas que maximizem os resultados é fator de sobrevivência pois ajudam a superar as dificuldades, esclarecer dúvidas e agregar novos conhecimentos e técnicas.

Silvana Gomes

Master Coach & Master Trainer, especialista em Desenvolvimento do Potencial Humano e em Psicologia Positiva, empresária e diretora da SG Gestão de Pessoas, graduada em Ciências Contábeis, MBA em Gestão de Pessoas pela FGV. Pós-graduada em Psicologia Positiva. BEC – *Business and Executive Coaching* formada pelo IBC Certificação Internacional. Pnl *Practitioner* e Neurossemântica Certificação Internacional, Eneagrama, Analista Comportamental *Coaching Assessment* e PI Peridex *information*, Avaliação 360°. *Leader Coach Training* – LCT – Formação para Líderes, *Coaching* em grupos e equipes.

Contatos
www.sggestaodepessoas.com.br
silvanagomesmastercoach@gmail.com
(65) 99962-2997

Silvana Gomes

Uma palavra que me define é superação!

Quando meus pais casaram eles não tinham casa e foi preciso contar com a ajuda de meu avô paterno, que cedeu a barraca de verduras de chão batido, foi então ali que nasci. Em condições difíceis, mas com muito amor, cuidado e tudo muito limpinho. Porque superação me define, além de nascer com bronquite asmática, quase não sobrevivi, as enchentes que marcaram minha infância e ver o pouco conquistado com muita luta e suor de meus pais ir embora é muito triste e só quem já passou por isso sabe. Alguns anos se passaram e meu pai conseguiu um emprego na Sadia e lá permaneceu por mais de 18 anos, fez carreira e nossa vida melhorou, conseguiu aumentar a casa ainda de madeira. Eu e meus três irmãos não passamos necessidade, sempre tínhamos o básico.

Como relato, hoje me sensibilizo quando vejo famílias perdendo tudo em enchentes. Pois ainda foi preciso permanecer naquele lugar por mais de cinco anos.

Meu pai pediu para minha mãe aguentar, pois ele precisava construir uma casa melhor e se pagássemos aluguel não seria possível a construção da nossa casa. Após cinco anos de muita luta, muito sacrifício com muito trabalho, minha mãe, além de cuidar da casa, quatro filhos, trabalhava lavando roupa. Meu pai também, com muita luta montou, uma pequena mercearia e continuou trabalhando na Sadia. Foi desde cedo então que comecei a empreender, pois a atenção sempre esteve voltada para os estudos, mas já trabalhava desde meus 9 anos, atendendo na mercearia e no caixa nos meus tempos livres. Comecei a trabalhar com carteira assinada aos meus 16 anos e sempre proativa, curiosa e em busca de conhecimento, logo entrei para a área de Recursos Humanos.

Tive o privilégio de fazer uma carreira brilhante, possuo mais de vinte anos de experiência em empresas multinacionais e nacionais de grande porte, com forte atuação em gerenciamento, coordenação, desenvolvimento humano organizacional, estruturação da área de gestão de pessoas. À frente da SG, respondo pela direção e projetos da área de gestão empresarial e de pessoas.

Juntas brilhamos mais

Meu crescimento pessoal e profissional

É importante registrar que no decorrer da vida, inúmeras vezes experimentei grandes desafios e tive, sim, vontade de desistir, querendo deixar para trás tudo o que me afligia. Passei por três derrotas: "falência da empresa" e parceria malsucedida. E provar por diversas vezes a competência feminina no comando da gestão enquanto colaboradora e empresária.

Mas o maior desafio enfrentado, e que poucos sabem, foi o momento mais incrível da minha vida, momentos de muito amor e muita dor. Recebi dois presentes maravilhosos de Deus, fiquei grávida de gêmeos e era um casal. Mas Deus precisou de um anjo no céu e foi preciso levar a minha linda Gabriela, porém sua misericórdia é tremenda que deixou outro anjo na Terra, o meu amado Mateus, hoje com oito anos de idade.

E às vezes até conseguimos fugir, sumir. No entanto, levamos conosco toda a bagagem. E então percebemos que não se trata do lugar externo, mas sim do lugar interno.

Foi quando fui em busca de autoconhecimento. Isso mesmo, algo que parece tão simples, mas que nunca paramos para pensar a respeito. Um elemento essencial nesse momento é a pausa. Olhar para si, se observar, descobrir quais são os seus reais valores, seus sonhos, metas e objetivos.

Essa foi uma fase delicada e dolorosa na minha vida, mas também foi um momento extraordinário de recomeço, redescoberta e transformação.

Uma oportunidade de, assim como a ave mitológica Fênix, renascer das cinzas, se fortalecer e voar para chegar aonde deseja.

Aproveitei esse momento para cuidar mais de mim, refletir sobre a minha vida até aqui, parei para ouvir minha voz interior, que trouxe a felicidade de volta e foi necessário procurar ajuda. E encontrei nas formações *Master Coach* e *Master Trainer* do IBC.

Aceitando meu chamado

O que é viver com sabedoria? Acordei hoje com essa pergunta na cabeça. O "legal" é que isso me acontece praticamente todos os dias e logo pela manhã. Na opinião de alguns, isso é mania de *Coach*. Não concordo.

Para mim, questionar é estar sempre em busca da sabedoria. É isso! Já consegui a resposta para a minha pergunta de hoje! Viver com sabedoria é estar sempre questionando as coisas, para lá e para cá, mas não faço isso como uma criança de 4 anos de idade, como brinco às vezes.

Alguém como eu tenho sempre que questionar as coisas, para que consiga aprender a cada dia, pois pretendo continuar auxiliando pessoas. Enquanto caminhava, preocupada em chegar ao correio, escuto uma voz me cumprimentando. "Bom dia! Está indo mais cedo para o serviço hoje?" – pergunta o jornaleiro da banca da esquina, enquanto ajeita algumas revistas na prateleira.

"Bom dia!" – retribuo o cumprimento ao mesmo tempo em que minha mente formula a pergunta: "O que eu farei hoje para ter um dia memorável?". "Ando curioso sobre esse seu negócio. Muita gente anda procurando revistas que falam sobre esse assunto, principalmente os executivos", diz o jornaleiro, mas, desta vez larga as revistas e, olhando para o meu rosto, continua: "Esse seu negócio parece estar na moda".

"Ontem mesmo eu vi um artigo em algum lugar por aqui e tentei ler, mas a linguagem era tão difícil que eu simplesmente desisti de entender. Você precisa arrumar um tempinho para me contar como funciona o "Cotin", "Coisin", "Colin"... como se chama mesmo?".

Entendendo que ele piora a pronúncia a cada tentativa de acerto, esclareço com um sorriso: "O nome certo é *Coaching*!". "*Coaching*!" – repete o jornaleiro aumentando o volume da voz ao mesmo tempo em que estala os dedos, em sinal de haver se lembrado do nome correto para continuar a fala: "Enfim! Ontem mesmo, quando eu já estava fechando a banca, um homem, veio me perguntar se eu tinha alguma revista que falasse sobre *Coaching* e então, disse a ele o mesmo que acabei de dizer a você, ou seja, que ter a revista eu até que tinha, mas que eu não havia gostado dela.

Entreguei a revista a ele que, por sua vez, a ficou folheando com ares de que não era bem aquilo que estava procurando. Não sei não.

Acho que ele também não entendeu nada do que estava escrito nela, mas como ele estava com uma expressão de muita preocupação, quis ajudar e, assim, disse-lhe que conhecia alguém que mexia com esse negócio de *Coaching*. Ele ficou interessado e então indiquei você! Ao ouvir a notícia, pensei comigo mesmo: 'Meu dia começou muito bem!'"

Obrigado por ter me indicado, meu amigo! Assim são as coisas na vida da gente – fui pensando enquanto caminhava em direção ao correio – muitas vezes achamos que as pessoas não estão nos observando e que pouco se interessam pelo que fazemos.

Quando menos se espera, uma pessoa, assim como ocorreu com o jornaleiro, além de mostrar interesse pela nossa profissão, ainda comenta isso com outras tantas. Isso me fez lembrar sobre o alto grau de responsabilidade que devemos ter em relação as nossas atitudes quando nos comunicamos com o mundo, uma vez que as pessoas que nele interagem estão nos observando de minuto a minuto, de uma forma ou de outra, estejamos numa banca de jornal ou em um mercado, no trabalho ou em casa.

Juntas brilhamos mais

Por certo é em casa o primeiro lugar que somos observados e, sem sombra de dúvida, logo pela manhã. Eu que o diga! A forma como tratamos a nós mesmos faz toda a diferença dentro do universo em que atuamos, porque a nossa utilidade básica enquanto ser humano, é ser humano, ou seja, servir... coisa que fazemos ainda que não queiramos, porque servimos, e muito, como exemplos ambulantes! Tudo na nossa vida começa e recomeça a cada amanhecer e isso não é poesia, é realidade comprovada cientificamente.

Logo cedo, ao sairmos da cama a caminho da nossa higiene matinal, nossas expressões faciais em frente ao espelho comunicam nosso estado mental, basta querer "ver".

Todo tipo de conhecimento leva ao sucesso e esse leva ao poder, porque a pessoa que adquire o conhecimento consegue praticar a arte da conquista de seus desejos. Assim aceito meu chamado: SERVIR. O *Coaching* tem a utilidade para tão somente auxiliar pessoas no tocante à clareza, perspectiva e apoio aos seus objetivos em busca do sucesso pessoal, e isso não substitui outros tipos de tratamentos ou aconselhamentos.

Um bom *coach* tem obrigação de aconselhar seu cliente a procurar um profissional clínico especializado, caso perceba nele traços de distúrbios que nada tenham a ver com a busca de seus objetivos.

O poder da mulher é ser mulher

A inteligência emocional, a criatividade, o dinamismo e a capacidade de realizar multitarefas são características que vestem como um *tailleur* de corte perfeito a *Master Coach* & *Trainer* Silvana Gomes.

Dividindo seu dia entre o trabalho como empresária, CEO da SG Gestão de Pessoas, fundada por ela há mais de 18 anos, os cuidados com a família e a atuação como militante de causas sociais na Associação de Mulheres de Negócios e Profissionais de Cuiabá – BPW – *Business Professional Woman*, Silvana Gomes é um exemplo de sucesso, de autossuperação e de determinação feminina.

Filiada à BPW Cuiabá há sete anos, a *Master Coach* assumiu no ano passado um novo e estimulante desafio: a diretoria financeira da entidade. Silvana admite que não é um trabalho fácil administrar as atividades da SG Gestão de Pessoas, os projetos, as consultorias e cursos, as demandas da BPW Cuiabá e a vida pessoal. Para dar conta de tudo, ela não revela o segredo – praticando polichinelo, admite: ser mulher e confiar em sua própria capacidade.

"As mulheres são seres extraordinários. Tem muita força interior, conseguem executar diversas atividades ao mesmo tempo e são portadoras de uma inteligência emocional única, que as tornam capazes de realizar qualquer coisa tarefa e alcançar qualquer objetivo que se proponha", afirma, com um sorriso largo de quem sabe muito bem o que está dizendo. "Só uma mulher para dar conta de ser mulher, meu amor", ela completa. O combustível que ela precisa, Silvana explica, está no coração.

"Eu sou apaixonada por pessoas, onde tem pessoas eu estou ligada, quero contribuir, quero ajudar. É muito prazeroso participar da Associação de mulheres de negócios e profissionais de Cuiabá – BPW, principalmente pelas ações sociais que desenvolvemos por meio da entidade.

Nós temos esse olhar para o empoderamento feminino, para a igualdade de gênero e da equidade salarial. Trabalhar na BPW Cuiabá, fazer ações sociais, buscar desenvolver estas potencialidades nas mulheres e trazer muitos novos projetos é gratificante em todos os sentidos", ela explica, os olhos iluminados pela energia que vem de sua alma e do amor evidente pelo que faz.

É claro que muitas das suas habilidades e competências foram aprimoradas com muito estudo. Silvana é especialista em comportamento humano, carreira e sucessões, tem MBA em Gestão de Pessoas com ênfase em Comportamental e Formação em *Master Coach* e *Executive Coach*, formada pelo Instituto Brasileiro de Coaching – IBC. Certificada internacionalmente pelo Behavioral Coaching Institute – BCI. Sua experiência e formação a tornou uma das principais profissionais de *Coaching* em atuação em Mato Grosso.

Como empresária, Silvana Gomes se orgulha da trajetória que percorreu com a sua empresa e atualmente está em uma parceria de estudo e novas formações com o Instituto Brasileiro de Coaching (IBC).

Num mercado extremamente competitivo, a SG Gestão de Pessoas ocupa uma posição de ponta no estado. Desde 2001, mantém em sua carteira de clientes empresas de diversos setores, como indústria, comércio, varejo, agronegócio, educação, gestão pública e de serviços.

"Nosso portfólio engloba desde consultoria em gestão empresarial e de pessoas, até soluções integradas e eficazes por meio de desenvolvimento humano por meio de treinamentos, cursos e palestras, seleção de talento", explica a *Master Coach* da SG.

Outras atividades desenvolvidas pela empresária por meio da SG são o fornecimento de mão de obra temporária, planejamento e execução de processos e políticas de RH. Conforme relata Silvana Gomes, "atualmente é imprescindível que as empresas invistam em treinamento e tenham um olhar mais cuidadoso e criterioso para o desenvolvimento do seu capital humano e para a gestão de processos".

"Quanto mais investimento em capacitação, maior será o retorno de seus investimentos financeiros e tecnológicos, pois trará a competitividade ao mercado de trabalho", argumenta.

Juntas brilhamos mais

Estimulada pelos desafios, Silvana Gomes lembra que está sempre atenta ao que existe de mais atual no seu setor e, principalmente, nunca para de buscar o autoconhecimento. "Gosto muito de uma frase do José Roberto Marques, *Master Coach Senior* e *Trainer* Criador da Metodologia *Self Coaching* e presidente do IBC, em que ele afirma: "Quanto mais eu me conheço, mais eu me curo, mais eu me empodero e sou capaz de gerar resultados extraordinários".

Essa é uma verdade que compartilho com todas as mulheres. Fortaleça o seu interior para que possa buscar novos desafios e oportunidades e entregar sempre o seu melhor, e as conquistas virão, naturalmente", filosofa a multifacetada Silvana Gomes.

Com sua sede totalmente estruturada, a SG está preparada para apresentar ao mercado muitas novidades em um espaço mais amplo, aconchegante e readequado para melhor atender aos clientes e parceiros. A empresa está localizada na avenida Historiador Rubens de Mendonça, 352 A, bairro Baú, bem no início da avenida do CPA com a avenida Mato Grosso.

Capítulo 32

Verde Berilo

Silvana Moura

Verde Berilo conta a história de uma inquieta servidora pública. Uma jovem que foi atropelada pelo sistema e encontrou na transformação pessoal o caminho para a mudança de vida. Compreendeu que os desafios são oportunidades disfarçadas. E hoje, com uma nova carreira, sente-se realizada com a contribuição social que promove. Viaja pelo mundo e está a caminho da tão sonhada liberdade.

Silvana Moura

Geógrafa, graduada e mestre em Agricultura Tropical pela UFMT; consultora PNUD; consultora ambiental atuando com Geotecnologias; professora na Universidade Federal de Mato Grosso-UFMT e Universidade de Cuiabá-UNIC; servidora pública estadual – analista de meio ambiente; *Professional & Self Coaching, Leader Coach* e analista comportamental pelo Instituto Brasileiro de Coaching – IBC; Empreendedora e Formadora de Networkers – Profissionais do Marketing de Rede, voltado ao empreendedorismo coletivo. Trinta anos de trabalho voluntário em clubes de serviço como LEO Clube (Grupo de Jovens do Lions), voluntária Lions Clube Cuiabá Norte; coordenadora do Instituto Canopus; associada da BPW Cuiabá; presidente voluntária da ONG Projeto Nossa Casa.

Contatos
silvanamouraalves@gmail.com
(65) 98148-8248

Silvana Moura

Era final da manhã quando o comandante da aeronave anunciava, em voz tipicamente abafada, perigo à frente. Os momentos seguintes seriam de uma forte turbulência e todos os passageiros deveriam afivelar os cintos. Pelas janelas, curiosos tinham confirmação visual da tempestade em aproximação. Segundos depois era praticamente impossível ouvir os sons das potentes turbinas. Estrondos lá fora e o chacoalhar do avião davam tom de pavor à viagem. Em momentos assim, é possível ter uma clareza do quanto o conceito de tempo cronológico é relativo, a tempestade parecia interminável. Àquela altura, aos 39 mil pés, sobrevoavam o mar do Caribe. Apesar disso, tudo não passava de um borrão cinzento. Entre os viajantes, a passageira do assento 7A expressava, sem muito disfarce, uma mistura de medo e frustração. Embora soubesse no fundo que o sentimento de frustração prevalecia. Há meses tivera o cuidado de localizar na internet, e deixar como proteção de tela do aparelho celular, uma linda imagem de Cable Beach, praia localizada nas Bahamas. Era para lá que seguia. Um país insular constituído de 700 ilhas, entre os mais ricos da América, onde é possível encontrar lugares paradisíacos sem muita dificuldade. Tratava-se de uma viagem planejada e muito aguardada, mas nada daquilo combinava com a realidade. Não podia ser real!

A ocupante do 7A, mais do que qualquer outra pessoa, precisava ressignificar o pensamento. Adversidades outrora enfrentadas e a busca pelo aprimoramento pessoal lhe ajudaram a talhar o comportamento para lidar com situações assim. Estava diante de uma oportunidade, quem sabe até obrigação para exercitar o poder mental. E assim, uma centelha de esperança surgia em meio ao medo e frustração. Era apenas uma questão de tempo. Sua consciência, já contrariando a realidade, acreditava em mudança. E, mesmo que não mudasse, não colocariam por água abaixo os momentos por viver.

Estava tão absorta em seus pensamentos que nem notou a leve inclinação que o avião fez para baixo. A tempestade afastava-se. Alguns descreveriam o que veio a seguir como algo espetacular. Luzes douradas vindas do horizonte atravessaram as janelas inundando o interior do jato de carreira. Eram as boas-vindas do sol, antes da aterrissagem.

Juntas brilhamos mais

O mar do Caribe estendia-se no horizonte em múltiplos tons de azul e verde. Murmúrios de excitação surgiam cada vez mais, diante daquela imensa maravilha natural. A passageira do 7A não conseguia e talvez nem tivesse interesse em esconder a emoção. Seus olhos estavam marejados. Não era para menos. O mar a tomou pelas mãos e a fez retornar à infância. Submergindo cada vez mais na história de vida. A mulher tornara-se criança. Lembrou de um tempo de grande simplicidade. Por muitas vezes pegara emprestado de uma prima o único lápis que era capaz de reproduzir com exatidão a cor da água da praia que sempre acreditara existir. Os olhos sempre brilhavam quando aquela tonalidade em especial ia de encontro ao papel. Hoje, muitos anos depois, pela janela do avião olha para baixo e, pela primeira vez, reencontra a cor do passado. É real, o mar estava verde berilo.

Nos dias que se passaram, adotou um certo tipo de hábito, ou mesmo um ritual. Acordava bem cedo para aproveitar o vazio da praia. Um vazio de pessoas, para ser mais preciso. Afinal, há sempre o que observar em um paraíso caribenho. Há sempre movimento. As primeiras horas do dia foram ideais para ouvir o som do mar e flamingos perambulando pelos arredores. Assistir ao nascer do sol seria obrigatório; à medida que ele sobe no horizonte, uma transmutação de cores ocorre simultaneamente. O mar vai ganhando tons mais claros, realçados pela limpidez da água. A cada segundo, um novo deslumbre. Escolher o que é mais encantador em um lugar desses torna-se tarefa difícil. Momentos assim nos convidam à introspecção. Da mesma forma que as pegadas pontilhavam o caminho ao longo da orla, Silvana também pôde refletir sobre a direção que a vida dela havia tomado até aquele momento e ponderar sobre o quanto algumas decisões dão um novo rumo às nossas vidas. Aquela viagem havia sido um presente dado pela empresa na qual trabalha. Meses atrás ela aceitara um convite para empreender. Aqueles dias em Nassau serviram para uma conexão interior. Meditar sobre suas origens, valores, transformação pessoal e legado. Não fazia muito tempo, havia recebido um duro golpe. De certa forma, aquele momento em particular, aquele passeio nas Bahamas, ajudava a soterrar o que quer que tivesse sobrado daquele dissabor do passado. Então, algo veio à mente: o quanto alguns desafios são oportunidades disfarçadas.

Silvana vinha de uma família simples, do interior de Mato Grosso. O pai foi trabalhador de indústria e a mãe, professora. É primogênita dos quatro filhos do casal. As necessidades da família obrigaram-na a assumir responsabilidades com a casa. Foi também nesse período que ela desenvolveu o senso de organização. Aos 9 anos já havia aprendido a cozinhar. Era recompensada com elogios pela saborosa comida. Ser reconhecida era o alimento dela. Na escola também mostrava a mesma dedicação. Por meio da convivência com Darci, professora de Geografia, o futuro da tímida estudante começava a ser traçado. Os livros permitiam viajar a lugares antes desconhecidos. Na mesma medida em que sentia-se mais ligada à natureza, terra e cultura. Afinidades que vieram a calhar com o próprio nome; o significado de Silvana é rainha da floresta. Aluna de escola pública, concluiu graduação em Geografia. Acumulou duas pós-graduações e um mestrado na área de Agricultura Tropical com linha de pesquisa em monitoramento ambiental. Sempre sentiu-se inquieta e disposta a colaborar. Depois de doze anos, deixou o ambiente acadêmico. Logo após um breve estágio no Instituto de Terras de Mato Grosso, acreditara estar preparada e lançou-se de corpo e alma a um projeto voltado à regularização fundiária. O plano tinha muita importância. E em questão de meses veio o reconhecimento. Havia sido escolhido para integrar o Programa das Nações Unidas para o Desenvolvimento. Lá estava Silvana, embarcada em um grande desafio igualmente proporcional ao reconhecimento social e financeiro. Em menos de um ano depois de formada, recebendo um salário 20 vezes maior do que estagiária do Intermat e sendo consultora de um projeto da ONU. Outro motivo de orgulho foi ter sido uma das primeira geógrafas registradas no Conselho Regional de Engenharia e Arquitetura, atuando na área de Geotecnologias.

A relação com o compromisso social sempre norteou o trabalho de Silvana. Decidiu ingressar no serviço público como profissional de carreira. Na Secretaria Estadual de Meio Ambiente teve a oportunidade de estar ainda mais conectada com as paixões da infância e até mesmo com a origem da própria família. Flora é o nome da mãe; Ribeiro, o sobrenome do pai. Os Moura descendem de portugueses famosos pelo talento em Cartografia. O trabalho como servidora pública no Estado de Mato Grosso deu a oportunidade de estar ligada à cartografia do século XXI. Foi no registro de imóveis rurais que passou a maior parte do tempo. Esteve entre os profissionais que lideraram um dos mais importantes avanços no Estado. Com a implantação do Sicar não foi apenas possível documentar, mas também dimensionar as riquezas de Mato Grosso. O empenho e dedicação ao serviço público levaram Silvana a ocupar funções estratégicas. Tudo estava como deveria. Difícil acreditar que algo poderia dar errado. Mas deu!

Mais cedo ou mais tarde, quem trabalha com o serviço público descobre o quão espinhoso esse tipo de ambiente pode ser. Você percebe que nem sempre bastam a melhor formação e as melhores intenções. Há muito em jogo. Caso você decida lutar contra isso, precisa estar ciente que exigirá um grande esforço. O preço é caro, e para Silvana a conta veio alta em 2016. Recebeu duas pancadas: a extinção de um projeto de grande relevância social e uma nova e questionável filosofia de trabalho adotada no setor em que trabalhava. Situações que a motivaram a pedir exoneração do cargo de gerência que ocupava. Vendo o setor em que atuava sendo desmantelado, e removida à revelia para uma função diminuta, aquela pessoa toda correta e comprometida sentiu-se reduzida, minimizada e cerceada de sua liberdade de ir e vir. Os meses que estavam por vir serviriam de provação. Foi diagnosticada com *Burnout*. Pouco tempo depois, outra constatação médica: depressão. Adversários e tanto a serem batidos.

  O ano de 2016 estava pela metade, Silvana viajara para São Paulo para uma formação em *Coach*. Buscava autoconhecimento. Paixão que alimentava há vários anos participando de inúmeros cursos e formações na área de desenvolvimento do comportamento humano. Naquele dia, recebera um convite para assistir ao lançamento de uma franquia digital. A irmã, que já havia entrado no ramo do marketing de relacionamento, aproveitou para oferecer uma oportunidade de empreendedorismo. Nada complicado, vender produtos antienvelhecimento de uma empresa americana. Apesar da aparente facilidade, recusou o convite. Optou apenas por ser cliente. Em questão de dias veio a primeira surpresa: a qualidade dos produtos! Estavam bem acima da média, entregavam o que prometiam. Sentiu ali a primeira pontada de interesse, mas ainda não era suficiente. Uma nova investida parte da irmã, convidando-a para apresentar a empresa aos clientes, uma espécie de porta-voz, uma vez que o negócio é baseado em marketing de relacionamento. O chamado não foi a esmo. Acreditava que o novo conhecimento adquirido ia ao encontro de um desejo íntimo, a arte de se conectar. Aos olhos da irmã, aquilo era ideal para a mais nova profissão: *networker*. Dessa vez, convite aceito. O fato de sempre ser comprometida com o que faz exigiu como primeira tarefa estudar a fundo a empresa que iria representar. À medida que mais conhecia a companhia, mais encantada ficava com aquela oportunidade de negócio que se apresentava ali, diante de seus olhos. Era uma corporação com atuação em mais de 120 países e que lhe permitia algo fundamental: liberdade. Liberdade financeira, liberdade para conhecer lugares, liberdade para ir além, enquanto pessoa. Os produtos poderiam ser vendidos de onde estivesse, para quem quisesse, da forma que ela escolhesse. Permitindo uma gestão do tempo muito flexível, trabalhava nas horas livres, bem diferente da rigidez diária de muitos empregos pelo país. E não era só isso, o tipo de negócio demonstrava-se empoderador. As mulheres tinham o mesmo potencial de retorno financeiro dos homens. E, principalmente, oferecia à Silvana a oportunidade de explorar todo seu potencial na arte de conectar pessoas. Foi apenas uma questão de tempo. Uma nova mulher emergia. E a cada dia, a melhor versão de si mesma. Vê-la em ação, apresentando a empresa, é estar em contato com um tipo de ser humano magnético. Alguém que tem a capacidade de prender a sua atenção. Articulada, confiante, segura daquilo que está dizendo. Profundamente entregue àquilo que está fazendo. O retorno veio. Quatro meses depois havia ganho da empresa a primeira viagem internacional para os Emirados Árabes. A primeira de cinco nos últimos três anos.

Na natureza selvagem, as árvores nos dão uma grande lição. Ao longo das eras, aprenderam que estarem conectadas as tornam mais fortes coletivamente. Mais preparadas para qualquer adversidade e prontas para viverem mais. No marketing de relacionamento, o princípio é o mesmo. Ajudar o outro é também se fortalecer. É a possibilidade de ir além pelo simples fato de compartilhar, entregar ao próximo o seu melhor. Silvana entendera isso. Não desistir do outro é não desistir de si. É olhar para frente, sempre. Agregar valor e empoderar pessoas dão sentido à liderança. É gratificante, realizador. Agora, tudo fazia sentido. Todas as peças estavam se encaixando. Entendia que todas as exigências, desafios e tropeços ao longo da vida lhe trouxeram até aquele momento. Está mais bela, mais leve e em direção à liberdade financeira.

Quem busca uma vida extraordinária aprende, de uma forma ou de outra, que é preciso abandonar a zona de conforto. Mas quantos de nós estão verdadeiramente dispostos a fazê-lo? Quais dissabores, derrotas, perdas e outros obstáculos conseguiremos enfrentar? Só existe o caminho. E nele temos a oportunidade de mudarmos a rota ou não. De fato, o tempo é mesmo relativo. O passeio à beira-mar chegava ao fim. Uma história de vida havia sido relembrada ao longo dele. Trazendo consigo novas perguntas e novas reflexões a serem feitas. Para Silvana, é necessário haver sentido na jornada e precisa ser intensa. Cada passo dado deve ser um fragmento do legado, uma vida com significado. Naquela manhã o dia estava particularmente lindo em Nassau. A praia já não está tão vazia quanto antes. O sol elevara-se ainda mais. E, aos olhos dessa mulher transformada, o mar era sem igual, era verde berilo.

Capítulo 33

Uma grande história de vida e sucesso

Silvia Rocha Lino

Ah! Como falar da Silvia?! Poucos acreditam, mas me considero tímida. Por outro lado, sempre fui muito destemida e talvez essa característica seja um reflexo da maneira como fui criada. Seja bem-vindo à minha história...

Silvia Rocha Lino

Empresária e consultora no ramo da moda - há mais de 40 anos. Estudou jornalismo (Curso incompleto). Consolidou o nome Corpo e Arte By Silvia, moda feminina e masculina. Participa ativamente de feiras, salões e congressos de moda, inclusive de fórum de debates, dentre eles do Vest Rio e da Feira de Modas realizada pela Federação das Indústrias do Rio de Janeiro. Em 2011 recebeu o Título de Cidadã Cuiabana pela Câmara Municipal de Cuiabá.

Contatos
silvialino10@hotmail.com
(65) 3623-3001

Silvia Rocha Lino

Nasci em Araçatuba, São Paulo. Desde as minhas primeiras lembranças, sempre acreditei que meu pai havia morrido. Sozinha, com trabalho na zona rural, minha mãe, que priorizava os meus estudos, optou por me deixar morando com familiares. Assim tive oportunidade de estudar. Quanto ao meu pai, aos 16 anos eu descobri que ele morreu quando eu já tinha 14 anos.

Aos 10 anos entrei para o grupo de escoteiros da cidade. Foi uma fase maravilhosa. Nos quatro anos como escoteira, vivenciei experiências que me permitiram definir valores e princípios que norteariam minha vida. O grupo era coordenado pelo Padre Angelo Rudelo (já falecido), que apesar de muito rígido, era um paizão para todos nós. Agradeço a Deus por essa importante fase da minha vida.

Estávamos em 1976, ano que entrou para a história do Brasil, com a morte de dois ex-presidentes, Juscelino Kubitschek e João Goulart, e também para a minha história, já que no mês de junho, minha mãe chegou a Araçatuba dizendo que iríamos nos mudar para Cuiabá. Oi? Cuiabá? Sinceramente, não fazia ideia de onde ficava essa cidade. Hoje entendo que em virtude do momento promissor que o Mato Grosso vivia à época, considerando o crescimento econômico e as inúmeras oportunidades, minha mãe via na mudança uma oportunidade.

Dias depois, já me vi morando em Várzea Grande, na casa de um tio, isso porque minha mãe tinha comprado uma propriedade rural na região e eu precisava estudar. Quando viemos para o Mato Grosso, eu tinha 14 anos e foi muito, muito difícil mesmo deixar minha vida, minha rotina e meus amigos. Meses depois de chegar a Cuiabá, completei 15 anos, a data passou em branco, ninguém se lembrou de que naquele dia era o meu aniversário.

Apesar de morar em Várzea Grande, eu estudava na capital, no antigo Colégio Pres, na Joaquim Murtinho. Amava meus professores, tenho boas recordações dessa época. E aos 15 anos, cursando a 8ª série, que empreendi pela primeira vez. Para ter meu próprio dinheiro, comecei a customizar camisetas da Hering com crochê e pedraria. Até a camiseta comum ganhou personalização e conquistou as minhas colegas. Com talento nato, habilidades manuais, as peças eram de bom

Juntas brilhamos mais

gosto e faziam sucesso. Mas nem de longe imaginava que as camisetas marcariam o início de uma trajetória de empreendedorismo.

Parte do que eu lucrava com as camisetas tinha destino certo, uma loja de aviamentos no centro de Cuiabá, para poder dar continuidade à produção das camisetas personalizadas. No caminho, eu observava atentamente as vitrines das lojas para me inspirar e havia uma loja em especial que me fazia suspirar. Cada vez que passava em frente à Joa Boutique eu pensava: "Ainda vou poder comprar nessa loja". Esse, entre outros desejos, me davam força de vontade para continuar com a venda e sonhar cada vez mais alto.

Outra paixão também me motivava. Eu gostava muito de ouvir e contar histórias. Não só de forma lúdica, mas também com caráter informativo. Sim, eu queria ser jornalista. Meus olhos brilhavam cada vez que a jornalista Sandra Passarinho aparecia na televisão. Esse encantamento fez com que eu conseguisse um emprego na TV Centro América.

Depois de um ano trabalhando na emissora, o fato de não ter formação em Jornalismo passou a ser um obstáculo. Eu continuava sonhando com a ideia de ser repórter e 'quiçá' uma correspondente internacional. Foi então que Eduardo, meu namorado, um português que residia em Cuiabá, mas que tinha família morando em São Paulo, sugeriu eu fosse para uma universidade na capital paulista.

Eduardo: um capítulo especial

Eduardo tinha se mudado para Cuiabá em 1980. Quando eu o conheci, ele era proprietário de um lava-jato na avenida Dom Bosco, esquina com a Joaquim Murtinho. Nos conhecemos em um jantar na casa de amigos, nos apaixonamos e começamos a namorar.

A passagem dele pela capital foi rápida, no ano seguinte voltou para a família. Foi então que surgiu a ideia da Faculdade de Comunicação Social em São Paulo. Curso esse que ainda não tinha em Cuiabá. Considerando a distância o que dificultaria o namoro e o fato de que não tínhamos o curso aqui, me mudei e em 1982 estávamos casados.

Com 19 anos e recém-matriculada na faculdade, engravidei. Com o bebê a caminho, optamos por voltar para Cuiabá e morar com a minha mãe. Assim teríamos tempo para nos organizarmos financeiramente e poderíamos cuidar da minha mãe que já estava com certa idade.

Sempre senti de maneira muito forte a presença de Deus na minha vida e estava preparada e confiante para o recomeço. O sonho de ser jornalista foi deixado de lado e optamos por iniciar um novo negócio. Vender roupa feminina. Voltamos a São Paulo para primeira compra.

De volta à capital mato-grossense, com peças escolhidas com todo cuidado e zelo, diferentes do que as lojas locais ofereciam e sempre prezando por acabamento impecável, começamos a nossa nova jornada, juntos, "de porta em porta". Com tino para o negócio, companheirismo e cumplicidade, começamos oferecendo para as pessoas mais próximas e esses, satisfeitos com o produto e com o atendimento, comentavam com parentes, colegas de trabalho e amigos, e assim rapidamente, uma grande rede foi se formando.

Eduardo dobrava a roupa, me ajudava com as malas e eu com todo jeito e muito carinho atendia as clientes. A parceria entre nós fluía de forma harmoniosa. Cada um colocava no negócio as habilidades que tinha. Eu viajava para fazer as coleções, ele cuidava da parte burocrática do negócio. E juntos cuidávamos da nossa família.

Entre idas e vindas à capital paulista e entre uma venda de coleção e outra por aqui, nosso filho estava prestes a chegar. Não tínhamos plano de saúde e nem reserva financeira para pagar o parto, passamos a economizar de todas as maneiras possíveis. Uma das coisas que me marcou, foi o fato de termos cortado a feira e assim ficamos 60 dias sem comprar frutas, verduras e legumes. Graças a Deus deu tudo certo e Vinicius chegou em junho de 1982. Uma semana depois, amamentando e com ele sempre no colo, nós três voltamos para as roupas e para as clientes. Era necessário e eu estava preparada.

Menos de dois anos depois, em 1984, já nos preparávamos para a chegada da Priscilla. Eduardo se desdobrava para dar suporte ao negócio, porém sem nunca deixar nossos filhos de lado. Com apoio total do meu marido, eu conseguia me dedicar mais aos negócios, que à essa altura já era muito mais que compra e venda de roupas. Existia conexão entre as clientes e a Silvia. Eu chegava com a mala cheia de peças novas e entre uma peça experimentada e outra, me tornei confidente das minhas clientes e hoje com certeza muitas delas são minhas grandes amigas.

Por 25 anos, Eduardo foi meu melhor amigo, meu marido, meu amante, meu companheiro, meu sócio, meu mentor, pai e às vezes até mãe dos nossos filhos. Extremamente dedicado à família e aos negócios, por anos ele deixou de lado um sonho que trazia desde a juventude: ter uma moto como alternativa de lazer. Em 2006, com a vida financeira estabilizada, filhos já crescidos, o que nos levava a crer que uma moto em casa não os influenciaria a gostar desse esporte, já que eu tinha muito medo, ele se deu uma moto. O medo tinha fundamento.

No dia 21 janeiro de 2007, um ano depois da compra da moto e exatos 12 dias após termos completado 25 anos de casados, como de costume, ele saiu para passear de moto com os amigos. Eu e minha filha

Juntas brilhamos mais

estávamos em São Paulo, participando da semana de moda, quando recebi a ligação mais triste da minha vida. Meu marido sofreu um grave acidente com a moto e não resistiu. Os dias seguintes foram um misto de dor, sofrimento, saudade, coragem, responsabilidade e muita fé. Assim.

A sonhada loja

Voltemos a 1984, com o negócio crescendo, nos mudamos para o tradicional bairro do "Verdão", em frente ao estádio José Fragelli, "o verdão". De casa nova, montamos uma loja nos fundos. O que era informal havia 2 anos, passa ao *status* de empresa. A rotina da nossa família girava em torno do movimento da loja. Era preciso vender e, mais do que isso, eu gostava do que eu fazia e gosto até hoje. Para mim era indiferente se a campainha tocasse às 8 horas de uma segunda-feira ou em um domingo.

Era comum estarmos prontos para passar o dia no clube e a campainha tocar. Com um belo sorriso no rosto e com todo o carinho do mundo, eu corria para a porta e convidava as clientes a entrar. Quando isso acontecia, minha família esperava pacientemente. Por questões óbvias, o papel de empresária sempre estava em primeiro plano. Afinal, a loja era e ainda é nossa única fonte de renda.

As peças de ótima qualidade, de estilistas renomadas, faziam com que mulheres da alta sociedade cuiabana procurassem a loja e desde aquela época já tínhamos clientes que vinham do interior. O nosso diferencial sempre esteve além das roupas. Eu me aperfeiçoava a cada viagem, no contato direto com os donos das grandes marcas, pesquisando lojas que estivessem à frente. Sempre me preocupei com o "bem atender", oferecer serviços essenciais e ao mesmo tempo simples, como ajustes mas que faziam toda a diferença.

Em 1990, a boutique ganha um espaço próprio em uma casa ao lado de onde morávamos. A loja com fachada de casa não chamava a atenção de quem não conhecia, mas despertava a curiosidade dos clientes. E eu sempre gostei de oferecer exclusividade, e o fato de a loja não ter vitrine permitia que as clientes entrassem com mais discrição e fossem atendidas com exclusividade, e disso nunca abri mão.

As vendas cresciam, o movimento aumentava e nós dois estávamos sempre em busca de novas referências, buscando inovar, manter o diferencial no atendimento e nos produtos.

A vida sempre relembra que é preciso confiar e ter fé

Quando ainda vendíamos de porta em porta, nossos planos mais uma vez foram colocados à prova. Mas a determinação e a fé nos ajudaram a seguir. E posso garantir a você que o cansaço pode ser um grande inimigo.

Nós tínhamos acabado de chegar da segunda viagem destinada às compras. Naquele dia, fizemos boas vendas e com isso chegamos por volta das 22 horas. Cansados e com a agenda do dia seguinte lotada, meu marido sugeriu que deixássemos as malas no carro. Assim teríamos mais tempo para descansar. No dia seguinte, a desagradável surpresa, o carro tinha sido arrombado e toda a mercadoria havia sido furtada. Sem dinheiro, sem roupas e com contas para pagar, mais uma vez tivemos que recomeçar. Desistir não estava e nunca esteve entre as opções. A irmã do Eduardo fez um empréstimo para que pudéssemos continuar. Desde então, nunca mais deixamos sacolas, bolsas ou malas no carro.

Outra lição que o cansaço nos ensinou foi não dirigir depois de um longo dia. Voltávamos de Goiânia, Eduardo, eu, Vinicius com pouco mais de 2 anos e Priscila com apenas 10 meses. Passamos o dia fazendo compras e, para ganhar tempo, por volta das 19h, colocamos tudo no carro e pegamos a estrada. Eduardo estava muito cansado e umas três horas depois me passou o volante. Devo ter dirigido uns 50 minutos e adormeci. Passei direto pela curva que vinha a seguir e caímos em uma ribanceira. Saímos ilesos mas o carro teve perda total.

Corpo e Arte by Silvia

Já são quase 40 anos de história no Mato Grosso. A loja cresceu, a marca que tem a minha cara e leva meu nome se estabeleceu. Expandimos, passamos a atender o público masculino, os shoppings receberam a Corpo e Arte ao mesmo tempo em que a cidade recebia marcas nacionais e nunca perdemos em nada para elas. Muito pelo contrário.

Mesmo com tantos percalços e desafios impostos pela vida, reafirmo, nunca pensei em desistir. Nem mesmo quando Eduardo, que era meu braço direito, faleceu. Como já mencionei no dia do acidente, eu e Priscila estávamos em São Paulo para as compras dos próximos seis meses. Dois dias depois, mesmo destruída por dentro, encontrei forças para viajar e terminar as compras. A minha família dependia disso, bem como as famílias dos nossos 45 colaboradores. Foram dias terríveis. Só Deus e eu sabemos o quanto foi difícil, porém necessário. O trabalho de oito dias fiz em apenas dois. Queria voltar para minha casa, para os meus filhos.

Desde então, toda e qualquer decisão tomada, é um risco que assumo sozinha. Felizmente, por trabalhar sempre com muito amor e entregar todos os meus planos nas mãos de Deus, as decisões tomadas quase sempre foram acertadas, renovando e aumentando a minha fé a cada dia.

Sempre que posso, falo sobre a forte presença de Deus na minha vida. Mesmo não tendo feito Jornalismo, carreira que eu tinha escolhido para poder contar histórias e ouvir as pessoas, hoje percebo que a

Juntas brilhamos mais

loja é um instrumento utilizado por Ele para que eu possa ouvir e aconselhar as clientes, apoiar os colaboradores, partilhar histórias. Assim, tento todos os dias fazer com que cada um que cruze o meu caminho saia mais feliz, confiante, otimista.

Ao sair das lojas Corpo e Arte, cada cliente leva muito mais do que peças de roupa. Mal sabia eu, aquela adolescente de 14 anos, que uma das missões do Padre Angelo Rudelo, que chegou a Araçatuba, coincidentemente enviado pela Missão Salesiana, era me deixar forte, sempre alerta e preparada para a vida. Mal sabia eu que mudar para Cuiabá seria sinônimo de tanta felicidade, crescimento e sucesso.

Capítulo 34

Vida extraordinária

Tatiane Barbieri

Tatiane Barbieri, gaúcha de nascimento, mato-grossense de coração. Criada de forma humilde por pais agricultores, escolheu Farmácia Bioquímica como primeira formação, pois queria ser "doutora". Levou anos para descobrir seu verdadeiro lugar: "ser luz em meio à escuridão". E ela tem brilhado como referência no Brasil e no mundo em Liderança e *Coaching* na Gestão Pública, sempre respaldada pela premissa: mova a si mesma e moverá o mundo.

Tatiane Barbieri

Tatiane Barbieri, Master e Executive Coach credenciada por renomadas instituições internacionais, fez Liderança e Coaching na University of Ohio, nos Estados Unidos, é treinadora comportamental e palestrante internacional. Estudou com as referências em desenvolvimento humano, como Tony Robbins e John Grinder, criador da PNL (Programação Neurolinguística). Participou recentemente, em Portugal, da primeira turma do mundo a receber o novo código de PNL. Atua como diretora de Nicho Político da Associação Brasileira dos Profissionais de *Coaching* (Abrapcoaching) e Coordenadora de Saúde da BPW Cuiabá – Professional Business Woman. Além de ser CEO do Instituto Barbieri, que atende instituições públicas e privadas. Servidora pública há quinze anos, serviu ao Exército Brasileiro, à Prefeitura Municipal de Várzea Grande e ao Governo de Mato Grosso. A oportunidade de vivenciar as três esferas de governo concedeu a ela uma expertise ímpar. É idealizadora do Programa de Liderança e *Coaching* que fez de Mato Grosso o primeiro Estado do Brasil a ter o *Coaching* institucionalizado por decreto, tornando-se referência nacional - em publicação da revista Exame - e internacional com a apresentação no VIII Congresso de Inovação e Serviços Públicos, na Espanha. O programa está em sua 21ª edição, atendeu cerca de vinte secretarias estaduais e certificou mais de 450 líderes.

Contatos
www.tatianebarbieri.com.br
Facebook: tatianebarbiericoach
Instagram: tatianebarbieri
(65) 98140-1111

Tatiane Barbieri

A 'menina do interior' que tem um sonho: revolucionar o serviço público

Uma menina que nasceu na pequena Getúlio Vargas, Rio Grande Sul, se mudou aos 2 anos para Jaciara, interior do Mato Grosso. A migração aconteceu no mesmo ritmo que trouxe ao estado longínquo, entre as décadas de 1970 e 90, a "gauchada desbravadora". Filha de agricultores, a menina do interior, mesmo diante de inúmeros desafios, teve a vida transformada a partir de um grande presente na infância, a educação.

Mesmo com pouco estudo, os pais incentivaram os filhos a estudar. O método era muito severo e rígido, sujeito a algumas palmadas para quem obtivesse notas menores que oito. Hoje, Tatiane Barbieri, às 42 primaveras, considera que o método utilizado por seus pais foi essencial para desenvolver seu caráter por meio das ferramentas internas de alta performance e resiliência que a tornou uma mulher movida a desafios. Diz ela: "Fazer bem feito é uma exigência natural".

Quem analisa o portfólio da *master* e *executive coach*, com dezenas de formações e expertise ímpar, não consegue imaginar que Tatiane, no início da vida adulta era tímida, insegura e mal conseguia se comunicar. "Parecia um bichinho acuado", relembra, emocionada.

Durante a Faculdade de Farmácia e Bioquímica, em Cuiabá, no ano de 1994, conseguiu fazer uma virada de chave. Longe de casa, teve contato pela primeira vez com a liberdade de se descobrir: "Será que o desejo da minha mãe é o que realmente quero para mim? Ou será que tenho dificuldade de aprender, como disse a professora no colégio?".

Tatiane desabrochou pouco a pouco para a vida que ela projetou para si: ser uma profissional de excelência, entender de assuntos como política, finanças, investimentos, aprendendo sempre mais a andar pela estrada do autoconhecimento, conquistando sua independência e liberdade ao adquirir com a força de seu trabalho seu primeiro carro e a sua casa própria e muitas outras conquistas que a habilitam a dizer a qualquer um: "Sim, é possível, você pode!".

Juntas brilhamos mais

Apesar de algumas vezes ter sentimento de inferioridade, ela notou que era inteligente e conseguia tirar boas notas em disciplinas difíceis, como química e física, praticamente sem estudar. Seu raciocínio lógico era fantástico. Além disso, em pouco tempo a menina humilde se tornou se tornou popular entre os amigos. "Perceber que eu era inteligente e que conquistei muitos amigos foi emocionante" afirma Tati, como seus amigos carinhosamente a chamam.".

Uma vez formada, continuou a jornada de estudos realizando as pós-graduações na área de Saúde Pública, Auditoria em Serviços de Saúde e Gestão Empresarial pela PUC de São Paulo. Rapidamente começou a trabalhar em uma grande empresa, realizando assim todos os seus desejos enviados ao universo. Ela descreve os anos de 2002 e 2003 como sensacionais: viajando de avião, fazendo treinamentos em São Paulo, tudo muito "chiquérrimo" para uma jovem do interior.

"Então surgiu um convite para me apresentar ao Exército, apesar de feliz onde estava, pensei, por que não?". A vaga de oficial temporário proporcionou maior contato com a área que é sua paixão até hoje: Gestão e Liderança. Em 2004, quando ingressou nas Forças Armadas, ela ficou responsável pelo PEG (Programa de Excelência Gerencial do Exército). Visualize uma mulher quebrando estereótipos e protocolos da administração militar. Sim, era a Tatiane!

Há 15 anos ela conta que conseguiu convencer o chefe do Estado-Maior (Chem) e sua equipe de coronéis sobre a importância de ouvir os militares com patente inferior que faziam o trabalho na ponta. Isso não deixava de ser uma experiência de gestão participativa. "Fiz algo inédito com naturalidade e êxito, por isso acredito que não é por acaso que me tornei quem sou e tenho esperança de realmente transformar o país por meio do setor público".

No mesmo ano veio a convocação para ocupar a vaga na Prefeitura de Várzea Grande. Logo depois, a oportunidade como servidora no Governo de Mato Grosso, sempre atuando como farmacêutica. Porém, algo dentro dela ansiava por mais.

"Eu não tive muita escolha ao prestar o vestibular, fiz um curso sem saber se era ou não o que eu queria, não tinha ideia de qual era a minha vocação, entendia que precisava ser uma "doutora". Acabei descobrindo o meu propósito de vida no meio do caminho e precisei construir a minha própria história do zero e encontrar um jeito de ser feliz onde eu estava e com os recursos disponíveis".

Por ter como uma de suas forças pessoais a "esperança", acredita que pode contribuir com a transformação do país. Todavia, entende que a educação deve focar na formação de cidadãos, para depois trabalhar as questões profissionais. "As crianças e os jovens precisam entender esse sistema que se chama mundo, o que é o governo, ter clareza sobre direitos e deveres, para depois escolher uma profissão que faça diferença a ela e ao grupo de maneira sustentável e ética".

Dor que impulsiona

As pessoas que enxergam apenas os dias de glória da "Tati" desconhecem as adversidades que precisou superar, como o fim de um longo relacionamento abusivo, dependência emocional, um processo difícil de divórcio, depressão pós-parto e a luta pelo amor do filho pequeno e até mesmo uma situação de assédio moral no trabalho. "Como alguém vivendo seu pior momento pode ter contato com emoções tão maravilhosas?".

Ela conta que durante os piores momentos recebeu grandes presentes, como em 2012, quando deixou a clínica que era sócia com o ex-marido para retornar às atividades públicas como responsável pela farmácia judicial. "Fazer a diferença na vida daquelas pessoas humildes, que eram transplantados, pacientes com câncer e portadores de síndromes incuráveis, como esclerose múltipla, me motivava a superar meus próprios fantasmas".

Naquele turbilhão, resolveu investir no primeiro curso de *Coaching* para descobrir seus talentos. Adotando, assim, uma postura de líder de si mesma e aplicando todo aprendizado em sua vida. Com as evidências dos resultados, quis que aquele conhecimento chegasse a outras pessoas, em especial ao serviço público.

Luz na escuridão

"Vós sois a luz do mundo. Uma cidade edificada sobre um monte não pode ser escondida. Igualmente não se acende uma candeia para colocá-la debaixo de um cesto. Ao contrário, coloca-se no velador e, assim, ilumina a todos os que estão na casa. Assim deixai a vossa luz resplandecer diante dos homens, para que vejam as vossas boas obras e glorifiquem o vosso." (Mateus 5:14-16)

Sim, ela tem um currículo invejável. Tatiane Barbieri serviu as três esferas de governo: federal, estadual e municipal, o que representa uma grande bagagem, civil e militar, com uma expertise e *know-how* diferenciado. Então, ao terminar sua formação de *Coaching*, em São Paulo, surgiu seu grande dilema: qual o meu verdadeiro lugar no mundo? Qual minha missão de vida?

Durante algum tempo chegou a cogitar uma transição de carreira, para sair do serviço público, onde não suportaria ficar apenas na área técnica. Esse conflito sobre onde estava e para onde ir gerava uma alta carga de sofrimento. "Queria me sentir feliz, realizada, queria estar com pessoas e saber que a minha vida estava valendo a pena".

"Um dia, em uma das minhas preces, pedi direcionamento para entender qual meu propósito e naquele momento me veio à mente uma passagem da Bíblia que está no livro de Mateus e que compartilhei acima ao iniciar este capítulo. Insisti e indaguei novamente: o que quer dizer? Devo ser luz onde estou? Pedi a confirmação e obtive a resposta".

Em 2013, ela realizou um curso de gestão pública na Escola de Governo, surgindo a oportunidade de falar com o superintendente sobre implantar o *Coaching*, mas esse processo não foi fácil, demorou dois anos. Ao contrário das primeiras tentativas, que esbarraram em portas e mentes fechadas, por ser algo novo, em 2015 a ideia foi bem recebida.

No início daquele governo não se falava em outra coisa, além do 'estado de transformação'. Tatiane, magicamente, foi recebida na Casa Civil e pôde ela mesma questionar o governador: "Como pensa em transformar o Estado?". Claro que ela tinha a solução, afinal, não se transforma uma cultura organizacional sem investir em seres humanos. "É preciso melhorar processos e investir em tecnologia, mas quem vai fazer tudo isso, inevitavelmente, são as pessoas". E o governador, entendendo a proposta, autorizou a execução do projeto e solicitou a implantação imediata.

Diante dos acontecimentos, ela sabia que havia um sinal muito claro: aquele era seu propósito. Posteriormente a um curso de liderança e *coaching* em Ohio, nos Estados Unidos, desenvolveu o projeto pioneiro no Brasil, em que Mato Grosso foi destaque, em 2018, na revista nacional de negócios Exame, por implantar *coaching* na gestão pública.

A primeira turma nasceu em novembro daquele ano, em 2015, com o intuito de transformar gestores públicos em verdadeiros "líderes *coaches*" e assim transformar a cultura do setor. O programa atualmente está em sua 21ª edição, capacitando cerca de 450 lideranças, em 20 secretarias estaduais.

"Eu apresento ao servidor/gestor o estilo *coaching* de liderar, com ferramentas e técnicas, mas principalmente com a adoção de um novo *mindset* e com atitudes autorresponsáveis e transformadoras. Para isso, não posso esperar que o Estado mude, eu é que preciso mudar, porque sou o Estado".

Feliz da vida

As conquistas da Tatiane passaram inevitavelmente por frustrações, decepções, falta de incentivo e apoio, mas ela foi resiliente e considera que a resiliência é a chave para o sucesso.

No governo, quebrou inúmeros paradigmas, o primeiro deles de que servidor é preguiçoso e desmotivado. "Mais de 90% dos participantes dos cursos faziam as tarefas propostas. As turmas eram fechadas por secretaria porque queria aquele ambiente ardendo, como uma fogueira em chamas".

O trabalho dos grupos era personalizado e, durante as edições, ocorriam atualizações de forma a atender as necessidades de cada gestor. Foi implantado um game, uma espécie de jogo, passo a passo, o que era uma grande inovação. "Mas para criar um padrão de qualidade e excelência nas aulas, investia do próprio bolso, comprando materiais e equipamentos, sempre cuidando dos mínimos detalhes".

Resultado? Fila de espera para o curso de Líder *Coach*, que começou com um formato de oito dias, depois precisou ser encaixado em quatro. Mais recentemente, teve que criar formatos novos para agregar mais alunos e levar sua mensagem. A palestra *Feliz da vida no seu ambiente de trabalho* é curta e dinâmica, mas mostra bem a que veio: entrega as cinco chaves para ser feliz em todo lugar.

Desbravadora, como os pais quando chegaram a Mato Grosso, Tatiane continuou quebrando paradigmas, como aquele que diz "santo de casa não faz milagre". Formou uma turma na Escola de Governo, onde trabalhava, com total sucesso. É que seu exemplo era o maior poder de influência. "Quando eu falava em proatividade, gentileza e comprometimento todos sabiam que era verdade".

Sonho ou realidade?

No mês de junho de 2017, Mato Grosso implantou oficialmente o *Coaching* na gestão pública, por meio de um decreto, instituído a partir do programa de liderança e *coaching* idealizado por Tatiane Barbieri. Isso significa um marco na história da gestão pública.

Essa assinatura foi feita pelo governador durante o *Workshop* de Liderança e *Coaching* na Gestão Pública. E foi realmente uma inovação! No evento foi realizada a palestra e o lançamento do livro *Sem Limites Coaching Potencializando Pessoas*, com o artigo de sua autoria que narra o projeto piloto do programa: *Como transformar gestores públicos em verdadeiros líderes coaches*.

Ela narra que tiveram menos de uma semana para preparar tudo, de *buffet* a lista de convidados, arte para o convite, mobilização de autoridades, decoração, som e a desejada "quebra de madeira", que representou uma Nova Era no setor público. "A equipe da Escola de Governo é maravilhosa. Sempre unida para fazer os eventos acontecerem. E o sonho se tornou realidade."

Sucesso compartilhado

Aliás, esse é um tipo de sonho que não se sonha sozinho e a conquista é de todos os servidores, mato-grossenses e cidadãos. Tatiane fala que não tem separação entre o público e o privado, são interdependentes e interligados, então, quando um ganha, todos ganham.

Esse trabalho realizado com excelência repercutiu dentro e fora do Brasil, Tatiane recebeu convite para assumir a diretoria de nicho político da Abrapcoaching (Associação dos Profissionais de *Coaching* do Brasil) e se lembra da forma que a presidente a abordou para convidá-la: "Nossa! Como você conseguiu essa proeza?".

Ela não tinha noção do impacto que estava gerando com sua atitude, tanto que recebeu mais um convite: apresentar seu trabalho no VIII Congresso de Inovação e Serviços Públicos da Espanha. Embora não soubesse falar o idioma, aceitou o desafio de palestrar em espanhol para espanhóis. O Congresso foi realizado na Casa de La Moneda, em Madrid, em abril de 2018. "Foi uma experiência fantástica e engrandecedora! Mais uma vez Mato Grosso se destacou pelo mundo".

Todas essas realizações levaram Tatiane a estar em evidência e ser procurada também por empresas privadas. Se consegue motivar e transformar servidores/gestores públicos, por que não faria na iniciativa privada? Então, a demanda por pessoas e empresas fora do setor público fez com que Tatiane também se tornasse empresária atuando como Palestrante e *Trainer*.

"Eu me sinto orgulhosa, quem diria, uma menina do interior chegar até aqui. Fiz do Mato Grosso um belíssimo jardim, tudo isso porque compreendi que ninguém mais no mundo é responsável pela minha felicidade, sou a protagonista da minha história e você?".

Capítulo 35

O céu é o limite

Thais Mirandola

É uma missão. Estou entregue. Presenciei tantas coisas. Sai de casa aos 16 anos de idade. Fiz supletivo, entrei para a faculdade. Trilhei meu caminho "sozinha". Ajudo outras pessoas para não passarem pelo que eu passei. Trabalho com treinamento e desenvolvimento humano, desenvolvendo líderes, recolocação ao mercado de trabalho, sou professora universitária. Passei por muitas provações e sou feliz.

Thais Mirandola

Treinadora Comportamental de Alto Impacto; Instituto de Formação de Treinadores Massaru Ogata, IFT, Brasil; Extensão Universitária em Consultoria e analista comportamental *Coaching* Assessment DISC; Extensão Universitária em *Business & Executive Coaching* – BEC; extensão universitária em *Leadership and Coaching Certification Seminar*; Ferramentas Avançadas de Coaching; Extensão Universitária em Consultoria, analista comportamental 360°; Extensão Universitária em *Professional & Self Coaching* - PSC; Constituição de Empresas e suas Obrigações; Cinat Cursos Empresariais; Liderança e *Coaching*; Educaremt Instituto de Pós Graduação; Sigilo Fiscal Era SPED; Gestão de Cooperativas de Crédito; Como Planejar a Aposentadoria; Extensão Universitária em CG - Compras Governamentais; Extensão Universitária em SEI - Controlar Meu Dinheiro; Extensão Universitária em Sensibilização; Projeto SPED de A a Z; Extensão Universitária em MEG - Primeiros Passos para a Excelência; Extensão e Planejamento Financeiro.

Contatos
thaisalvesmirandola@gmail.com
Instagram: mirandolathais
(65) 98415-6932

Minha vida tinha tudo para dar errado. Pois a vida tem somente dois lados. Direito e esquerdo. Certo e errado. Dia e noite. Sol e lua. Tristeza e alegria. Amor e dor. A vida é um caminho. Uma bifurcação. Depende de cada um escolher o que acredita que é o certo. Temos o livre-arbítrio. O passado passou, não posso mudar. O presente é o momento que você está lendo esta história. O futuro... ah, o futuro!!! Não sei nada sobre ele, por mais perto que ele esteja, ainda não o conheço. Não existe bola de cristal, mas posso realizar boas atitudes para colher bons frutos no futuro. Isso a vida nos ensina.

Com todo o respeito a vocês, leitores, a história de vida que vocês vão ler a partir de agora é surpreendente. Muitos com certeza já ouviram falar de mim, mas talvez poucos sabem de onde vim, para onde fui, o que passei. Sei que sou uma verdadeira motivação e inspiração de corpo e alma. Tenho mil e umas razões para acreditar na vida. Que tudo é possível se você acreditar. Como disse Fernando Pessoa, "tudo vale a pena se a alma não é pequena".

Com alma e alegria contagiante, tenho prazer de ajudar o próximo. Com muito prazer, eu, Thaís Cristine Ribeiro Alves Mirandola apresento minha história de vida.

Nasci em Sinop (Sociedade Imobiliária Norte do Paraná), cidade que fica a 545 quilômetros de Cuiabá, capital de Mato Grosso. Minha família foi uma das pioneiras. No começo da década de 1980.

Minha mãe, mulher guerreira, precisou arregaçar as mangas para sustentar a família em uma máquina de costura, ofício que sabia fazer como ninguém. Nunca me faltou o básico em alimentação, mais talvez tenha faltado o mínimo em estrutura. Na verdade, eu acreditava verdadeiramente que só é o que é, e tudo o que aconteceu foi para meu crescimento e evolução pessoal.

Bom, não estamos aqui para falar de tragédias e coisas ruins. Como falei, tive momentos de tristezas e nunca fui infeliz. A felicidade e o bom humor me fizeram chegar até onde estou hoje. Na busca incessante em chamar a atenção e receber um pouco mais do que roupas limpas e um lar, fiz escolhas não tão positivas o que me fizeram passar por situações constrangedoras e não tão favoráveis, relacionamentos complicados, atitudes agressivas, entre outros padrões de comportamento destrutivos e agressivos.

Meu primeiro emprego com carteira assinada foi aos 12 anos, quando iniciei uma trajetória de excelência em atendimento, vender era como uma terapia, isso significa que tudo estava desabando, mas a venda o trabalho me colocava em uma situação de conforto e autocontrole.

Aos 16 anos decidi tentar a vida em Cuiabá e retomar os estudos, já que tinham me afastado da escola aos 12 anos, e assim o sonho da capital foi concluído. Peguei o ônibus com 86 reais no bolso (quase um salário mínimo na época) e cheguei a Cuiabá.

O que fazer? Quem procurar? Para onde ir? Eram perguntas que faziam parte da minha vida. Uma semana se passou e nada de emprego e, de repente, um belo tombo me salvou. Sim, um tombo, ao cair em frente a uma conhecida loja de calçados. O gerente do local me ajudou a estancar os ferimentos e ofereceu-me um copo de água e uma pergunta incrível. Posso ajudar? Eu, em prantos, disse: "Não sei, estou desempregada, desesperada e agora machucada". Pronto. Foi assim que consegui meu primeiro emprego em Cuiabá. Foi nesse emprego que dei meu primeiro treinamento em liderança e vendas, e assim, vinte anos se passaram desde essa primeira experiência.

Estava à procura de um lugar no mundo. Sou empreendedora, inovadora, mas sempre com um vazio buscando um lugar ao sol. Sabia que em algum momento e em algum lugar iria encontrar um caminho. Encontrei. Mal sabia que esse lugar é interno, até o momento que um curso me levou a essa constatação. Cheguei a esse momento de reencontro comigo mesma.

Isso aconteceu quando foi convidada para trabalhar em uma empresa como gestora e quando foram efetivar a minha contratação, não foi possível, pois eu não tinha nem concluído o ensino fundamental. Então, dei início ao caminho da alta responsabilidade, ao caminho das escolhas, enquanto vítima do que tinha acontecido comigo, eu apenas sobrevivi. Agora falo com toda certeza que foi uma sobrevivência linda e produtiva, mas isso que tanto procurava estava diretamente ligado à alta responsabilidade. Não podemos escolher aquilo que fazem com a gente, mas podemos escolher aquilo que escolhemos fazer.

Sabia que por não ter feito faculdade e não ter me dedicado aos estudos, minha vida e conquistas eram limitadas. Para o que tinha no momento, qualquer coisa acima disso era praticamente impossível, então, literalmente falando, arregacei as mangas e fui construir uma nova vida para colher maravilhosos frutos. Foi a decisão mais acertada da minha vida.

Thais Mirandola

Fiz o Exame Nacional do Ensino Médio (Enem) sem concluir o antigo segundo grau, e mais uma prova para complementar o supletivo. Entrei na Faculdade de Ciência Contábeis, emendei uma pós-graduação e hoje já tenho quatro para a conta. Fiz pós-graduação em Psicologia Positiva, Constelações Sistêmicas, MBA Internacional em Gestão Empresarial e MBA em Gestão de Pessoas e *Coaching*.

Possuo atualmente uma carga horária com mais de 1100 horas em Formação em *Coaching* e isso ajudou a acumular mais experiência quando fui presenteada com o privilégio de ministrar a Formação em *Coaching* pelo Instituto Brasileiro de *Coaching* (IBC), escola referência em *coaching* no país, para mais de 1000 *coaches*, assim, acumulando mais de 3000 horas como formadora de *coaching* pelo Brasil, em suas mais lindas e belas capitais.

Mesmo com tantas dificuldades, eu venci em todos os sentidos da vida. O fato de ter feito faculdade por Educação a Distância (EAD), fez com que eu sofresse mais humilhações e discriminações. Ninguém acreditava em mim. Mas eu sabia do meu potencial.

Não parei e continuei à luta. Apesar das críticas, eu sabia até onde conseguiria chegar. Cheguei e fui além até do que eu mesma imaginava.

Meu esposo Mário Sergio sempre me apoiou e foi um incentivador das minhas "loucuras". Sempre firme ao meu lado, dando apoio até mesmo com a educação das nossas filhas. Entre os anos de 2017 e 2018 viajei pelo Brasil ministrando formações em *Coaching*. Minha ausência física em casa foi suprida pelo meu grande amigo Sergio.

Depois de tudo isso, no fundo ainda tinha alguma coisa que me incomodava, e buscava o encontro com esse algo. Foi o momento de tomar uma difícil decisão. Em 2018, abdiquei das formações em *Coaching* pelo IBC e foquei no meu amado Mato Grosso. Queria trazer tudo que me levava para fora daqui e contribuir com o desenvolvimento das pessoas do meu Estado natal.

Um chamado com certeza me espera. Tenho certeza disso. Dei início à realização de mais um sonho, que era ser professora universitária e, nos dias atuais, ministro aulas em uma importante e tradicional faculdade em Cuiabá (Unic-Kroton). Já me sentia realizada quando ministrei um módulo em uma pós-graduação da Universidade Federal de Mato Grosso (UFMT), substituindo um professor que tenho muito carinho.

Acredito na minha missão. Estou entregue de corpo e alma. Comecei a seguir o caminho solo. Quero ajudar outras pessoas a não passar pelo que passei. Acredito que tenho muito a contribuir e estou no lugar certo. Passei por várias situações e tirei o que era bom de que aconteceu. Nunca fui infeliz. Tive momentos de tristeza, mas nunca fui infeliz porque ninguém me conhece desse jeito.

Juntas brilhamos mais

Tive a oportunidade de fazer um curso fora do Brasil, na Ohio University, nos Estados Unidos. Esse curso foi um *start* para um novo padrão de pensamento. Você pode ser tudo o que quiser ser. Afinal, eu era uma menina sem perspectiva de vida, sem estudos, consegui a partir dos meus 25 anos alterar tudo isso e, com meus recursos, fazer um curso de Liderança e Desenvolvimento Humano em uma das universidades mais importantes do mundo já é com certeza algo bem inspirador.

Meu trabalho pode ajudar outras pessoas no sentido de que todo mundo pode ser o que quiser. Não podemos mudar o passado. O que podemos é mudar definitivamente a forma como olhamos para ele, quando ficamos remoendo e estruturando um padrão de sofrimento colhemos um futuro sofredor e com pouco ou quase nenhuma realização. Devemos olhar para nosso passado e agradecer, pois, com certeza, foi o melhor que nossos pais e antepassados puderam nos dar. A gratidão eleva nossa alma a um padrão extraordinário.

Ajudar pessoas a reconhecer sua grandeza é de fato a minha maior missão, não se apaga o passado e muito menos podemos mudá-lo, o que se faz é um *reset*, um novo padrão de pensamento e ações, passamos a vida negando o passado e nos deparamos com a repetição dos "erros" que julgamos.

A repetição de padrão vem da negação da mudança, vem da gratidão. Eu acredito que sou um exemplo claro de que tudo que se sonha se realiza com novos padrões de pensamento e ação.

Minha missão sem dúvida é, por meio do meu exemplo de superação ,contribuir com o crescimento e desenvolvimento pessoal de pessoas que estão amarradas a seu passado.

Quando ouço alguém dizendo que não posso, não consigo, me dá uma vontade e uma inquietude e um desejo de ajudar. Mude seus pensamentos, pratique o perdão e a gratidão, busque o que tem a mais.

Para mim, não importa o que as outras pessoas pensam ao meu respeito, o importante é você acreditar em você. Sempre vai ter pessoas para criticar e poucas para ajudar. A pessoa mais importante na sua vida é você. Lembre-se também da gratidão por quem gerou você, sim, seus pais, sua vida existe graças a eles, não importa o que fizeram com você, mas, sim a vida que eles lhe deram, qualquer coisa que lhe derem é bônus. Gratidão aos seus pais, esse é o primeiro passo.

Para chegar aonde cheguei, estudei bastante. Foram muitos anos de busca e aprendizado. Sou *master coach*, treinadora comportamental de alto impacto, empresária e proprietária da Mirandola Consultoria em Gestão Empresarial, atuando em treinamentos e desenvolvimento de equipes de vendas e desenvolvimento de lideranças.

Thais Mirandola

Sou contadora, *reikiana*, consteladora sistêmica, terapeuta holística. Sou pós-graduada em Psicologia Positiva e Constelação Sistêmica, MBA Internacional em Gestão de Empresas e MBA em Gestão de Pessoas.

 Mais de sessenta empresas passaram com louvor pelos treinamentos nos últimos seis anos com foco em Excelência de Atendimento e Clima Organizacional. Mais de mil funcionários tiveram a oportunidade de fazer um *day trainer*, *workshop* ou palestra motivacional com os temas: Projeto Finanças Pessoas, *Como desfrutar do seu 13º até o seu próximo 12º salário? Transformando funcionários em proprietários de sonhos e desejos pessoais. Espírito de Dono. Onde Estou? (encontre seu estado atual)*. Terapeuta comportamental, terapia nos atendimentos de *coaching* individual como agregadora de valor para ajudar os *coachees* a desenvolver um estado de consciência plena, eliminação de crenças e recriação de formas positivas de novos padrões mentais. Reiki Nível I Despertar, Reiki Nível II, Barra de Access com certificação internacional pelo Access Consciousness LLZ, Cone Hindu, Cromoterapia Aplicada ao Desenvolvimento Humano.

 Ainda tenho especialização em pós-graduação em *Coaching*, Linguagem Ericksoniana & Constelação Sistêmica, com o Título: Constelação Sistêmica Integrativa. A relação entre o sistema integrativo das árvores e a clareza do posicionamento de cada indivíduo dentro de seu próprio sistema integrativo, especialização em MBA Executivo Internacional em Gestão Empresarial & *Coaching*, com o título: Teoria de Herzberg e Motivação: Um estudo sobre a capacidade de Integração Empresarial.

 Meus primeiros investimentos em aprendizados foram em Empreendedorismo Digital Ciclo; extensão universitária em Finanças Pessoais: Controle, Planejamento e Aplicação; extensão universitária em empreendedor individual.

 Sempre busco mais. O estudo e o aprendizado são as únicas coisas que ninguém tira de nós. Fiz especialização e MBA em Gestão de Pessoas & *Coaching* com o título: Capital Humano e Lucratividade: Um estudo sobre o Investimento em Capital Humano nas Organizações; aperfeiçoamento em *Leadership and Coaching Certification Seminar*, na Ohio University.

 É preciso ter um propósito. Por que vou acordar amanhã de manhã? Qual é o meu sonho? Aonde quero chegar? Onde me encontro agora?

 Deixo uma reflexão: "Quando acreditava que era burra, eu era burra. Quando acredito que sou inteligente, eu sou inteligente. Quando temos essa consciência, vamos buscar ajuda. Um dia de cada vez".

Capítulo 36

Movida pela ajuda ao próximo

Veralice Valéria

Com uma conduta pautada pela solidariedade, eu, Veralice Aparecida Valéria, construí a imagem de alguém que indica caminhos da filantropia à família, amigos e empresas por onde passo. Minha trajetória demonstra que, muito mais que ter amor, é preciso desenvolver talento e sentir a necessidade de ajudar. Que tal espalhar a ideia de solidariedade também? Quero aqui passar minha mensagem, transmitindo minha felicidade em contribuir com o próximo.

Veralice Valéria

Bacharel em Administração de Empresas, graduada pela Universidade do Estado de Mato Grosso – UNEMAT (2006), ex-funcionária da extinta CEMAT S/A – Grupo Rede S/A (1986-2002); encarregada administrativa em empresa privada de geração de energia elétrica em Mato Grosso (2002-2019); ex-presidente da Associação de Trabalhadores Voluntários Contra o Câncer de Mama em Mato Grosso (Biênio 2015/2017), com trabalhos voluntários realizados junto ao Lions Clube Cuiabá Cidade Verde Centenário (2017-2018), voluntária em projetos sociais de ajuda às pessoas em situação de pobreza e moradores de rua.

Contatos
vera-valeria@hotmail.com
Facebook: Veralice Valéria
Instagram: Veralice_Valéria
(65) 99987-4644

Veralice Valéria

"Entendo que solidariedade é enxergar no próximo as lágrimas nunca choradas e as angústias nunca verbalizadas."
Augusto Cury

"Você pode ser uma pessoa que faz pequenas ações que podem levar a grandes mudanças. Motive quem está próximo a ajudar também. Filantropia é, de certa forma, empreender. É investir no desenvolvimento do amor ao próximo sem pedir nada em troca. Apenas realizar, se doar!"
Veralice Valéria

Desde pequena, a filantropia é algo intrínseco em minha vida, algo que vem passando de geração à geração – da minha avó para minha mãe e de minha mãe para mim. Duas analfabetas, com muita sabedoria, garra e determinação, que trabalhavam de sol a sol para sustentar os filhos. A minha vó, Dona Enerstina Ferreira Valério, e minha mãe, Dona Miguelina Valéria, enfrentaram dificuldades para conseguir alimentos para os seus filhos. Mesmo tendo pouco se preocupavam com as crianças da vizinhança. Tudo que ganhavam era compartilhado. Naquele tempo pouco se falava em ações sociais, mas minha vó e minha mãe já as praticavam. Elas nos diziam sempre: "Não podemos fechar os olhos perante alguém com fome e onde se come um comem dez".

Com o desejo de ajudar as pessoas enraizado dentro do meu coração, tudo o que eu fazia não podia ser bom apenas para mim. Nascida no município de Rondonópolis, em Mato Grosso, eu comecei a trabalhar muito cedo para ajudar nas despesas da casa, que abrigava mais três mulheres, as minhas irmãs Nilvalina, Nilvaci e Nilvanil. À noite eu estudava e sonhava em fazer uma faculdade na capital e foi no ano de 1983, após terminar o segundo grau, que tive a oportunidade de ir para Cuiabá, capital do Estado de Mato Grosso. Levava junto com a mudança coragem e determinação para conseguir trabalho e poder fazer um curso pré-vestibular para entrar na Universidade Federal de Mato Grosso.

Juntas brilhamos mais

Em Cuiabá-MT consegui uma oportunidade para trabalhar, primeiramente como servidora pública (1983-1986), depois na empresa CEMAT S/A (1986-2002) e à noite estudava, mas sem esquecer o meu propósito. Em 1997, a Cemat S/A passou o controle acionário para o Grupo Rede S/A e, junto com a mudança, vieram os projetos sociais para o engajamento dos funcionários em prol da sociedade carente. Nesse mesmo ano fui transferida para Tangará da Serra, em Mato Grosso, onde fiquei de 1997 a 2005. Foi nessa pequena cidade que reconheci o quanto as ações de filantropia geravam em mim motivação. Falo do projeto De Mãos Dadas.

No início, como facilitadora, o meu papel era motivar os funcionários a arrecadar brinquedos, roupas e produtos de higiene para o lar dos idosos e lar das crianças. Eu queria ajudar mais! E foi então que comecei a envolver os familiares dos colaboradores. O projeto foi crescendo e consolidando uma bela corrente. Participei também de doação de cestas básicas para o projeto João de Barro. E aos sábados apoiava a distribuição de Sopão e Evangelização.

A minha família sempre esteve comigo dando apoio. Principalmente a minha mãe esteve ao meu lado me motivando com palavras e cuidando dos meus filhos, enquanto eu saía para trabalhar como voluntária. Ela me via desempenhando missões que eu cresci vendo-a realizar. Generosidade é o maior legado que deixarei aos meus filhos.

A empresa em que eu trabalhava abriu um escritório em Cuiabá e, em 2005, retornei a essa capital. No início da minha mudança, mesmo querendo voltar para Cuiabá, foi um baque muito grande, pois sentia falta dos projetos e das pessoas do meu convívio. Embora distante geograficamente, continuava acompanhando os projetos e quando surgia uma oportunidade corria para Tangará da Serra, onde eu tinha amigos e familiares.

E a vida me presenteava com novas ideações. Em outubro de 2010 eu tive o primeiro contato com o projeto que mudaria completamente a minha vida: a MTmamma. Nesse ano, estava passeando em um shopping quando o amigo Emídio Rios, com quem trabalhei na Cemat S/A, me chamou e ofereceu as camisetas do projeto e convites para participar do Jantar Beneficente Macarromamma. O evento mexeu muito comigo. Saí do local extasiada e com o coração transbordando de amor. Fui convidada para participar das atividades da associação, mas minha mãe teve alguns problemas de saúde e eu fiquei impossibilitada de assumir o compromisso, pois além de trabalhar fora o dia todo, tinha meus filhos.

O tempo passou e o dia 6 de junho de 2012, meu aniversário, ficou marcado para sempre em minha vida. Recebi uma ligação da minha concunhada, Ádina Silva (*in memorian*), com a notícia de que ela tinha sido diagnosticada com câncer de mama. Admito que perdi o chão, mas tive que me manter firme para poder ajudar no que fosse necessário. Ela era para mim uma irmã. Então me veio à mente o nome MTmamma. Entrei em contato e fomos generosamente acolhidas e confortadas pelos voluntários da associação. A partir desse dia me cadastrei como voluntária e passei a trabalhar nas atividades da MTmamma. Sentia que precisava me envolver mais, que poderia ajudar não somente a minha concunhada, mas também outras mulheres que estavam passando pela mesma situação. Meu ingresso ocorreu e rapidamente participei de um curso de capacitação e soube que o grupo surgiu por meio de voluntários do Hospital de Câncer, em Cuiabá. Esse grupo realizava o chamado "Café com Carinho". Com o incentivo da Américamama, uma organização não governamental da América Latina, com sede em São Paulo, esse grupo de Cuiabá se mobilizou para formar a MTmamma - Amigos do Peito, no final de 2008.

Foi em 3 de março de 2009 que a associação foi oficialmente registrada. Em seguida, entre 2010 e 2011, foi reconhecida pelo município e pelo Estado, respectivamente, como entidade pública sem fins lucrativos. Em 2012, passou a integrar o Conselho Estadual de Direitos de Mulher de Mato Grosso (CEDM/MT), representando a sociedade civil. Desde a sua fundação, a MTmamma sobrevivia da contribuição de associados, de doações e parcerias com o setor privado, para o atendimento a mais de uma centena de mulheres em tratamento e pós-tratamento do câncer de mama, oferecendo atividades gratuitas como reiki, meditação, hidroginástica, dança do ventre terapêutica, fisioterapia, oficinas de artesanato e customização, bate-papos mensais e grupo de psicoterapia.

De voluntária, conselheira fiscal e administrativa, fui eleita diretora-presidente para o biênio de 2015/2017. O cargo exigia responsabilidade, dedicação, solidariedade, criatividade e liderança. Mesmo com todas as exigências, me sentia preparada e radiante.

Dentre todas as conquistas de grande relevância durante o biênio em que estive como diretora-presidente, destaco a ampliação do banco de perucas em 2015, sendo que o primeiro inaugurado em 2013. A demanda era grande e muito válida. Eleva a autoestima das mulheres assistidas pela MTmamma. Esse foi o primeiro banco de perucas dentro do Estado de Mato Grosso, uma iniciativa que cede perucas em regime de comodato a mulheres em estágio de tratamento em que os cabelos caem. Essa foi apenas uma das muitas ações.

Sinto orgulho de fazer parte desse crescimento junto com os demais voluntários. Neste ano a associação completou dez anos de fundação e de apoio as mulheres acometidas pelo câncer de mama.

Juntas brilhamos mais

E eu não parei por aí. Participo de outros projetos sociais, Clube de Serviços – Lions, e contribuo com a Rede Feminina do Hospital de Câncer do Recife – HCP, em Pernambuco. Por que ir tão longe? Primeiro não importa o lugar, Estado ou cidade para realizar trabalhos humanitários. Em segundo lugar, sou funcionária numa empresa, a Itamarati Norte S/A, cujo grupo acionário fica no Recife, em Pernambuco. Em terceiro, porque comentei com colegas de trabalho sobre a campanha Outubro Rosa e palestras sobre o câncer de mama e percebi que havia interesse no tema. Em 2015, a Equipe da área de Recursos Humanos da empresa abraçou a ideia de convidar um profissional da área de saúde do HCP. O engajamento dos funcionários foi rápido e satisfatório, e hoje na empresa, todos os anos no mês de outubro, é realizado a Campanha Outubro Rosa & Novembro Azul.

Mantinha-se em mim a necessidade de fazer mais. A partir do convite da presidente da Rede Feminina do Recife, D. Maria da Paz, "o Anjo Rosa do HCP", participei em 2018 pela primeira vez como madrinha de uma festa de debutante para trinta e quatro adolescentes acometido pelo câncer, e no mês de junho deste ano infelizmente meu afilhado Lucas Ramão, um grande guerreiro foi morar no céu. Também fui agraciada com uma afilhada a Bruna Luedrija de Sá, que luta também contra o câncer desde os 15 anos, hoje ela está com 30 anos e é um exemplo de força e determinação, uma vencedora que só me enche de motivação. Também conto com o auxílio de duas pessoas que eu chamo carinhosamente de "Anjos Amigos": a Helena Ramalho e o Márcio Silva. Sou muito agradecida por encontrar pessoas comprometidas com a filantropia, seja qual for a dimensão dessa ajuda.

E em que plano fica minha vida pessoal com tanta disponibilidade e alegria em ajudar quem precisa? Sou mulher e como toda mulher-maravilha tento fazer de tudo um pouco, com foco claro. Sou esposa do Adilson Silva, proprietário da ALPS Representações, que atua na comercialização de produtos e equipamentos para postos de combustíveis. Encontrei nele um cúmplice, no bom sentido da palavra. É quem me ajuda a pôr em prática minhas ideias. Vivemos com cumplicidade e companheirismo. Essa parceria na vida é levada para a empresa que, está em processo de expansão. Eu incentivei a ALPS a contribuir no que fosse possível com doações. Meu esposo me conhece como uma pessoa determinada e comprometida. O nosso amor é recíproco, talvez por isso não tenha sido difícil fazer o Adilson entender a importância de associar a imagem da empresa aos trabalhos sociais.

Com a responsabilidade e credibilidade que conquistei perante os que me conhecem, não me encaixo em zonas de conforto. Se alguém diz que precisa, vou atrás para ajudar, fazendo o que é possível com muito amor e, claro, solidariedade. O auxílio junto à MTMAMMA continua, mesmo depois de ter deixado a presidência. Atualmente, sou voluntária participativa, temos um calendário anual de todas as ações e atividades, sou muito feliz em estar com as meninas rosas, além disso, estou sempre presente nos chamamentos pela causa.

Onde fica a minha família nesse contexto todo? O que os meus três filhos acham dessa dedicação? Participam incentivando e, até mesmo, "dividindo" o tempo da mãe. Afinal, para manter a casa e realizar grandes campanhas são necessárias ações essenciais. A minha filha Evelyn Silva me auxilia com a doação de cestas básicas e roupas usadas. A Erica Rondon é designer gráfica e ajuda com a parte de criação de arte e mídias, e Rui Rondon, o meu filho mais novo, e a neta Kevelyn Valéria estão sempre me acompanhando nessa jornada da solidariedade. Eles sabem que sou alguém que adora ajudar pessoas e sou muito feliz por isso. Como qualquer ser humano, também enfrento momentos tristes, como o falecimento da minha irmã Nilvalina, acometida pela leucemia e câncer de mama com metástase por vários órgãos. Contudo, eu não perdi a motivação. Pelo contrário, fiz da minha dor um caminho para trilhar a favor do bem.

Seja com gestos simples ou grandiosos, os atos de amor são sempre carregados de mansidão. Seja ao adotar uma pequena cartinha no hospital do câncer e procurar oferecer a alegria de um simples presente. Seja em pedir mecha de cabelo para a filha para poder fazer uma peruca para uma jovem mulher que não aceitava a perda dos cabelos durante o tratamento de câncer, seja em fazer uma ligação para saber como uma pessoa está e ouvir atentamente suas queixas, alegrias e tristezas, seja em unir as mãos e pedir para Deus interceder sobre as pessoas que se encontram em uma cama de hospital, enfim ter GRATIDÃO pelas bênçãos recebidas diariamente.

O amor é a base de tudo, recebemos aquilo que doamos, costumo repetir como um mantra. Podemos exercer a cidadania e ajudar várias causas, basta nos disponibilizar e usar a criatividade. Podemos, sim, contar com os amigos. Eu cresci num ambiente solidário e nada acomodado, tornando-me uma pessoa incansável quando se trata de amparar e ajudar quem precisa. O meu envolvimento em ações voluntárias me potencializa, me dá ânimo e alegria, quando faço alguém se sentir feliz eu fico muito feliz.

Escrevo não por vaidade. Escrevo este artigo para dividir ao menos um pouco este meu desejo de somar com quem precisa. Trabalho filantrópico, trabalho voluntário ou caridade, seja qual for o nome, é um ato a ser disseminado. Considero-me ainda uma pequena parte desse todo e não acho

Juntas brilhamos mais

justo ficar parada. Por meio de qualquer ação, seja grande ou pequena, existe uma evolução como ser humano e também crescimento profissional. Sempre aprendemos algo novo, descobrimos novas potencialidades e ampliamos o círculo de amizades. A visão de mundo amplia-se com a percepção dos problemas que as pessoas enfrentam. Onde há trabalho voluntário, a disseminação de fazer o bem está presente.